洛阳瞿家屯发掘报告

洛阳市文物工作队　编著

文物出版社

北京·2010

封面设计：张希广

特邀编辑：张　静

　　　　　杨　毅

责任编辑：李媛媛

责任印制：陆　联

图书在版编目（CIP）数据

洛阳瞿家屯发掘报告/洛阳市文物工作队编著. —北京：
文物出版社，2010. 3

ISBN 978-7-5010-2932-7

Ⅰ. ①洛…　Ⅱ. ①洛…　Ⅲ. ①文化遗址—发掘报告—洛阳市
Ⅳ. ①K878. 05

中国版本图书馆 CIP 数据核字（2010）第 035423 号

洛阳瞿家屯发掘报告

洛阳市文物工作队　编著

*

文 物 出 版 社 出 版 发 行

（北京市东直门内北小街 2 号楼）

http://www.wenwu.com

E-mail:web@ wenwu.com

北京燕泰美术制版印刷有限公司印刷

新 华 书 店 经 销

787×1092　1/16　印张：18. 5　插页：4

2010 年 3 月第 1 版　2010 年 3 月第 1 次印刷

ISBN 978-7-5010-2932-7　定价：198. 00 元

The Excavation Report on the Qujiatun Site at Luoyang

The Luoyang Archaeological Team

Cultural Relics Press

Beijing · 2010

目　　录

插 图 目 录

彩 版 目 录

25. 陶鬲 （C1M8946：14）

26. 玉石器 （①C1M8613：6b、②C1M8613：6a、③C1M8613：7、④C1M8613：6e、⑤C1M8613：6d）

27. 铜剑 （C1M8616：1）

28. 东周墓 C1M8898 墓室 （南—北）

29. 陶鼎 （C1M9123：1）

30. 铜镞 （①C1M8620：2e、②C1M8620：2c、③C1M8620：2a、④C1M8620：2d、⑤C1M8620：2b）

31. 水晶环 （C1M8615：1）

32. 陶鼎 （C1M8892：1）

图 版 目 录

28. Ⅵ型半瓦当（ⅠT0307③：1）

29. Ⅸ型半瓦当（ⅠT0407③：6）

30. Ⅹ型半瓦当（ⅠT0407③：7）

31. ⅪA型半瓦当（ⅠT0407③：8）

32. 半瓦当（采集）

33. Ⅲ型大瓦钉（ⅠT0408③：1）

34. 鸟形瓦钉（采集）

35. Ⅱ型水管

36. Ⅲ型水管

37. Ⅰ型陶罐（ⅠT0107③：2）

38. 陶碗（ⅠT0207③：4）

39. 陶纺轮（ⅠT0411③：3）

40. 半瓦当（H43：13）

41. 圆瓦当（ⅣT1②：1）

42. 陶罐（ⅣT2②：7）

43. 瓷四系罐（ⅣT2②：8）

44. 瓷盏（采集）

45. 圆瓦当（SHJ1：3）

46. 铜戈（C1M8633：3）

47. 铜镞（C1M8633：31）

48. 陶簋（C1M8633：15）

49. 陶豆（C1M8633：30）

50. 陶罐（C1M8633：22）

51. 陶罐（C1M8633：8）

52. 陶罐（C1M8633：17）

53. 陶罐（C1M8633：12）

54. 陶豆（C1M8943：15）

55. 陶鬲（C1M8943：13）

56. 玉坠（C1M8943：18）

57. 陶罐（C1M8946：1）

58. 陶豆（C1M8946：11）

59. 陶鬲（C1M9116：1）

60. 陶鬲（C1M9116：6）

第一章　地理沿革与发掘经过

第一节　地理沿革

瞿家屯遗址，位于洛阳市瞿家屯村东南部。西临涧河（谷水），南依洛河，处于东周王城南城墙外洛河与涧河交汇处的三角地带（图1）。该区域地理优越，环境适宜，土地肥沃，用水便利，又有涧河、洛河等天险，故特别适合人类居住。在这一带发现了上起新石器时代的遗址，历经夏商周、两汉、唐宋，直至现代，累有人类在此居住。

20世纪50、60年代，洛阳兴起大规模的基本建设，配合基建并本着勘察东周王城遗址的课题，当时的中国科学院考古研究所、北京大学、文化部文物局等单位的同志先后参与并联合对洛阳涧滨两岸、洛阳中州路及东周王城遗址区进行了大规模的钻探、试掘和发掘，取得了重要的发现①。在涧滨两岸发现了仰韶文化、龙山文化、二里头文化、二里岗文化、西周文化、东周文化和汉代文化等遗迹和墓葬，重要收获之一就是首先发现了汉河南县城，继而发现了东周王城。根据《尚书·洛诰》"我乃卜涧水东瀍水西。惟洛食"及《国语·周语》"灵王二十二年，穀洛斗，将毁王宫"的记载，涧河东岸涧河入洛水处的瞿家屯村一带，应是东周王城的王宫所在地。可喜的是，在瞿家屯村东北面一带的地方，钻探出了东周时期的南北两组夯土建筑基址。而且东周王城的南墙由涧河西的兴隆寨村向东经由瞿家屯村北东行。故一般认为我们此次发掘的地点，在东周王城南墙以南，已出东周王城遗址区，应该不会有重要的遗迹现象。

自此后的40年里，关于东周王城的发现、发掘及研究没有大的突破，仅是确定汉河南县城东北部一带是王陵区之一；另外就是零星的夯土基址，主要集中在今洛阳市第十三中学及其附近区域，东不过王城大道，西到涧河，北不过行署路，南到瞿家屯一带的区域；以及一些车马坑、墓葬、烧窑、房址、灰坑等。

进入21世纪，东周王城的发现与发掘取得了长足的发展。先后发现了王城北部的

---

① 　a. 中国科学院考古研究所：《洛阳中州路（西工段）》，科学出版社，1959年。

　　b. 中国社会科学院考古研究所：《洛阳发掘报告》，北京燕山出版社，1989年。

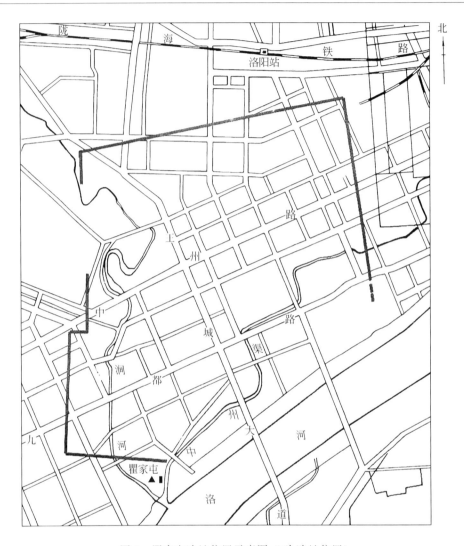

图 1　瞿家屯遗址位置示意图 (■为遗址位置)

陶窑作坊遗址[①], 其范围北起东周王城北城垣、南至唐宫路北这一大片区域, 越往北, 窑址分布越密集, 并且延续使用至汉代。其他作坊遗址也发现几处。在东周王城遗址区内, 今周王城天子驾六博物馆南至体育场一带, 屡有春秋时期的车马坑及大墓的发现。其中最为重要的是 2001 年 8~12 月, 洛阳市文物工作队在近九都路与体育场路交叉口东北部的东周王城东墙外约 30 米处发现一座车坑和马坑及三座大墓。三座大墓中最大

①　a. 中国社会科学院考古研究所: 《洛阳发掘报告》, 北京燕山出版社, 1989 年。

　　b. 洛阳市文物工作队: 《洛阳东周王城内的古窑址》, 《考古与文物》1983 年第 3 期。

　　c. 洛阳市文物工作队: 《洛阳东周王城战国陶窑遗址发掘报告》, 《考古学报》2003 年第 4 期。

的一座为"亚"字形墓，墓室长 8、宽 7 米，北墓道长 11.4、宽 4.5 米。其余两座为"中"字形墓。从其分布情况看，两座车马坑应是"亚"字形大墓的陪葬坑，从车马坑出土物看，其时代为春秋早期。发掘者结合以往的钻探、发掘资料，认为这类墓葬为东周国君一级的墓葬，从而认定该区域为东周早期王陵所在[①]。

此外，在此区域内也屡有战国车马坑的发现，特别是 2002 年天子驾六车马坑的发现及其邻近地区带墓道大型墓的发现，证明此处也是战国时期东周王城的王陵分布区。再者，近年来公布的东周王城东墙的考古资料，证明其始筑年代在战国时期，在战国晚期又进行了增筑[②]。

凡此，使得我们必须对东周王城的始建、布局、城郭之制等诸问题重新予以审视及研究。在东不过王城大道，西到涧河，北不过行署路，南到瞿家屯村一带区域的夯土基址比较零星，并且均没有公布资料，这些都严重阻碍了东周王城的研究。可喜的是，2004 年 11 月至 2006 年初，在配合盛世唐庄房地产开发公司的基建项目时，在东周王城南城墙以南瞿家屯村东南部涧河与洛河的交汇处，发现了东周时期的大型夯土建筑基址，并进行了大规模的发掘，发掘面积 1 万多平方米，发现了封闭性的特大型院落遗址的一部分，从其规格及规模看，应是东周时期的宫室建筑遗址，属东周王城的一部分。此外，在其外围，还发现有夯土建筑基址、夯土墙、烧窑、给排水系统及排列有序的水井等。除这些重要的遗迹外，在该区域还发现了比较密集的西周、东周及汉代墓葬。这一发现，对东周王城的研究无疑具有非常重要的作用。东周王城的宫殿建筑基址由于没有大面积的揭露，其布局及建筑方式方法不明。此次发现的东周大型夯土建筑基址为我们研究东周时期礼制建筑的布局及建筑特点提供了不可多得的资料，也为我们深入研究东周王城建造过程及复原这一时期的礼制建筑提供了极其珍贵的实物资料。瞿家屯东周大型夯土建筑基址的发现，是东周考古的一个重大突破，必将进一步深化东周王城乃至东周考古的研究。

该区域同时也是文献所载唐上阳宫的一部分，在发掘范围内，发现有唐代的地层堆积。尤为重要的是，发现有唐代的夯土基址、水井等，为寻找及探索上阳宫遗址也提供了不可多得的线索。

第二节 发掘经过

2004 年 11 月，洛阳市文物工作队配合泉舜房地产公司盛世唐庄第三期工程进行考

① 刘富良、安亚伟：《洛阳 从车马坑找到东周王陵》，《文物天地》2002 年第 2 期。
② a. 安亚伟：《洛阳市 014 中心东周及唐代夯土》，《中国考古学年鉴·2001》第 208～209 页，文物出版社，2003 年。
　 b. 洛阳市文物工作队：《洛阳市东周王城东城墙遗址发掘简报》，《考古与文物》2002 年增刊。
　 c. 徐昭峰：《洛阳发掘东周王城东墙遗址》，《中国文物报》2004 年 4 月 9 日第 1 版。

古发掘，由于该区域已出传统上认识的东周王城遗址区，故没有布探方进行发掘，只是针对钻探出来的墓葬进行发掘。在发掘墓葬的过程中，屡有夯土的发现，引起了考古发掘人员的注意，在向单位领导进行汇报后，遂决定布方进行发掘，以期弄清楚这些夯土的时代与性质。

通过发掘，揭露出夯土开口于③层下，而第③层从出土物判断，应是汉代层，则夯土的时代当属汉代或以前。随后的发掘揭示出了大面积的夯土基址、散水和柱础石等与建筑有关的遗迹。于是决定进一步扩大发掘，进行更大面积的揭露。该段工作至 2005 年 4 月结束，揭露出夯土台基 4 块即 D1 的一部分、D2～D4 及其柱础石、散水、天井、夯土墙 Q4 及外围零星的排水管道。由于其所处位置的重要性及遗址本身所显示的重要性，曾组织二十多位专家开了一个小型的学术讨论会，探讨该基址的性质。专家对其性质的看法大致有两种，一种认为可能与祭祀有关，从其所属的地理位置看，其在东周王城的外西南，极有可能是周天子祭祀的地方；另一种观点认为，东周时期各国都城多有大小两城，认为这一遗迹可能是东周王城外的小城。虽然对其性质的认识没有达成一致意见，但该遗址的重要性，大家无一提出异议，并且建议继续扩大发掘面积，进行全面的揭露，首先弄清该基址的时代，在此基础上进一步确定其性质。

从 2005 年的 5 月开始，发掘工作进入第二阶段。首先在第一阶段工作的基础上，继续向南进行揭露。将 1 号夯土台基 D1 及其天井完整地揭露了出来。同时将 1 号夯土墙 Q1、2 号夯土墙 Q2 在发掘区范围内完整的揭露了出来。在此基础上，又向北揭露出 5 号夯土台基 D5。在这些工作完成后，我们又检查了以前的工作。先后发掘出夯土墙 Q3、Q5～Q8，"Z"字形水渠、暗渠及与之相连的小水池、池苑，D1、D4、D5 旁的排水管道及 Y1 等一些重要的遗迹。最后，利用晚期灰坑、墓葬、破坏坑的剖面及解剖沟进行解剖，力争弄清遗迹之间的叠压打破关系，以此确认遗迹的时代。

同时，在大型夯土基址的西部，进行了大规模的发掘。在其西部，发现了同时期的夯土基址、夯土墙、水管道、水井、陶窑等重要遗迹及大量西周、东周、汉代的墓葬。在其西部偏南，发现了唐代的夯土基址、水井等遗迹。

该项目领队朱亮，工地负责人徐昭峰、薛方，参与发掘的人员还有邵会珍、郝峰、牛秋英、常素玲、赵淑枝、马秋霞、杨春玲、马红利等。

该项目在发掘过程中，一直得到洛阳市文物局、洛阳市文物工作队领导的大力支持。特别是洛阳市文物工作队，在资金极为紧张的情况下，在外部压力极大的情况下，克服了重重困难，顶住了极大的压力，在取得相关领导的支持和基建单位的理解后，采取灵活的工作方法，较为圆满地完成了该遗址的发掘工作。省市文物局领导孙英民、郭引强、杨焕成、司治平、杨振威等，国内外有关专家邹衡、李伯谦、刘庆柱、陈旭、韩国河、徐天进、许宏、秦文生、松丸道雄等先后莅临工地现场进行指导。在此表示诚挚的谢意！

第二章　地层堆积与重要遗迹

第一节　遗址分区

我们根据发掘的先后顺序和遗迹之间的关系，将发掘区分为4个区，编号分别为Ⅰ区、Ⅱ区、Ⅲ区和Ⅳ区（图2）。

Ⅰ、Ⅱ区发现了特大型院落及其相关遗迹；Ⅲ区位于Ⅰ区西侧，发现了同时期的夯土基址、夯土墙等遗迹及墓葬；Ⅳ区位于Ⅱ区西侧偏南，发现了同时期夯土基址和唐代夯土基址；墓葬在各区均有分布。

探方先后布有100多个（包括扩方），探方面积10×10（平方米）（图3、4）。探方编号将每个区的编号冠于探方（T）之前，如ⅡT0205就是Ⅱ区二排的第五个探方。

发掘时，遗迹和灰坑未进行统一编号，在整理过程中，我们将整个发掘区的遗迹和灰坑等进行了统一编号（表1）。

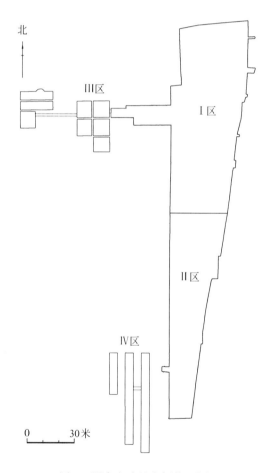

图 2　瞿家屯遗址发掘分区图

表1 瞿家屯部分遗迹一览表

编号	位置	形状及大小	包含物	时代
H9	Ⅰ PG1	近圆形，深约 0.3 米	陶板瓦、筒瓦等	战国
H18	Ⅰ PG2	袋状，深约 0.9 米	陶板瓦、筒瓦、罐、盆、豆、缸、鬲等；打制石刀、石片	春秋晚期
H19	Ⅰ PG2	筒状，直径 0.9、深约 4 米	陶盆、鬲、豆、罐、瓮、小壶；铜小刀等	战国早中期
H20	Ⅰ PG2	袋状，底径 3、深约 2.4 米	陶板瓦、筒瓦，罐、鬲等	战国中期
H21	Ⅰ PG3	不规则形，深约 1.9 米	陶板瓦、筒瓦、瓦当，豆、盆、罐、鬲等	战国早中期
H22	Ⅰ PG3	不规则形，深约 1.1 米	陶筒瓦、盆、豆等	战国中期
H26	Ⅰ PG4	不规则形，深 0.7 米	陶板瓦、筒瓦、瓦当、空心砖，豆、盆、瓮、鬲、筒形器等	汉代
H27	Ⅰ PG4	不规则形，深 0.5 米	陶碗、罐、钵、器盖等	王湾一期
H28	Ⅰ PG4	不规则形，深 0.4 米	陶盆、钵、罐、杯等	王湾二期
H29	Ⅰ PG4	不规则形，深 0.3 米	陶盆、鬲等	战国中晚期
H32	Ⅰ PG5	略呈袋状，深约 0.8 米	陶板瓦、筒瓦、瓦当等	东周
J1	Ⅰ	圆形，口径 3.35、底径 3.1、深 2 米	陶板瓦、筒瓦、空心砖，盆、罐、瓶、缸、瓮、豆、盘、甗等	汉代
J2	Ⅰ PG6	圆形，口径 3、底径 2.6、深 1.65 米	陶板瓦、筒瓦、罐、缸、鼎足；石铲等	汉代
J3	Ⅰ	椭圆形，口径长径 4.5、短径 4、底径 4.1、深 1.5 米	陶板瓦、筒瓦、空心砖，盆、罐、碗、井圈、纺轮等	汉代
H36	Ⅰ PG6	不规则形，深约 0.3 米	陶罐、杯、钵等	王湾一期或略晚
H37	Ⅰ PG7	南北长而东西宽的灰沟	陶板瓦、筒瓦、罐、鬲、瓮、盆、豆、缸、器盖等	战国早期
H38	Ⅰ PG8	不规则形，深约 0.4 米	陶筒瓦，盆、豆等	战国中晚期
H39	Ⅰ PG9	圆形，深约 1 米	陶板瓦、筒瓦、瓦当，豆、盆、鬲等	战国晚期
H42	Ⅱ T0303	平面不完整	陶板瓦、筒瓦，盆、釜、缸、碗等	汉代
H43	Ⅲ T1	袋状，口径 4.5、底径 7、深约 13 米	陶板瓦、筒瓦、瓦当、瓮、罐、盆、豆；石器等	战国中期
SHJ1	Ⅳ T2	筒状，口径 1.1、底径 0.69、中间部分直径 0.78、深约 13 米	陶筒瓦、瓦当、砖等，盆、带系罐、建筑构件；铁泡钉、剪、犁、钩等	唐代
SHJ2	Ⅲ T3	长方形，长 1、宽 0.6 米	陶板瓦、筒瓦、瓦当等	战国
SHJ3	Ⅲ T3	正方形，边长 1 米	陶板瓦、筒瓦等	战国

说明：a. 本表仅列有包含物的遗迹。b. Ⅰ～Ⅳ代表发掘分区，PG 代表解剖沟，H 代表灰坑、窖穴，J 代表窖藏坑，SHJ 代表水井。

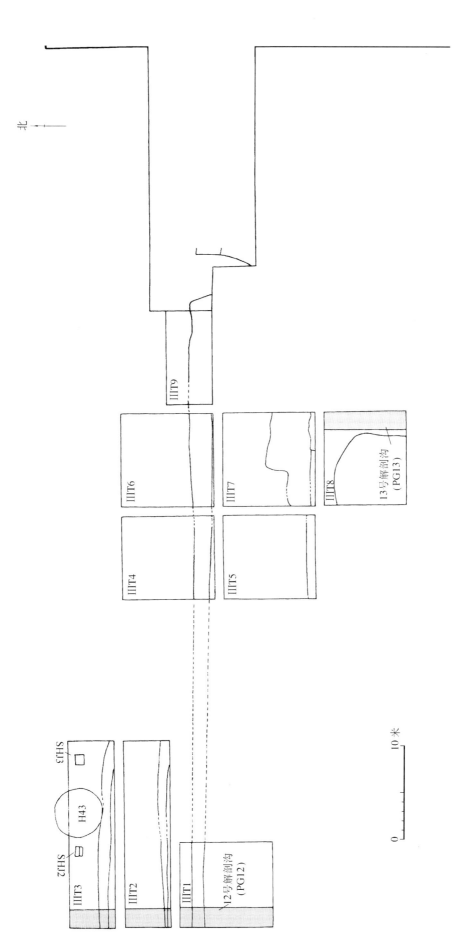

北

IIIT9

IIIT6 IIIT7 IIIT8

13号解剖沟（PG13）

IIIT4 IIIT5

SHJ3

H43

SHJ2

IIIT3 IIIT2 IIIT1

12号解剖沟（PG12）

0 10 米

图4　Ⅲ区探方及解剖沟分布图

第二节　地层堆积

瞿家屯遗址的地层堆积基本一致，我们选择遗迹及地层堆积较为丰富的Ⅰ、Ⅱ区的地层堆积情况进行简单的介绍。

（1）第1层至第3层的地层堆积，以ⅡT0302东扩方东壁为例予以说明（图5）。

第1层：表土层。厚约0.4米，土杂、脏，包含大量的现代建筑基础、砖瓦等物。

第2层：唐代层。厚0～0.25米，红褐色土，质硬，包含有内壁布纹外壁素面的筒瓦残片及莲花纹瓦当残片等物。

第3层：汉代层。厚0.3～0.55米，黄褐色土，质硬，包含有内壁布纹外壁绳纹的筒瓦和板瓦残片、卷云纹瓦当及少量的陶盆、陶豆残片等。夯土建筑基址均发现于此层下。

在夯土建筑基址分布范围内发现的墓葬，均为汉代墓葬打破夯土建筑基址，而夯土建筑基址则均叠压在西周至战国早期墓葬之上，这些墓葬如C1M8618、C1M8960、C1M8961、C1M8963等。

（2）第3层以下的地层堆积，根据后期的解剖（解剖沟以下均以PG代之），以解剖沟3（PG3）北壁为例，予以说明（图6）。

第4层：春秋晚期至战国早期层。厚约0.6米，褐色土，质硬，包含有折沿方唇陶盆口沿、折沿双唇陶罐口沿残片、陶豆盘残片、卷沿方唇夹砂陶鬲口沿残片等物。

第5层：仰韶文化层。厚约0.25米，黑褐色土，质硬，包含有卷沿尖唇夹砂红陶片、卷沿尖唇夹砂灰陶片、红烧土块等物。以下为生土。

第三节　解剖沟地层堆积及包含的遗迹

为了最大限度地减少对重要遗迹的破坏，以利于今后对该遗址的复原保护，在该遗址重要遗迹暴露出来后，我们没有进行大面积的揭露与开挖。只是有选择地在不同区域内以解剖沟的方式了解地层堆积、遗迹之间的叠压打破关系，借以对重要遗迹的始建、使用、废弃情况有所了解。解剖沟有长有短，方向不一，有东西向，也有南北向，宽多为1米。解剖沟一般选择在破坏比较严重、残存夯土较少的地段，为了充分了解重要遗迹之间的关系，一些解剖沟选择在重要遗迹的结合处。各解剖沟的地层关系及包含的遗迹逐一予以介绍。

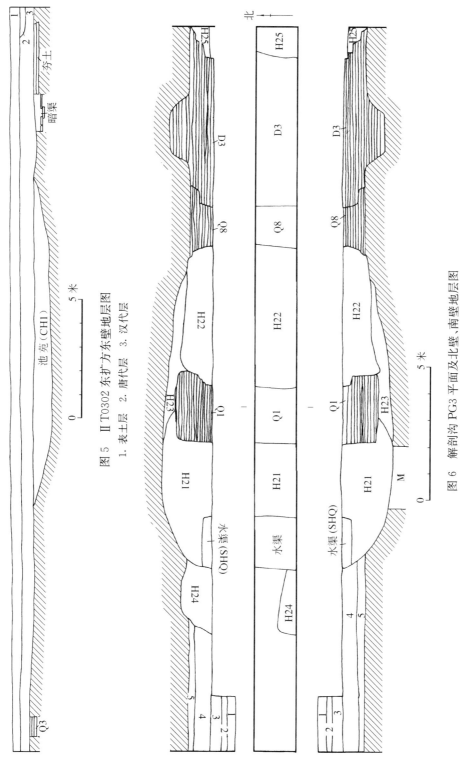

图 5 Ⅱ T0302 东扩方东壁地层图
1. 表土层 2. 唐代层 3. 汉代层

图 6 解剖沟 PG3 平面及北壁、南壁地层图
1. 表土层 2. 唐代层 3. 汉代层 4. 春秋晚期至战国早期层 5. 仰韶文化层

一　Ⅰ、Ⅱ区解剖沟所在位置、地层堆积及包含的遗迹

1. 解剖沟 PG1 位置、地层堆积及有包含物的灰坑

（1）解剖沟 PG1 位置、地层堆积

位于Ⅰ区偏北部，东西横贯Ⅰ区，东西长 42、南北宽 1、深 1.2 米。该解剖沟主要是了解台基 D4 和夯土墙 Q1、Q6、Q7 的时代、建筑特征及 D4 的使用状况（图 7）。

该解剖沟地层堆积有如下 9 组（→表示叠压或打破关系）。

③层→夯土 3→④层→⑤层→生土

③层→夯土 3→Q1→生土

③层→H10→Q1→⑤层→生土

③层→H10→Q6→⑤层→生土

③层→Q7→夯土 2（D4）→Q6→⑤层→生土

③层→H9→夯土 2（D4）→夯土 1→生土

③层→H11→夯土 3→④层→⑤层→生土

③层→H11→Q1→生土

③层→H12→Q7→夯土 2（D4）→Q6→⑤层→生土

（2）灰坑 PG1H9

位于 PG1 的东部，Ⅰ T0410 东部扩方的东南角，向南延至Ⅰ T0409 东部扩方内。开口于③层下，打破 PG1 的夯土 2（D4）。平面略呈圆形，未做完整。坑深约 0.3 米，斜壁，平底。

2. 解剖沟 PG2 位置、地层堆积及有包含物的灰坑

（1）解剖沟 PG2 位置、地层堆积

位于Ⅰ区中部，东西横贯Ⅰ区，东西长 48、南北宽 1.5、最深 3.2 米。该解剖沟主要是了解台基 D4 廊庑及 D4 前的庭院、夯土墙 Q1 和 Q6 的时代、建筑特征，以及台基 D4 廊庑、D4 前的庭院的使用状况（图 8）。

该解剖沟地层堆积有如下 11 组（→表示叠压或打破关系）。

③层→H13→④层→H18→生土

③层→H14→④层→生土

③层→H15→Y1→④层→生土

③层→H15→Q1→④层→生土

③层→夯土 6→Q1→④层→生土

②层→H16→③层→Q6→夯土 5→H19→④层→生土

③层→Q6→夯土 5→④层→⑤层→生土

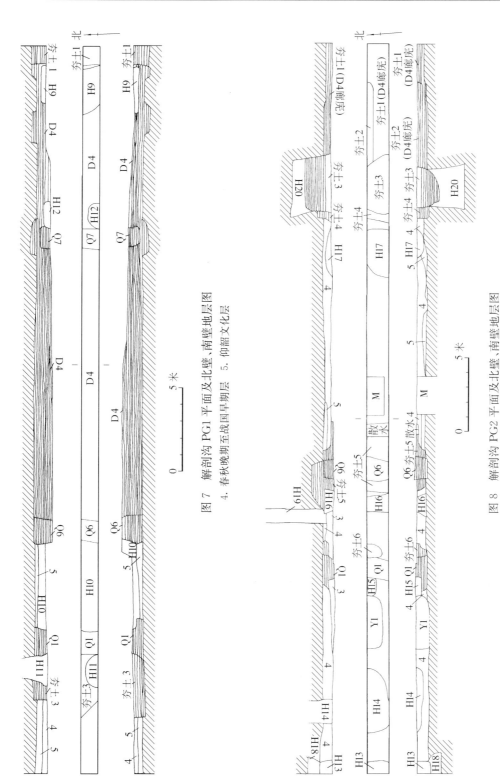

图 7 解剖沟 PG1 平面及北壁、南壁地层图
4. 春秋晚期至战国早期层 5. 仰韶文化层

图 8 解剖沟 PG2 平面及北壁、南壁地层图
3. 汉代层 4. 春秋晚期至战国早期层 5. 仰韶文化层

③层→H17→④层→⑤层→生土

③层→夯土 3→夯土 4→④层→生土

③层→夯土 3→夯土 4→H20→生土

③层→夯土 3→夯土 2（D4 廊庑）→夯土 1（D4 廊庑）→生土

（2）灰坑 PG2H20

位于 PG2 的偏东部。袋状坑，平底。底径 3、深约 2.4 米。

（3）灰坑 PG2H19

位于 PG2 的偏西部。筒状坑，直壁，未做及底。直径 0.9、深约 4 米。

（4）灰坑 PG2H18

位于 PG2 的西部。袋状坑，平底。深约 0.9 米。

3. 解剖沟 PG3 位置、地层堆积及有包含物的灰坑

（1）解剖沟 PG3 位置、地层堆积

位于Ⅰ区南部，东西长 26、南北宽 1.5、最深 1.9 米。该解剖沟主要是了解 D3、Q1、Q8 及水渠的时代、建筑特征及 D3 的使用状况（图 6）。

该解剖沟地层堆积有如下 5 组（→表示叠压或打破关系）。

①层→②层→③层→水渠→H21→④层→⑤层→生土

①层→②层→③层→H22→Q1→H21→H23→生土

①层→②层→③层→H22→Q8→生土

①层→②层→③层→H25→D3→Q8→生土

①层→②层→③层→水渠→H21→H24→④层→⑤层→生土

（2）灰坑 PG3H22

位于 PG3 中部，不规则形，深约 1.1 米。

（3）灰坑 PG3H21

位于 PG3 中部，不规则形，深约 1.9 米。

4. 解剖沟 PG4 位置、地层堆积及有包含物的遗迹

（1）解剖沟 PG4 位置、地层堆积

位于Ⅰ区北部，东西长 20、南北宽 1、最深 1.3 米。该解剖沟主要是了解 D5、Q6、Q7 的时代、建筑特征及 D5 的使用状况（图 9）。

该解剖沟地层堆积有如下 7 组（→表示叠压或打破关系）。

③层→H26→G1→夯土 2（D5 天井）→⑤层→H27→生土

③层→H26→H28→生土

③层→Q7→夯土 2（D5 天井）→生土

③层→夯土 3→Q6→H28→生土

③层→H30→Q7→夯土 1（D5）→生土

③层→H30→Q7→H29→夯土 2（D5 天井）→生土

③层→G1→H29→夯土 2（D5 天井）→生土

（2）灰坑 PG4H26

位于 PG4 西部，弧壁，平底，深 0.7 米。

（3）沟 PG4G1

贯穿于 PG4 中部，不规则形，深约 0.5 米。

（4）灰坑 PG4H29

位于 PG4 东部，不规则形，深 0.3 米。

（5）灰坑 PG4H28

位于 PG4 西部，圜底，深 0.4 米。

（6）灰坑 PG4H27

位于 PG4 中部，弧壁，平底，深 0.5 米。

5. 解剖沟 PG5 位置、地层堆积及有包含物的灰坑

（1）解剖沟 PG5 位置、地层堆积

位于Ⅰ区北部偏东，南北长 12、东西宽 1、深 0.9 米。该解剖沟主要是了解 D4 及其北部夯土的时代、建筑特征及使用状况（图 10）。

该解剖沟地层堆积有如下 5 组（→表示叠压或打破关系）。

③层→夯土 1（D4）→夯土 2→夯土 3→生土

③层→夯土 4→夯土 3→生土

③层→夯土 4→夯土 5→生土

③层→H32→夯土 6→夯土 5→生土

③层→H31→夯土 2→夯土 3→生土

（2）灰坑 PG5H32

位于 PG5 的北部偏西，略呈袋状，深约 0.8 米。

（3）灰坑 PG5H31

位于 PG5 的南部偏东，不规则形，深约 0.8 米。

6. 解剖沟 PG6 位置、地层堆积及有包含物的灰坑

（1）解剖沟 PG6 位置、地层堆积

南北跨越Ⅰ区和Ⅱ区，南北长 16.5、东西宽 1.5、最深 1.7 米。该解剖沟主要是了解 D1、Q3 及 D3 南部夯土的时代、建筑特征、使用状况及其相互间的早晚关系（图 11）。

该解剖沟地层堆积有如下 5 组（→表示叠压或打破关系）。

③层→H33→D1→Q3→生土

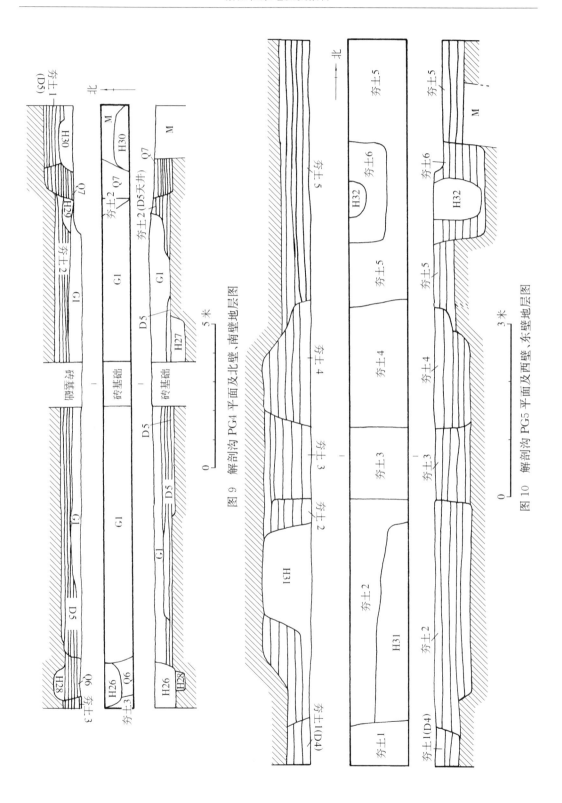

图 6　解剖沟 PG4 平面及北壁、南壁地层图

图 10　解剖沟 PG5 平面及西壁、东壁地层图

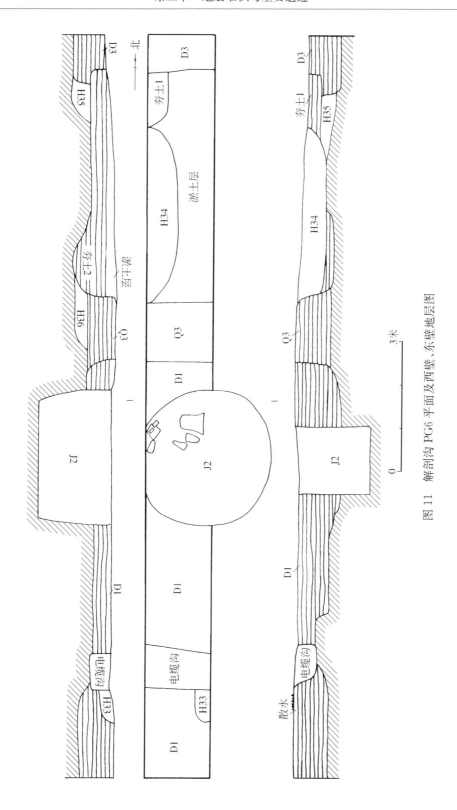

图 11　解剖沟 PG6 平面及西壁、东壁地层图

③层→H34→Q3→生土

③层→H34→夯土 1→D3→H35→生土

③层→淤土层→夯土 2→Q3→H36→生土

③层→J2→D1→Q3→H36→生土

（2）灰坑 PG6H36

位于该解剖沟的中部，不规则形，弧壁，平底，深约 0.3 米。被 PG6Q3 和 PG6 夯土 2 叠压。

7. 解剖沟 PG7 位置、地层堆积及有包含物的灰坑

（1）解剖沟 PG7 位置、地层堆积

位于 I 区南部偏西，东西长 4.5、南北宽 1.8、最深 2.6 米。该解剖沟主要是了解 D1、Q1、Q3 的时代、建筑特征及使用状况及其相互间的早晚关系（图 12）。

该解剖沟地层堆积有如下 3 组（→表示叠压或打破关系）。

③层→夯土 1→Q1→H37①层→H37②层→H37③层→生土

③层→Q3→Q1→H37①层→H37②层→H37③层→生土

③层→D1→Q1→H37①层→H37②层→H37③层→生土

（2）灰坑 PG7H37

应为南北长而东西宽的灰沟，其最深处应在 PG7 的西壁一带，三层堆积，略呈圜底。被 PG7 夯土 1、PG7Q1、PG7Q3、PG7D1 叠压，打破生土。沟内堆积依土色可分为 3 层：H37①层，黄色土；H37②层，灰色土；H37③层，褐色土。

8. 解剖沟 PG8 位置、地层堆积及有包含物的灰坑

（1）解剖沟 PG8 位置、地层堆积

位于 II 区南部偏西，南北长 5.6、东西宽 1、最深 1.1 米。该解剖沟主要是了解 Q2 的时代、建筑特征及使用状况（图 13）。

该解剖沟地层堆积有如下 3 组（→表示叠压或打破关系）。

③层→H38→夯土 1→生土

③层→Q2→夯土 1→生土

③层→Q2→④层→生土

（2）灰坑 PG8H38

位于 PG8 西北部，不规则形，圜底，深约 0.4 米。

9. 解剖沟 PG9 位置、地层堆积及有包含物的灰坑

（1）解剖沟 PG9 位置、地层堆积

位于 II 区南部偏东，南北长 7、东西宽 1、最深 1.6 米。该解剖沟主要也是了解 Q2 的时代、建筑特征及使用状况（图 14）。

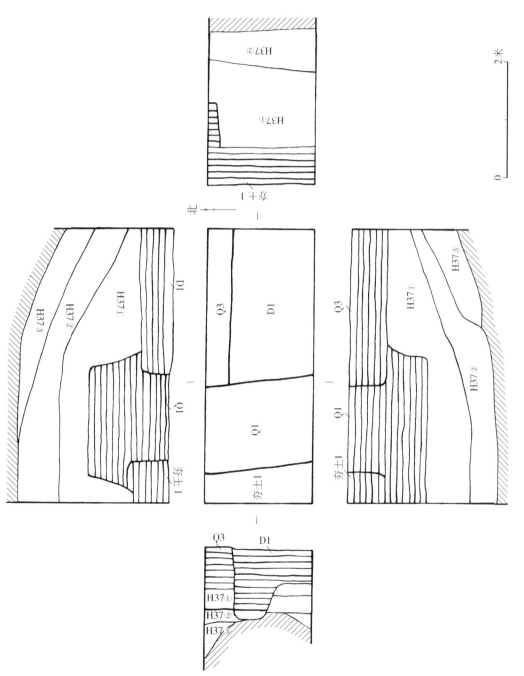

图 12　解剖沟 PG7 平面及地层图

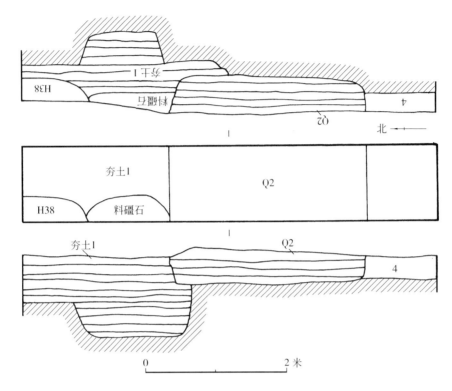

图 13　解剖沟 PG8 平面及东壁、西壁地层图

4. 春秋晚期至战国早期层

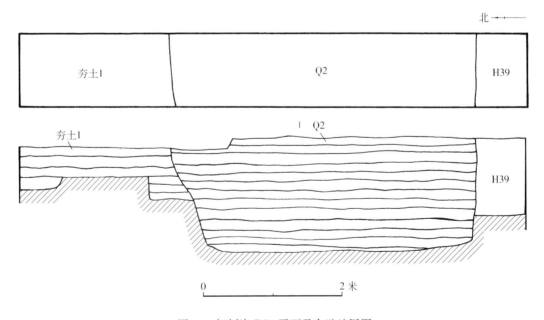

图 14　解剖沟 PG9 平面及东壁地层图

该解剖沟的地层堆积仅有 1
组（→表示叠压或打破关系）。

③层→H39→Q2→夯土 1→
生土

（2）灰坑 PG9H39

位于 PG9 南部，直壁，平底，
深约 1 米。开口于③层下，打破
PG9Q2。

**10. 解剖沟 PG10 位置、地
　　层堆积**

位于Ⅰ区中部偏东，南北长

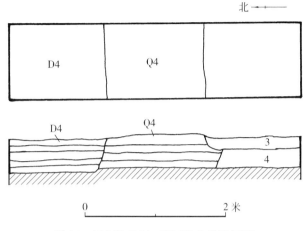

图 15　解剖沟 PG10 平面及东壁地层图
3. 汉代层　4. 春秋晚期至战国早期层

4、东西宽 1、深 0.45 米。该解剖沟
主要也是了解 D4 廊庑、Q4 的时代、建筑特征及使用状况及其相互间的早晚关系（图 15）。

该解剖沟的地层堆积仅有 1 组（→表示叠压或打破关系）。

③层→D4→Q4→④→生土

二　Ⅲ、Ⅳ区解剖沟所在位置、地层堆积及包含的遗迹

1. 解剖沟 PG12 位置、地层堆积及有包含物的灰坑

（1）解剖沟 PG12 位置、地层堆积

位于Ⅲ区 T1～T3 的西部，宽 1 米，长 22 米。该解剖沟主要是了解 Q10 的时代、
建筑特征等（图 16）。

该解剖沟的地层堆积有 2 组（→表示叠压或打破关系）。

③层→H44→夯土 1→Q10→夯土 2→生土

③层→夯土 4→夯土 3→④层→生土

（2）灰坑 PG12H44

位于 PG12 北部，从剖面看为一袋状坑，打破 PG12 夯土 1 与 Q10。

2. 解剖沟 PG13 位置、地层堆积

位于Ⅲ区 T8 东部，南北长 10、东西宽 1.5、深 0.85 米。该解剖沟③层下即为夯土
（图 17）。该解剖沟主要是了解Ⅲ区夯土的结构、特征及地层堆积情况等。

该解剖沟的地层堆积仅有 1 组（→表示叠压或打破关系）。

③层→水管基槽→夯土→生土

3. 解剖沟 PG14 位置、地层堆积

位于Ⅳ区 T2 东部，南北长 55、东西宽 2、最深处 4 米。南部未及生土。该解剖沟

主要是了解夯土 5 及夯土 6 的时代，从而来进一步认识该处夯土与 I、II 区夯土基址的关系（图 18）。

该解剖沟的地层堆积有 2 组（→表示叠压或打破关系）。

②层→夯土 5→生土

②层→夯土 6→夯土 8

第四节　重要遗迹

一　I、II 区重要遗迹

I、II 区主要的遗迹现象均出于一个特大型院落内，此院落由一条南北长达约 200 米的西墙及东西长约 30 米的南墙围成，其东、北两侧均出发掘区。发现有大型的成组夯土台基、墙基、散水、给排水设施、池苑、暗渠、水井、窑址等遗迹（彩版 1）。根据遗迹之间的叠压及打破关系、建筑特点和包含物等综合分析，该大型夯土建筑基址始建于战国中晚期，废弃于战国晚期。而战国晚期至汉代的遗迹也发现有小面积的夯土基址及与之有关的夯土墙，另外在其周围还发现有窑址、陶水管道及窖藏坑等。根据以上情况，可以将院落内的这些重要遗迹分为早晚两期。

1. 战国中晚期的大型夯土建筑基址

战国中晚期的大型夯土建筑基址分布于南北残长约 207 米的西墙及东西残长约 19 米的南墙围成的特大型院落内（图 19 - 1）。其内有两条东西向的夯土墙将特大型院落分隔为三组相对独立的建筑单元，自南向北依次称之为第一组建筑、第二组建筑和第三组建筑。现分别将发现的三组建筑单元及与之有关的重要遗迹予以介绍。

（1）外围夯土墙

在整个发掘区内，共发现 4 道相对独立的夯土墙，我们将其进行了统一编号。这里先介绍其外围的夯土墙 Q1 和 Q2，夯土墙 Q3 和 Q4 在介绍与之有关的第一组和第二组建筑时再予以涉及。

夯土墙 Q1 也就是大型夯土建筑基址的西围墙。位于发掘区的西部，南北向，向北出发掘区，向南近于夯土墙 Q2 的地方不明。在该区域内发现大范围的夯土，与 Q1 和 Q2 相连，根据邻近地区的发掘情况，推测该区域在建造时由于地势凸凹不平而进行了大范围的填夯修整，故 Q1 在该区域内不见基槽部分，但推测 Q1 当向南与 Q2 相接。发掘长约 207、宽约 1.4、残存厚度 0.8～2.65 米，发掘部分多属该墙的基础。其建造程序是先挖基槽，然后在基槽内填土层层夯打而成。该遗址内发现的夯土墙的建造均与 Q1 略同。

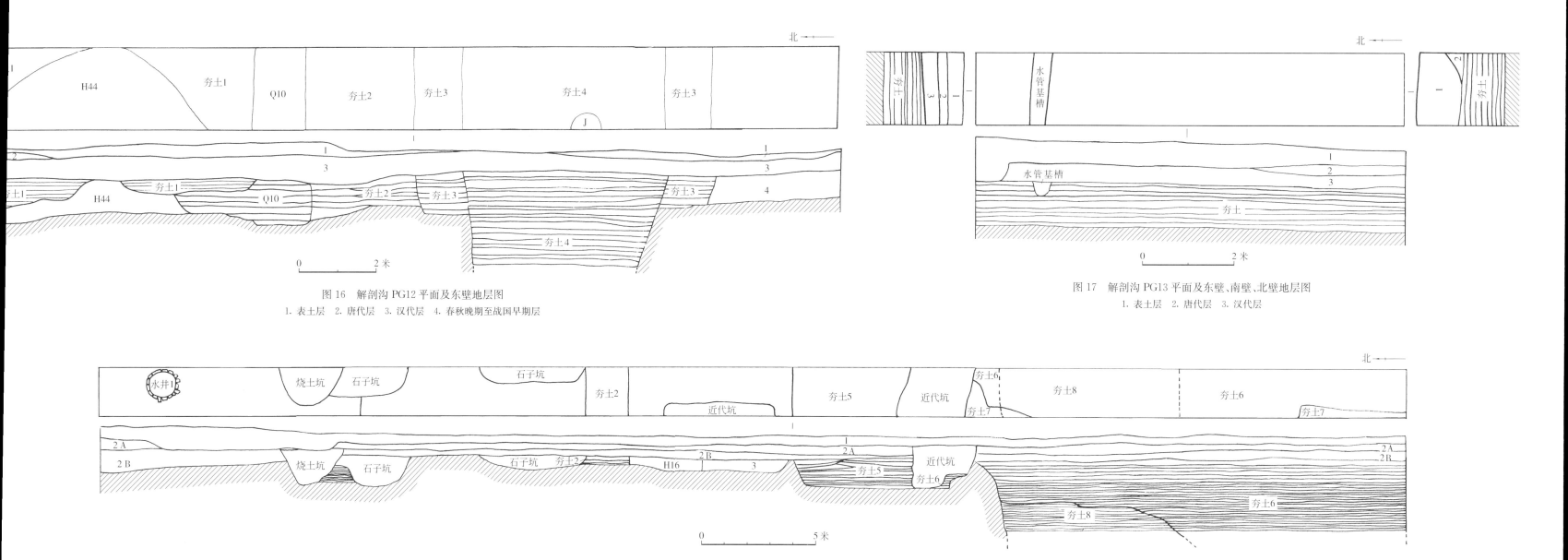

图 16　解剖沟 PG12 平面及东壁地层图
1. 表土层　2. 唐代层　3. 汉代层　4. 春秋晚期至战国早期层

图 17　解剖沟 PG13 平面及东壁、南壁、北壁地层图
1. 表土层　2. 唐代层　3. 汉代层

图 18　解剖沟 PG14 平面及东壁地层图
1. 表土层　2. 唐代层　3. 汉代层

与 Q1 有关的解剖沟有 PG1～PG3 和 PG7。

夯土墙 Q2 也就是大型夯土建筑基址的南围墙。位于发掘区的最南部，东西向，向东出发掘区，西出夯土墙 Q1 约 6.4 米。夯土墙土色为红褐色，土质较硬，内夹有许多大小不一的鹅卵石块。发掘长约 18.8、墙体宽 2.5、残存厚度为 0.5 米。在墙偏东部加宽至 4.5 米。加宽部分残存较厚，约 1.5 米（图版 1）。

与 Q2 有关的解剖沟有 PG8 和 PG9。

（2）第一组建筑

位于发掘区中部略偏西。从发掘情况看，包括其主体建筑夯土台基 D1、排水管道及与之相连的池苑、北侧的夯土墙 Q3 和西侧的夯土墙 Q1。

夯土台基 D1 是特大型院落内最南部的一处夯土台基（图版 2）。西边与夯土墙 Q1 相连。平面呈长方形，南北长约 23.8、东西宽约 18 米。台基中间有一天井，南北长约 7.6、东西宽约 6.4 米。四周为散水，散水两侧以较大的卵石竖砌，高出较小的卵石散水平面（图版 3）。其余散水的修建与此略同。在台基的东侧约 1.5 米处有一条南北向散水，残长约 22.5、宽约 1 米（图版 4）。从 D1 的建筑特征看，似为一组四合院式的建筑，门向朝东。在 D1 的中部略偏东有一排水管道。管道西出 D1 中部的天井，向东于散水下通到池苑内。管道埋于基槽内，基槽宽 0.2、长约 10.5 米，管道直径 0.15 米。从管道的设计、走向及地势来看，应是 D1 天井通向池苑的排水管道（图版 5）。

与 D1 有关的解剖沟有 PG6 和 PG7。

池苑 CH1 位于 D1 的东侧。开口于③层下，打破生土。平面呈长方形，南北长 11.8、东西残宽约 4.5 米，向东出发掘区。池苑四壁呈斜坡状，剖面为口大底小的梯形，四壁及底部用大的鹅卵石铺砌（彩版 2）。内出有较多的瓦钉及板瓦、筒瓦残片，应该是房屋废弃后的遗存。另外在底部还发现有较多螺蛳，因此可以说池苑的水是活水，即流动的水。根据偃师商城宫殿区池苑遗址的发现情况[1]，则池苑应该有给水系统和排水系统。虽然从现有发掘情况看，池苑和暗渠没有相连，但由于暗渠是给水系统，又与池苑相近，因此我们认为暗渠应是池苑的给水系统，而池苑的排水系统从夯土台基 D5 东侧的排水管道走向来看，应在池苑的东侧，排向东面。从池苑的位置来看，兼具蓄水、观赏之功能，又具有防火、改善小环境气候条件之功能，而且它居于中轴线上的主体殿堂之前，又具有开创意义。

夯土墙 Q3 位于发掘区的中部，在夯土台基 D1 的北侧，东西向。西与夯土墙 Q1 相接，东出发掘区。发掘长约为 26、宽约 1.3、残存厚为 0.7 米。夯土墙土色为黄褐

---

[1]　杜金鹏、张良仁：《偃师商城发现商早期帝王池苑》，《中国文物报》1999 年 6 月 9 日第 1 版。

色，质硬，含有少量的料礓石。

与 Q3 有关的解剖沟是 PG6、PG7。

（3）第二组建筑

位于发掘区的中部。由南侧的夯土墙 Q3、北侧的夯土墙 Q4 和西侧的夯土墙 Q8 形成一个相对封闭的建筑单元，东出发掘区，包括两个单体的大型夯土台基 D2 和 D3。

夯土台基 D2 位于夯土墙 Q3 的北面，从空间布局上看，应与池苑同处于大型夯土建筑基址的中轴线上。台基南北长约 16.3、东西残长 3.4～5.5 米，东出发掘区。边缘残存有柱础石，间距约为 0.5 米。在台基外围约 2 米处发现有用鹅卵石铺成的散水，南北长 22.7、东西残长 6.7～7.8 米，向东出发掘区（彩版 3）。从夯土台基 D2 残存基础部分看，该夯土台基应为所谓"四阿重庑"建筑。其北侧为夯土墙 Q4。

夯土台基 D3 位于夯土台基 D2 西约 13.5 米处。平面呈长方形，南北长约 47、宽约 6.6 米。北接夯土墙 Q4，南部被破坏。在台基东边发现一排柱础石，大小不一，形状多不规矩，间距为 1.65～1.75 米不等。在台基东侧 1.2 米处发现一用卵石铺成的散水，南部与 D3 长度相当的地方受晚期破坏，北部与 Q4 相接，南北残长 44.6、宽 1 米，此散水无明显的坡度（图版 6）。D3 南部被破坏，推测 D3 及与其相关的散水、Q8 应向南延伸至 Q3 处。从其残存基础部分看，D3 可能是一面坡的廊庑基址，南北分间，门应在东面。

与 D3 有关的解剖沟是 PG3、PG6。

D2 位于中轴线上，属"四阿重庑"式的单体建筑。故 D2 不仅是第二组建筑的主体建筑，而且是整个大型夯土建筑基址的中心建筑。D3 从其所处位置、单体建筑的特征等方面，在第二组建筑中处于从属地位，具体说，D3 应是 D2 的附属建筑。

夯土墙 Q4 位于发掘区的中部偏北，东西向。西部为夯土台基 D3 的北缘，东出发掘区。发掘长约 25.5、宽约 1.3、残存厚度为 0.5 米。

与 Q4 有关的解剖沟是 PG10。

夯土墙 Q8 位于发掘区的中部偏西，南北向。东为 D3，北与 Q4 相接，南部受晚期破坏。发掘长约 46.7、宽约 1.3、残存厚度为 0.6 米。

（4）第三组建筑

位于发掘区的北部。由南侧的夯土墙 Q4、西侧的夯土墙 Q6 围成建筑单元，包括体量较大的大型夯土台基 D4、D5 以及与之有关的天井、散水和排水管道，东出发掘区。

夯土墙 Q6 位于发掘区的北部偏西。南北向，南与夯土墙 Q4 和 Q8 相连，北出发掘区。发掘长约 51、宽约 1.3、残存厚度为 0.5～0.9 米。

与 Q6 有关的解剖沟有 PG1、PG2 和 PG4。

夯土台基 D4 位于夯土墙 Q4 的北面、整个发掘区的北部，东部出发掘区。残存平面呈曲尺形，东西残长约 28.6、南北宽约 34.3 米（图版 7）。从整个建筑布局上看，东南部分夯土台基可能为通向 D4 主体殿堂的廊坊，其西部边缘有一排柱础石，间距为 1.5 米，向南与夯土墙 Q4 相接。D4 西部有分间，夯土墙 Q6 即为 D4 的西墙。D4 南部边缘残存有柱础，北部有竖瓦包边的柱洞。D4 南部偏西有一较大的天井，东西长 18.6、南北残宽 17.6 米，其东、西、北三面残存有散水，南侧可能没有，也可能被晚期的东西向夯土墙破坏。散水东边残长约 17.6、宽 0.7 米，西边残长约 15、宽 0.7 米，在其北部向西拐的拐角部分较宽。北边仅在东部残存长约 3、宽 0.9 米的一小段。D4 北侧偏西处有一小天井，东西长约 12、南北宽约 8 米，四周为散水，宽 0.8 米（彩版 4）。另在 D4 西部又有两道夯土，西与 Q6 相接，向东约 5.4 米不见。两道夯土均宽约 0.9 米，间距 4.4 米。北侧的夯土东部还发现有两块小的石块，可能为柱础石。这两道夯土可能为 D4 内的两道夯土隔墙。

与 D4 有关的解剖沟有 PG1、PG2、PG5 和 PG10。

夯土台基 D5 位于 D4 北侧偏西处小天井的北面。台基东西长约 18.1、南北宽约 6.4 米，台基南北边缘均有柱础石，间距约 1.5 米（图版 8）。

夯土墙 Q9 即 D5 的北墙，宽约 1、长约 17 米，西与夯土墙 Q6 相连。

与 D5 有关的解剖沟是 PG4。

从建筑特征及其高大的体量看，D4 主体可能是"四阿重庑"建筑，其前（南侧）有廊坊。D5 应是两面坡式的建筑，从其所处位置看，应是 D4 的附属建筑。

（5）给排水设施

水渠（SHQ）位于这组建筑的西部与南部，Ⅰ区西部偏南、Ⅱ区北部。呈"Z"字形，两端均出发掘区。从残存情况看，夯土墙 Q1 西侧为用石块砌成的明渠，方向与 Q1 一致，残长约 68、宽 1.6～2.6、深约 0.65 米。明渠的两边为夯土，起到加固作用（图版 9）。延展到南部向东穿过 Q1，用陶水管连接，基槽宽 0.7、深 0.6 米，管道直径 0.28 米。向东至夯土台基 D1 南部再用石块砌成暗渠（彩版 5），暗渠底部铺有石块，两侧用石块砌起，其上用石块平铺相扣，再垫土夯打。发掘长度约 22.7、宽 0.34、深 0.47 米。在水渠南部拐角外发现一个方形小水池，长宽均为 0.6、深 0.6 米，直壁，平底（图 20），用长方形薄砖铺砌，砖长 0.66、宽 0.3、厚 0.04 米（图版 10）。在其东北角处有一管道与"Z"字形明渠相连于夯土墙 Q1 西侧，管道挖有基槽，管道直径 0.14、长 2.1 米。从其连接情况来看，应是水从"Z"字形水渠通过管道流进小水池（图版 11）。方形小水池可能与作坊有关。该水渠从其建造特征看，应为给水设施。

与水渠有关的解剖沟是 PG3。

夯土台基 D4 旁发现的排水管道，东起 D4 南侧的廊坊与散水之间，向西沿 D4 南侧的大天井南部穿过夯土墙 Q1。管道建于基槽内，基槽长 39.3、宽 0.5～0.6、深 0.4～1 米，管道一侧稍粗，直径 0.28 米，一侧略细，直径 0.24 米，一节一节套装而成。从其走势及地势来看，该管道应是 D4 廊坊通向大型院落外西侧的排水管道（图版 12）。在夯土台基 D5 的东部，还有一东西向排水管道。管道埋于基槽内，基槽宽 0.6、残长约 16.1 米，管道直径 0.2 米（图版 13）。以上两条排水管道应与第三组建筑有关。除此之外，还在夯土墙 Q1 北部外侧发现一南北向排水管道，其两端均受晚期破坏。其北部为双管道，残长 3.3 米（在其北部约 6.6 米处也发现

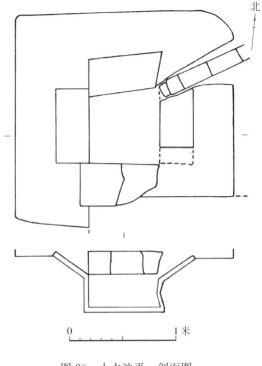

北

图 20　小水池平、剖面图

有双管道）；南部现存单管道，残长 19 米，从其走势看，可能通向"Z"字形水渠（彩版 6）。夯土台基 D3 的西部，发现有零星的水管道，但晚期破坏较为严重，情况不甚清楚。

该大型建筑的布局通过以上的介绍已基本明确。在大型院落最南部的第一组建筑以南、夯土墙 Q2 的北部，发现有大片的夯土，多不成形。在紧临暗渠的南部，有一片夯土，较规整，似为一围墙的转角部分（西北角），北墙部分残长约 7 米，西墙部分残长 8 米余，墙宽约 1.2 米。墙内有小片的夯土基址。大型院落北部，即 D5 的北部，在以往的考古发掘中也发现有成片的夯土基址，但情况不明。

2. 战国末期至汉代遗迹

战国中晚期是该遗址的始建期，也是其繁荣期。战国晚期大型建筑基址废弃后，该遗址所发现的遗迹较少。包括夯土台基 D6 以及零星的夯土墙、给排水设施、烧窑及窖藏坑等。

（1）建筑遗迹

夯土墙 Q7 位于发掘区北部偏东，夯土台基 D4 中部，南北向，残长宽 1.3 米。

夯土台基 D6 利用夯土台基 D4 的一部分及其北侧偏西的天井和夯土台基 D5 的大部而形成。平面呈长方形，南北长约 32.4、东西宽约 18 米，台基东夯土墙 Q7 将 D4 南的

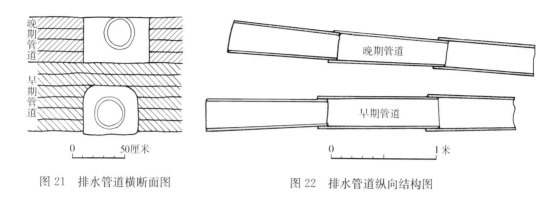

图 21 排水管道横断面图　　　　图 22 排水管道纵向结构图

散水破坏，向南延伸受到晚期破坏；台基西夯土墙 Q6 向南延伸与 Q4 相接（图 19-2；图版 14）。

与 D6 有关的解剖沟是 PG4。

（2）排水设施

夯土台基 D4 南大天井内排水管道西部，在早期管道上层，有一条管道，打破夯土墙 Q1，向西利用早期管道基槽重铺管道出发掘区。基槽宽 0.6、深 0.4 米。管道一侧稍粗，直径 0.28 米，一侧略细，直径 0.24 米，一节一节套装而成。该管道向西延伸，在其西的工地挖墓时，仍见有这样的管道，可能是该管道的一部分，联系到其西有涧河（谷水），推测其很可能是通向涧河的管道（图 21、22；图版 15）。

（3）烧窑

Y1 位于Ⅰ区 T0108 东南角，开口于③层下，方向为 85 度。由操作坑、窑门、窑室组成。操作坑及窑室南部被近代砖基础破坏（图 23；图版 17）。

操作坑位于窑室的东部。平面呈梨形，坑壁为斜坡状，近坑底有一个台阶。坑底近圆角梯形，为缓斜坡状。操作坑口南北长 1.6、东西宽 1.5 米，坑底南北长 0.85、东西宽 0.75、最深处 0.8 米。窑门为圆拱形顶，底部与操作坑底和火膛底部相连，呈斜坡状。窑门宽约 0.7、高约 0.5 米。窑室的上部已坍塌，窑床平面近圆形，直径 1.2、厚 0.4 米。窑床上分布 6 个圆形的出火孔，周边均匀分布有 5 个，中心 1 个。火孔直径 0.15 米。中间的出火孔壁直，其他的出火孔壁为斜坡式。火膛在窑床的下部，底部与窑门底相连成圜形底。火膛距窑床底最高处为 0.6 米。出土物有筒瓦残片、陶罐口沿、陶盆口沿残片等。从出土遗物分析，该烧窑的时代约为战国晚期。

（4）窖藏坑

J1 开口于Ⅰ区③层下，打破 D1、Q3。平面呈圆形，口径 3.35、底径 3.1、深 2 米。斜壁，平底。底部平铺砖，周壁用砖砌成。砖为长方形，长 0.35、宽 0.1、厚

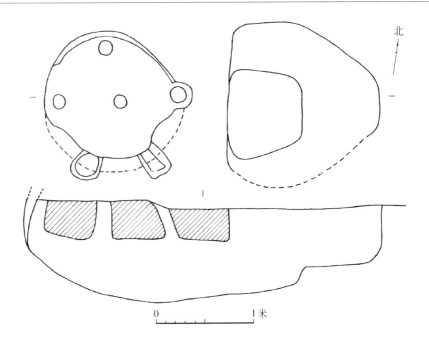

图 23　烧窑 Y1 平、剖面图

0.12 米。坑内出土有建筑构件板瓦、筒瓦、空心砖及陶片等（图 24；彩版 7）。

J2 开口于Ⅰ区③层下，打破 D1。平面呈圆形，口径 3、底径 2.6、深 1.65 米。斜腹，平底。坑内出土有外壁绳纹内壁布纹筒瓦、板瓦残片，陶罐口沿、陶缸口沿残片以及鼎足、石铲等（图版 16）。

J3 开口于Ⅰ区③层下，打破 H4 及 D3 前的散水。平面呈圆形，口径 4.5、底径 4.1、深 1.5 米。内壁用鹅卵石、砖块及少量的砂石砌成，其底部为青灰色淤土。斜腹，平底。出土遗物有外壁绳纹内壁布纹筒瓦、板瓦残片，陶井圈残片，空心砖残片，陶纺轮及陶盆口沿残片，陶罐口沿残片，陶碗等（图 25；图版 18）。

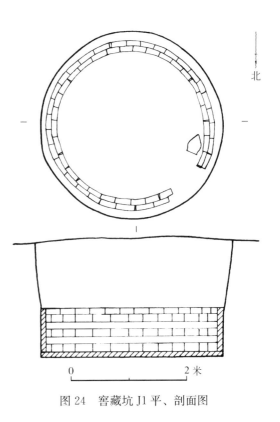

图 24　窖藏坑 J1 平、剖面图

二　Ⅲ区重要遗迹

Ⅲ区位于Ⅰ区西部，共发掘10个探方，总发掘面积约为1100平方米。发掘主要遗迹现象有夯土墙、夯土基址、窖穴等。

夯土墙Q10呈东西走向，东部被破坏，但向东与一条宽度约为1米的南北向夯土墙相接，该南北向夯土墙破坏严重，南北延伸不足10米。Q10西出发掘区，总发掘长度约为34、残存宽1.2～1.4米。夯土为灰色，纯净，土质较硬。根据解剖沟，该夯土墙残存厚度为1.1米，夯层较厚，为0.15～0.2米。包含物有筒瓦与板瓦

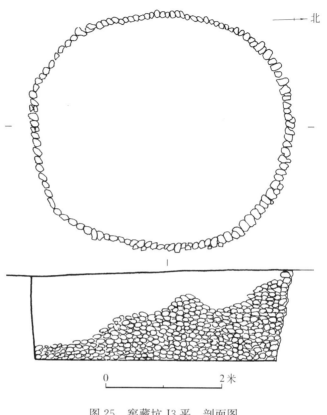

图25　窖藏坑J3平、剖面图

残片、陶盆口沿残片和陶罐口沿残片。根据包含物的特征，在时代上应与Ⅰ区的早期遗迹现象时代相当。

与Q10有关的解剖沟是PG12。

夯土基址在Q10的南北两侧，已发现的形状均不规则，受破坏较为严重。这些夯土的土质、土色均有所不同，土质不如Q10的硬，没有发现与建筑有关的遗迹。

窖穴H43位于Ⅲ区T3内、夯土墙Q10西部偏北约6米的地方。该窖穴开口于③层下，为口小底大的袋状坑状，口径4.5、发掘部分底径7米。内为青灰色脏土，窖穴边似有水冲刷痕迹。较深，经钻探深为13米。出土遗物有筒瓦与板瓦残片、陶器口沿残片等。从其形体较大结合坑内堆积疑为水窖（图26；图版19）。

在H43的两边有两个矩形阴井，在阴井的南边均有排水管道与井相连。SHJ2位于Ⅲ区T3内，H43的西部，开口于③层下，井的南侧有一道暗排水管道通向阴井。排水管道槽穿生土，应是从南到北斜下，管道槽上部为拱形，宽0.6、最高处为0.75米。管道大口直径0.25米，小口直径0.2米。阴井平面呈长方形，长1、宽0.6米（图版20）。下挖至4米，未及底。井壁光滑平整，出土遗物仅有板瓦、筒瓦及瓦当残片。

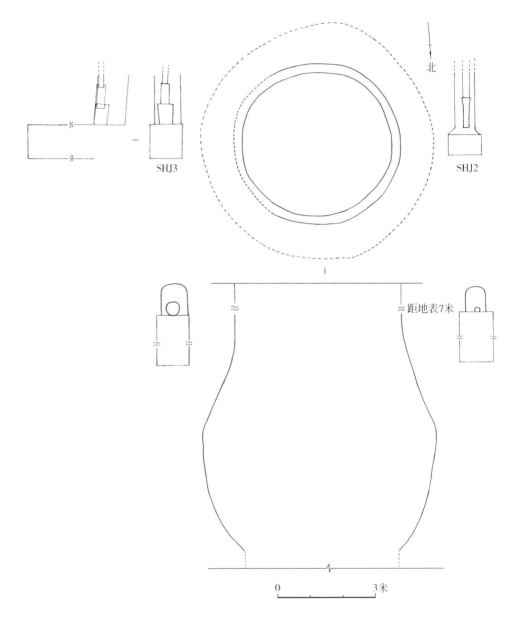

图 26　窑穴 H43 及阴井 SHJ2、SHJ3 平、剖面图

SHJ3 位于Ⅲ区 T3 内，H43 的东侧，开口于③层下东北部，与 SHJ2 形制相同，其南侧也有斜下的排水管道，管道槽和管道都比 SHJ2 略大些。管道槽宽为 0.8、最高处为 0.9 米，管道小口直径 0.4、大口直径 0.5 米。井为正方形，边长 1 米。下挖至 3 米，未及底。经过发掘，未找到这两个阴井与 H43 直接相关的证据，但推测，它们在用途上应该是有联系的。

三 Ⅳ区重要遗迹

Ⅳ区位于Ⅱ区南部西侧。发现有东周夯土基址、烧窑和唐代夯土基址、水井。东周夯土基址为一沟状堆积并延伸至邻近区域，形状不规则，没有发现与建筑有关的遗迹，我们推测可能是为建筑该区域内的大型建筑而对这一区域原来凹下凸不平的地表进行处理后的遗存。唐代夯土基址应与建筑有关，发现有可能与门有关的遗存，但该建筑的规模、布局等均不明。

水井 SHJ1 位于Ⅳ区 T2 北部，开口于②层下，为唐代水井。口大底小，井周砌砖。口部直径 1.1、底部直径 0.69、中间部分直径 0.78、口距底部深 13 米。出土遗物有筒瓦残片、瓦当残片、陶器口沿残片和铁器残片（图 27；彩版 8）。

烧窑 Y2 位于Ⅳ区西北部，开口于③层下，方向为 270 度。由操作坑、窑门、窑室、烟道四部分组成（图 28；彩版 9）。

操作坑位于窑室的东部，平面呈不规则的圆形，东西宽 2.2、南北长 2.4、深 1.7 米。坑壁斜，平底。窑门近椭圆形，底部平，较操作坑底部高约 0.3 米，最宽处 0.9、底部宽 0.6、高 1.1 米。窑室东南角被近代坑破坏。平面近长方形，东西长 2.9、南北宽 2.4 米。窑壁呈青灰色，顶部已塌。残高 0.9 米。窑床占窑室的三分之二多，较为平整。窑床进深 2.1、高出火膛 0.8 米。火膛靠近窑床的一壁较直，平面呈半圆形，平底，最宽处 2、进深 0.3 米。烟道位于窑室后部，在窑室后壁底部有三个方形烟孔，中间的较两侧的大些，斜向上与通向地面的烟道相连。地面上南边的烟道平面呈椭圆形，中间的平面为方形，北边的被近代坑破坏。出土遗物有筒瓦、板瓦、陶盆口沿、陶罐口沿残片等。从窑室结构结合出土物分析，Y2 时代为汉代。

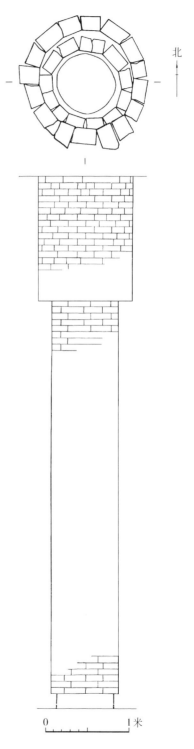

图 27 水井 SHJ1 平、剖面图

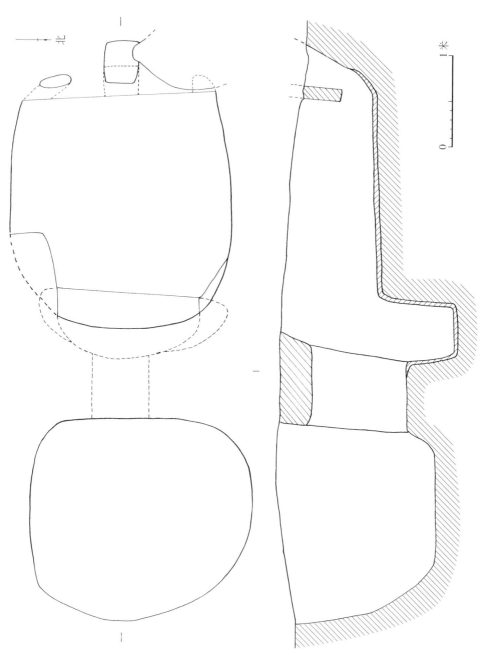

图 28　烧窑 Y2 平、剖面图

第三章 出土遗物

遗物主要出土于地层、解剖沟以及一些主要遗迹内。本章以分区为大的单位，原则上从上到下、从晚到早予以介绍。以Ⅰ、Ⅱ区为例，先介绍地层遗物，然后将每个解剖沟作为一个单元，再逐一介绍解剖沟内主要遗迹出土的遗物；然后对解剖沟内的主要遗迹的时代进行推断。由于解剖沟较多，有同一遗迹出现于不同解剖沟内的现象，且出土物互为补充，最后对各重要遗迹的时代进行总体判定。其他分区仅介绍重要遗迹及出土物、时代。

第一节 Ⅰ、Ⅱ区出土遗物

一 地层堆积第③层出土遗物

出土遗物主要为建筑材料和日用陶器，另外还有铁器、石器、铜钱等。建筑材料有较多的板瓦、筒瓦、瓦当、瓦钉、水管等；日用陶器多为泥质灰陶，可辨其形者有鬲、盆、罐、豆等。

1. 建筑材料

板瓦　45件。泥质灰陶。根据瓦头的不同和瓦身表面、内里纹饰的不同及绳纹的粗细，可分为九型。

Ⅰ型：17件。瓦头部饰数道沟状弦纹，瓦身表面饰粗绳纹。根据瓦身表面绳纹及内里纹饰的不同，可分为四亚型。

ⅠA型10件。瓦头部有未抹平的绳纹痕迹，瓦身表面饰斜粗绳纹，内里素面或有弦纹、横粗绳纹。ⅠT0407③:12，内里有弦纹。残长16厘米（图29-1）。ⅠT0206③:3，内里有横粗绳纹。残长10厘米（图29-2、3）。

ⅠB型5件。瓦身饰不规则的斜粗短绳纹和直粗短绳纹，有抹痕，内里有弦纹及不规则的粗短刻划纹。ⅠT0411③:1，残长40厘米（图29-5）。

ⅠC型1件。瓦身表面饰直粗短绳纹，内里素面。ⅠT0306③:1，残长12厘米（图29-4）。

ⅠD型1件。瓦头部有未抹平的绳纹，瓦身表面饰斜粗绳纹，内里素面。ⅠT0305

图 29　Ⅰ、Ⅱ区地层堆积第③层出土板瓦拓本

1. ⅠA 型（ⅠT0407③：12）　2、3. ⅠA 型（ⅠT0206③：3）　4. ⅠC 型（ⅠT0306③：1）　5. ⅠB 型

（ⅠT0411③：1）　6、7. Ⅱ型（ⅠT0305③：4）　8. ⅠD 型（ⅠT0305③：3）　9. Ⅲ型（ⅠT0306③：2）

10. Ⅳ型（ⅠT0302③：1）　11、12. Ⅴ型（ⅠT0102③：2）　13. Ⅶ型（ⅠT0104③：3）　14. Ⅷ型

（ⅡT0104③：1）　15. Ⅵ型（ⅠT0407③：13）　16. Ⅸ型（ⅠT0306③：3）

③:3，残长 14 厘米（图 29 - 8）。

Ⅱ型：8 件。瓦身表面饰斜粗绳纹，内里有凹圆点纹。ⅠT0305③:4，残长 20 厘米（图 29 - 6、7）。

Ⅲ型：8 件。瓦身表面饰斜中粗绳纹和不规则的斜中短绳纹，内里素面或有麻点纹。ⅠT0306③:2，内里有麻点纹。残长 21 厘米（图 29 - 9）。

Ⅳ型：2 件。瓦身表面饰斜粗绳纹，内里素面。ⅠT0302③:1，瓦头稍薄。残长 14 厘米（图 29 - 10）。

Ⅴ型：1 件。瓦身表面饰凌乱的斜粗绳纹，有抹痕，内里有直绳纹。ⅠT0102③:2，残长 22 厘米（图 29 - 11、12）。

Ⅵ型：1 件。瓦身表面饰凌乱的斜粗短绳纹，内里有弦纹及粗刻划纹。ⅠT0407③:13，残长 20 厘米（图 29 - 15）。

Ⅶ型：4 件。瓦身表面、内里均饰规则的直中细绳纹。ⅠT0104③:3，残长 24 厘米（图29 - 13）。

Ⅷ型：1 件。瓦身表面饰直细绳纹，内里素面。ⅡT0104③:1，残长 25 厘米（图 29 - 14）。

Ⅸ型：3 件。瓦身表面饰直细绳纹，内里有清晰的布纹。ⅠT0306③:3，瓦头部稍薄。残长 21 厘米（图 29 - 16）。

筒瓦　33 件。泥质灰陶。根据瓦唇部及瓦身纹饰的不同，可分为四型。

Ⅰ型：2 件。瓦唇部较薄，斜前伸，瓦身表面饰规则绳纹。根据瓦身表面绳纹的粗细，可分为二亚型。

ⅠA 型 1 件。瓦身表面饰直细绳纹。ⅠT0201③:1，瓦头部表面饰交错斜绳纹，瓦头部内里有清晰布纹，其他部分为布纹和凌乱的斜绳纹。残长 15 厘米（图 30 - 1、2）。

ⅠB 型 1 件。瓦身表面饰交错粗绳纹。ⅡT0201③:4，瓦头部表面抹平，仍有交错粗绳纹痕迹，内里素面，有泥条盘筑痕迹。残长 11 厘米（图 30 - 3）。

Ⅱ型：18 件。瓦唇部作卷曲状前伸。根据瓦身纹饰不同，可分为六亚型。

ⅡA 型 3 件。瓦身表面饰直中粗绳纹，内里素面。ⅠT0204③:1，瓦头部绳纹抹平，饰有四道沟状弦纹。残长 13 厘米（图 30 - 4）。

ⅡB 型 10 件。瓦身表面饰断续中粗绳纹，内里素面或有直绳纹。ⅠT0201③:2，瓦头部有未抹平的绳纹痕迹，内里有直绳纹。残长 16 厘米（图 30 - 7、8）。

ⅡC 型 1 件。瓦身表面饰直细绳纹，内里素面。ⅠT0304③:1，瓦头部抹平。残长 9 厘米（图 30 - 6）。

图30　Ⅰ、Ⅱ区地层堆积第③层出土筒瓦拓本

1、2.ⅠA型(ⅠT0201③:1)　3.ⅠB型(ⅠT0201③:4)　4.ⅡA型(ⅠT0204③:1)　5.ⅡD型(ⅠT0104③:2)

6.ⅡC型(ⅠT0304③:1)　7、8.ⅡB型(ⅠT0201③:2)　9.ⅡE型(ⅡT0201③:5)　10.ⅡF型(ⅠT0102③:3)

11.ⅢA型(ⅠT0306③:4)　12.ⅣB型(ⅠT0201③:3)　13.ⅢB型(ⅠT0306③:5)　14.ⅣC型(ⅠT0207③:1)

15.ⅣA型(ⅡT0201③:3)　16.ⅣD型(ⅠT0207③:2)

ⅡD型2件。瓦身表面饰斜粗短绳纹，内里凹凸不平。ⅡT0104③：2，有泥条盘筑痕迹。残长16厘米（图30-5）。

ⅡE型1件。瓦身表面饰断续的斜中粗绳纹，有抹痕，内里饰直粗绳纹。ⅡT0201③：5，残长22厘米（图30-9）。

ⅡF型1件。瓦身表面饰断续凌乱的粗短绳纹和细弦纹，内里素面。ⅠT0102③：3，瓦头部为素面，内里凹凸不平。残长27厘米（图30-10）。

Ⅲ型：8件。瓦头部稍薄，根据瓦身绳纹的不同，可分为二亚型。

ⅢA型2件。瓦身表面饰斜中粗绳纹，内里素面。ⅠT0306③：4，残长15.6厘米（图30-11）。

ⅢB型6件。瓦身表面饰断续凌乱的斜绳纹，内里有直粗绳纹和泥条盘筑痕迹。ⅠT0306③：5，内里头部有三道弦纹。残长29厘米（图30-13）。

Ⅳ型：5件。瓦头与瓦身厚薄一致，根据纹饰不同，可分为四亚型。

ⅣA型2件。瓦身表面饰有凌乱的粗短绳纹和细凹弦纹，内里素面。ⅡT0201③：3，内里凹凸不平。残长11厘米（图30-15）。

ⅣB型1件。瓦身表面饰断续直粗绳纹，有抹痕，内里素面。ⅠT0201③：3，残长13厘米（图30-12）。

ⅣC型1件。瓦身表面饰凌乱的直短绳纹和刻划凹弦纹，瓦头部饰一凹道弦纹，内里素面，有泥条盘筑痕迹。ⅠT0207③：1，残长13厘米（图30-14）。

ⅣD型1件。瓦头部有四道凹弦纹和未抹平的绳纹痕迹，内里素面。ⅠT0207③：2，残长8厘米（图30-16）。

圆瓦当　37件。圆形。泥质灰陶。多以两周同心圆分为当心、当面。当心多饰四叶形纹，当面以棱线为界格分区，各区分饰云纹或简化云纹。根据当心及当面纹饰的不同，可分为十二型。

Ⅰ型：1件。当心为一较大的乳钉；当面以单棱线分区，各区分饰简化云纹。ⅠT0304③：1，残。直径13.4厘米（图31-1；图版21）。

Ⅱ型：9件。根据纹饰的细微差别，可分为二亚型。

ⅡA型5件。当心中央为小乳钉，周饰四叶形纹；当面卷云纹两端的间距较宽。ⅠT0407③：1，瓦当边缘宽窄不均。直径14厘米（图31-2；图版22）。

ⅡB型4件。当心四叶形纹与ⅡA型稍不同；当面卷云纹的两端较ⅡA型的间距窄。ⅠT0206③：1，残。直径14厘米（图31-3）。

Ⅲ型：2件。当心饰四叶形纹，中央无乳钉；当面棱线粗且间距宽，卷云纹与Ⅱ型同。ⅠT0103③：1，直径13.8厘米（图31-4；彩版10）。

Ⅳ型：4件。与Ⅱ型相似，唯当心饰四菱形纹，中央乳钉平。ⅠT0104③：1，

图 31　Ⅰ、Ⅱ区地层堆积第③层出土圆瓦当拓本

1.Ⅰ型（ⅠT0304③:1）　　2.ⅡA型（ⅠT0407③:1）　　3.ⅡB型（ⅠT0206③:1）　　4.Ⅲ型（ⅠT0103③:1）

5.Ⅳ型（ⅠT0104③:1）　　6.Ⅴ型（ⅠT0407③:2）　　7.Ⅵ型（ⅠT0407③:3）　　8.Ⅶ型（ⅠT0407③:4）

9.Ⅷ型（ⅡT0201③:1）　　10.Ⅸ型（ⅡT0301③:1）　　11.Ⅹ型（ⅠT0305③:1）

直径 14 厘米（图 31 - 5；图
版 23）。

V 型：2 件。当心饰四
叶形纹，中央无乳钉；当面
卷云纹较 II 型的线条直硬。
I T0407③：2，直径 13 厘米
（图 31 - 6；图版 24）。

VI 型：4 件。当心饰米格
纹；当面棱线较细，卷云纹以
双线相连。I T0407③：3，残。
直径 14.2 厘米（图 31 - 7）。

VII 型：2 件。当心饰四
叶形纹；当面棱线较粗。I
T0407③：4，残，当心乳钉
明显。直径 14 厘米（图
31 - 8）。另有一件为采集品，
较大。残（图 32 - 4）。

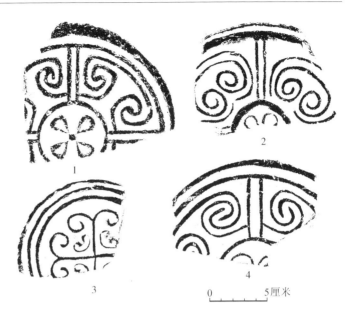

图 32 I、II 区地层堆积第③层出土圆瓦当拓本
1. X 型（采集品） 2. XI 型（采集品） 3. XII 型（采集品）
4. VII 型（采集品）

VIII 型：1 件。当心饰双线四叶形纹；当面卷云纹与界格棱线连接处较靠上。II
T0201③：1，残。直径 14.2 厘米（图 31 - 9）。

IX 型：1 件。当心四叶形纹外有一同心圆；当面卷云纹线条圆润。II T0301③：1，
残，直径 14 厘米（图 31 - 10）。

X 型：9 件。当心饰四叶形纹；当面卷云纹线条略显直硬。I T0305③：1，当心四
叶形纹线条纤细。直径 14 厘米（图 31 - 11；彩版 11）。另有一件为采集品，较大。当
心乳钉与四叶形纹间距稍大。残。直径 18 厘米（图 32 - 1）。

XI 型：1 件。当心同心圆线条较粗；当面卷云纹圆鼓且不与界格棱线相连，卷云纹
以双线相连。采集品，残（图 32 - 2）。

XII 型：1 件。外围两周同心圆，内饰"十"字交叉的简化云纹。采集品，残（图
32 - 3）。

其中 II 型至 XI 型圆瓦当与《洛阳中州路（西工段）》中 II 式汉代瓦当相似。

半瓦当 29 件。泥质灰陶。半圆形。以数周半圆形成当心、当面。当心多饰双叶
形纹，当面以棱线为界格分区，各区饰卷云纹或简化云纹。根据当心的不同及纹饰的细
部差异，可分为十二型。

I 型：2 件。素面。II T0203③：1，残（图 33 - 1）。

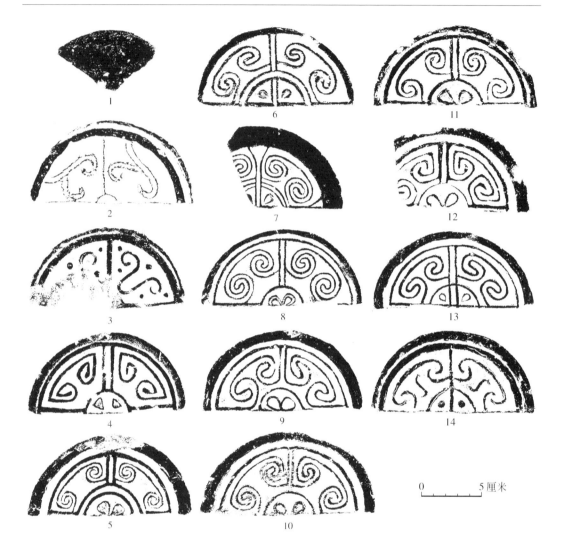

图 33　Ⅰ、Ⅱ区地层堆积第③层出土半瓦当拓本

1. Ⅰ型（Ⅱ T0203③:1）　2. Ⅱ型（Ⅰ T0206③:2）　3. Ⅲ型（Ⅰ T0407③:5）　4. Ⅳ型（Ⅰ T0104③:2）
5. Ⅴ型（Ⅰ T0102③:1）　6. Ⅵ型（Ⅰ T0307③:1）　7. Ⅶ型（Ⅰ T0307③:2）　8. Ⅷ型（Ⅰ T0307③:3）
9. Ⅸ型（Ⅰ T0407③:6）　10. Ⅹ型（Ⅰ T0407③:7）　11. ⅪA型（Ⅰ T0407③:8）　12. ⅪB型（Ⅱ T0201
③:2）　13. Ⅻ型（Ⅰ T0407③:9）　14. 采集品

　　Ⅱ型：1件。当心光素；单道细棱线将当面分为两区，分饰简化云纹。Ⅰ T0206③:
2，瓦身表面头部素面，尾部饰中短绳纹。直径13.6厘米（图33-2；图版25）。

　　Ⅲ型：1件。当心不明显；单道粗棱线将当面分为两区，分饰简化云纹。Ⅰ T0407
③:5，残。直径13厘米（图33-3）。

　　Ⅳ型：1件。当心略小，饰两个小三角形；当面较大，卷云纹显得直硬。Ⅰ T0104

③:2，直径 13.2 厘米（图 33-4；图版 26）。

Ⅴ型：2 件。当心的双道半圆形中饰双叶形纹；当面卷云纹较平阔。ⅠT0102③:1，直径 14 厘米（图 33-5；图版 27）。

Ⅵ型：2 件。当心双道半圆形中以双棱线相隔饰双叶形纹。ⅠT0307③:1，瓦身表面饰直的中绳纹。直径 13 厘米（图 33-6；图版 28）。

Ⅶ型：1 件。双棱线纵贯当心、当面，当面卷云纹圆润。ⅠT0307③:2，直径 14 厘米（图 33-7）。

Ⅷ型：2 件。当心较小，饰双道双叶形纹；当面卷云纹圆润。ⅠT0307③:3，瓦身表面饰粗短绳纹。直径 13.2 厘米（图 33-8；彩版 12）。

Ⅸ型：3 件。当心饰双叶形纹；当面卷云纹简化且与棱线连为一体。ⅠT0407③:6，直径 13 厘米（图 33-9；图版 29）。

Ⅹ型：9 件。当心双叶纹距离稍远；当面卷云纹较平阔且与棱线连为一体。ⅠT0407③:7，直径 14.4 厘米（图 33-10；图版 30）。

Ⅺ型：3 件。当心双叶形纹略大；当面卷云纹较高大。根据卷云纹的细微差别，可分为二亚型。

ⅪA 型 2 件。卷云纹较圆润。ⅠT0407③:8，直径 13.6 厘米（图 33-11；图版 31）。

ⅪB 型 1 件。卷云纹显得较为直硬。ⅡT0201③:2，残。直径 14.6 厘米（图 33-12）。

Ⅻ型：2 件。双棱线纵贯当心、当面，当心双叶形纹较小，当面卷云纹简化。ⅠT0407③:9，直径 13.2 厘米（图 33-13；彩版 13）。

还有一件采集品，单棱线纵贯当心、当面，当心饰两个小乳钉，当面饰简化云纹。直径 13.2 厘米（图 33-14；图版 32）。

瓦钉　64 件。钉头作圆形，中心凸起，似圆锥状。有大、中、小三种。

大瓦钉　21 件。根据纹饰不同，可分为三型。

Ⅰ型：17 件。钉面为两周同心圆，小圆内为四叶纹，圆环内为锯齿纹。ⅡT0203③:2，直径 8.4、残高 4.8 厘米（图 34-3；彩版 14）。

Ⅱ型：3 件。钉面有两周同心圆，小圆内顶部为菱形纹，菱形纹外环绕两周锯齿纹。ⅠT0407③:10，直径 8.4、残高 3.7 厘米（图 34-4；彩版 15）。

Ⅲ型：1 件。钉顶部为两同心凸圆饼状，周围为辐射状纹。ⅠT0408③:1，直径 8.4、残高 4.8 厘米（图 34-5；图版 33）。

中瓦钉　39 件。形制与纹饰均相同。纹饰与Ⅰ型大瓦钉同。ⅠT0305③:2，直径 7.4、残高 3.6 厘米（图 34-2）。

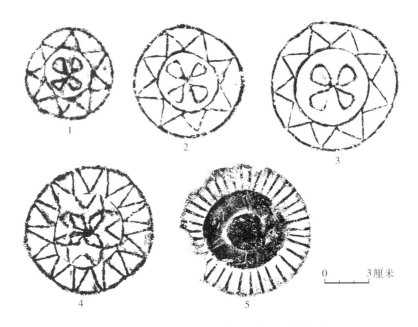

图 34　Ⅰ、Ⅱ区地层堆积第③层出土瓦钉拓本

1. 小瓦钉（ⅠT0407③:11）　　2. 中瓦钉（ⅠT0305③:2）　　3. Ⅰ型大瓦钉（ⅡT0203③:2）

4. Ⅱ型大瓦钉（ⅠT0407③:10）　　5. Ⅲ型大瓦钉（ⅠT0408③:1）

　　小瓦钉　2件。纹饰相同。纹饰与Ⅰ型大瓦钉同。ⅠT0407③:11，直径6.2、残高3.2厘米（图34-1）。

　　另有2件瓦钉，均为采集，大小不同，钉头形状为鸟状，形象逼真，腹部下方有一方孔，以放置锥状钉。大的头尾均残，小的尾部残。小的鸟身长10、高8.8厘米（图版34）。

　　空心砖　3件。根据纹饰的不同，可分为二型。

　　Ⅰ型：1件。素面。ⅠT0411③:1，残宽30、残长15.2厘米。

　　Ⅱ型：2件。饰米格纹。ⅠT0106③:1，完整，长方形。一面在米格纹之间有一戳印。宽35、长120厘米（图35）。

　　水管　数量极多。根据管道两端的不同，可分为三型。

图 35　Ⅰ、Ⅱ区地层堆积第③层出土空心砖拓本（ⅠT0106③:1局部）

Ⅰ型：少数。圆筒状，一般较细。直径约 15 厘米。

Ⅱ型：多数。一端大一端小，一般较Ⅰ型粗。表面多有绳纹。大端直径 20、小端直径 15、残长约 39 厘米（图版 35）。

Ⅲ型：1 件。拐角形两通。一端直径稍大。短端长 36、管口直径 18 厘米；长端长 50、管口直径 15 厘米（图版 36）。

2. 日用陶器

豆 10 件。泥质灰陶。浅盘。根据豆盘唇部、盘腹转折的不同，可分为五型。

Ⅰ型：2 件。盘弧腹，有不明显折痕，豆柄较细。ⅠT0302③：2，残。腹底有数周弦纹和一刻划符号。口径 14 厘米（图 36－1，图 37－1）。ⅠT0107③：1，残。盘内底有三角形暗纹和较乱的刻划纹，盘外底有三周刻划弦纹和刻划符号。口径 14.4 厘米（图 36－2，图 37－2）。

Ⅱ型：2 件。圆唇，盘弧腹内收，平底，盘底有一周微凹。ⅠT0103③：1，口径 13.2 厘米（图 36－3）。

Ⅲ型：1 件。尖唇，盘弧腹折收，平底。ⅠT0103③：2，盘外饰两周凹弦纹。口径 17.2 厘米（图 36－4）。

Ⅳ型：3 件。圆唇，盘微直腹折收，平底。ⅡT0203③：3，柄部残。口径 14 厘米（图 36－5）。

Ⅴ型：2 件。圆唇，弧腹。ⅠT0106③：2，口径 14 厘米（图 36－6）。

豆柄 13 件。泥质灰陶。喇叭形圈足。ⅠT0207③：3，豆柄细长，圈足内凹。残高 14.4 厘米（图 36－13）。

罐 12 件。泥质灰陶。完整器物 2 件，其余均为口沿残片。根据口部、唇部、肩部等的不同，可分为六型。

Ⅰ型：1 件。卷沿，方唇，束颈，椭圆腹，小平底。ⅠT0107③：2，器身有沟状弦纹。口径 15.6、底径 6.8、高 33.6 厘米（图 36－14；图版 37）。其特征略同于《洛阳中州路（西工段）》中的Ⅱ式陶罐。

Ⅱ型：3 件。口沿残，束颈，圆肩，鼓腹斜收，平底微内凹。ⅠT0206③：4，肩部饰直细绳纹和一周凹弦纹。底径 8.6、残高 23.2 厘米（图 36－8）。

Ⅲ型：4 件。敞口，折沿，沿面稍外斜，束颈。肩部饰细绳纹。ⅡT0203③：4，方唇。口径 12 厘米（图 36－7）。ⅠT0106③：3，圆唇。口径 12 厘米（图 36－9）。

Ⅳ型：1 件。敞口，双唇，平沿，广肩。ⅡT0104③：3，肩部饰粗短绳纹和斜粗绳纹。口径 28 厘米（图 38－1）。

Ⅴ型：1 件。小口，圆唇。ⅠT0306③：5，口径 11.2 厘米（图 36－10）。

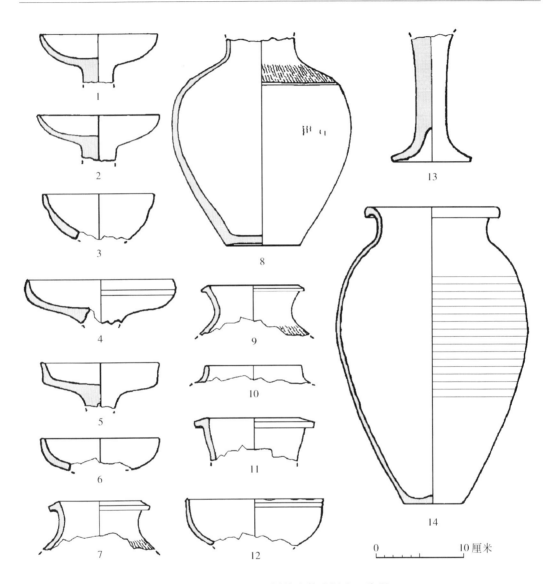

图 36　Ⅰ、Ⅱ区地层堆积第③层出土陶器

1. Ⅰ型豆（ⅠT0302③：2）　2. Ⅰ型豆（ⅠT0107③：1）　3. Ⅱ型豆（ⅠT0103③：1）　4. Ⅲ型豆（ⅠT0103③：2）

5. Ⅳ型豆（ⅡT0203③：3）　6. Ⅴ型豆（ⅠT0106③：2）　7. Ⅲ型罐（ⅡT0203③：4）　8. Ⅱ型罐（ⅠT0206③：4）

9. Ⅲ型罐（ⅠT0106③：3）　10. Ⅴ型罐（ⅠT0306③：5）　11. Ⅵ型罐（ⅠT0302③：3）　12. Ⅶ型盆（ⅠT0107

③：6）　13. 豆柄（ⅠT0207③：3）　14. Ⅰ型罐（ⅠT0107③：2）

　　Ⅵ型：2件。平折沿，方唇，高领。ⅠT0302③：3，口径14厘米（图36-11）。

　　盆　21件。泥质灰陶。根据口部、唇部及腹部的不同，可分为七型。

　　Ⅰ型：1件。敞口，卷沿，双唇。ⅠT0204③：2，口径37.2厘米（图38-2）。

Ⅱ型：4件。敞口，折沿，方唇，沿面微鼓，圆腹。ⅡT0203③：5，口径 64 厘米（图 39 - 1）。

Ⅲ型：3件。折沿，方唇，沿面外斜，鼓腹。ⅠT0206③：5，口径 35.2 厘米（图 38 - 3）。

Ⅳ型：1件。敞口，卷沿，双唇，直腹。ⅠT0204③：3，口径 36 厘米（图 38 - 4）。

Ⅴ型：4件。折沿，方唇，沿面微凹。根据颈腹间的差异，可分为二亚型。

ⅤA 型 1件。鼓腹。ⅠT0103③：3，腹部饰有细斜绳纹。口径 32.8 厘米（图 39 - 2）。

ⅤB 型 3件。腹颈间略直。ⅠT0107③：5，腹部饰有细直绳纹。口径 32 厘米（图 39 - 3）。

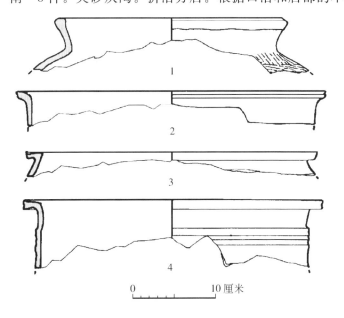

图 37 Ⅰ、Ⅱ区地层堆积第③层出土
陶器刻划符号拓本
1. ⅠT0302③：2 2. ⅠT0107③：1

Ⅵ型：7件。折沿，双唇，斜腹。根据唇部的不同，可分为二亚型。

ⅥA 型 2件。转折处有向内的凸棱。ⅠT0303③：2，双唇下垂。口径 42 厘米（图 39 - 4）。ⅠT0204③：4，腹部饰瓦棱纹。口径 44.4 厘米（图 39 - 5）。

ⅥB 型 5件。转折处无向内的凸棱，斜腹。ⅠT0204③：5，口径 44.4 厘米（图 39 - 6）。

Ⅶ型：1件。敞口，方唇，圆腹。口沿外饰两周凹弦纹。ⅠT0107③：6，口径 16 厘米（图 36 - 12）。

鬲 3件。夹砂灰陶。折沿方唇。根据口沿和唇部的不同，可分为二型。

图 38 Ⅰ、Ⅱ区地层堆积
第③层出土陶器

1. Ⅳ型罐（ⅡT0104③：3）

2. Ⅰ型盆（ⅠT0204③：2）

3. Ⅲ型盆（ⅠT0206③：5）

4. Ⅳ型盆（ⅠT0204③：3）

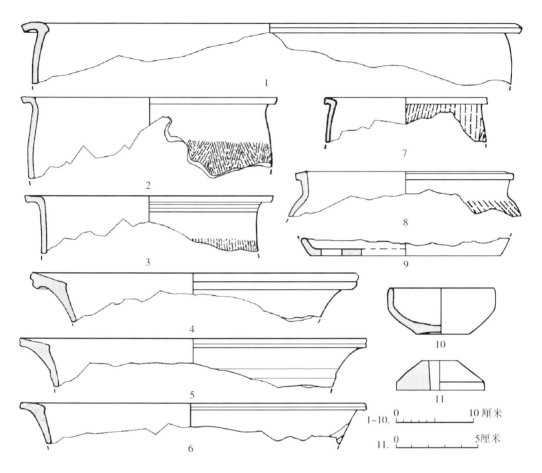

图 39　Ⅰ、Ⅱ区地层堆积第③层出土陶器

1. Ⅱ型盆（ⅡT0203③:5）　2. ⅤA型盆（ⅠT0103③:3）　3. ⅤB型盆（ⅠT0107③:5）　4. ⅥA型盆
（ⅠT0303③:2）　5. ⅥA型盆（ⅠT0204③:4）　6. ⅥB型盆（ⅠT0204③:5）　7. Ⅰ型鬲（ⅠT0307③:4）
8. Ⅱ型鬲（ⅠT0107③:4）　9. 甑（ⅠT0204③:6）　10. 碗（ⅠT0207③:4）　11. 纺轮（ⅠT0411③:3）

　　Ⅰ型：1件。唇微凹，转折处折棱不明显。ⅠT0307③:4，饰粗绳纹。口径20.8厘
米（图39-7）。

　　Ⅱ型：2件。沿面微凹，束颈。ⅠT0107③:4，口径28厘米（图39-8）。

　　碗　4件。泥质灰陶。较完整，大小形制相同。敛口，尖唇，弧腹，平底微内凹。
ⅠT0207③:4，口径13.2、底径6.4、高5.8厘米（图39-10；图版38）。

　　甑　1件。ⅠT0204③:6，泥质灰陶。仅余一孔。底径24厘米（图39-9）。

　　纺轮　2件。圆饼状，中间一穿孔。ⅠT0411③:3，一径2.2、一径5.4、高1.8厘
米（图39-11；图版39）。

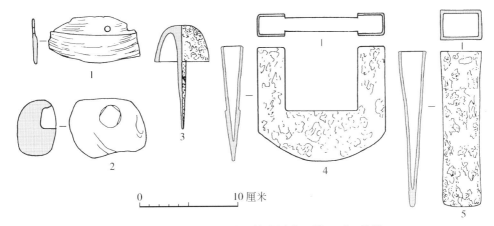

图40　Ⅰ、Ⅱ区地层堆积第③层出土蚌、石、铁器

1. 蚌饰（ⅠT0411③:5）　2. 石器（ⅠT0107③:7）　3. 铁泡钉（采集）　4. 铁锄（ⅠT0101③:1）

5. 铁锛（ⅠT0411③:6）

3. 其他

蚌饰　1件。不规则的椭圆形，有一穿圆形穿孔。ⅠT0411③:5，残高4.7、残宽9.4厘米（图40-1）。

石器　1件。平面呈不规则的椭圆形，中部有一穿孔。ⅠT0107③:7，一侧边刻划"×"形。高5.5、宽7.8、厚3.7厘米（图40-2）。

铁锛　1件。一面有穿孔。ⅠT0411③:6，高15.4、銎宽4.2、刃宽3.8厘米（图40-5）。

铁泡钉　1件。采集。通长10.4厘米（图40-3）。

铁锄　1件。平面呈"U"字形，中空，有刃。ⅠT0101③:1，长11.4、宽13厘米（图40-4）。

铜半两　1枚。圆形，方穿，无郭。ⅠT0308③:1，直径3.1厘米（图41-1）。

铜五铢　2枚。圆形，方穿，穿背面有郭。ⅠT0204③:4，边缘有郭。直径2.5厘米（图41-2）。ⅡT0302③:1，边缘无郭。直径2.2厘米（图41-3）。

铜货泉　1枚。圆形，方穿，两面均有郭。ⅠT0404③:1，直径2.3厘米（图41-4）。

铜空首布　3枚。平肩空首布2枚。銎残，平肩，足呈内弧，四周有郭。背面有三条竖线，钱面文字为"安臧"。ⅠT0404③:2，身长4、肩宽3.6、足宽4.2厘米（图41-5）。ⅠT0404③:3，身长4.1、肩宽3.6、足宽4厘米（图41-6）。这两枚钱面文字与《洛阳出土的空首布》中的12～14相似。斜肩空首布1枚。币身为斜肩，足呈内弧，四周有郭。背面"八"字形竖线，中间又有一条竖线。ⅠT0404③:4，身长4.9、肩宽3.6、足宽4厘米。钱面文字为"武采"（图41-7）。

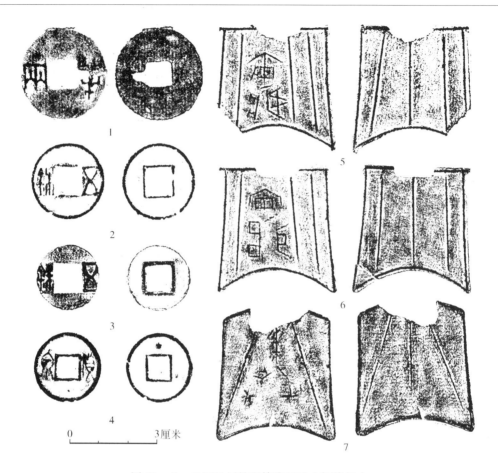

图41　Ⅰ、Ⅱ区地层堆积第③层出土铜钱拓本

1. 半两（ⅠT0308③：1）　2. 五铢（ⅠT0204③：4）　3. 五铢（ⅡT0302③：1）　4. 货泉（ⅠT0404③：1）

5. 空首布（ⅠT0404③：2）　6. 空首布（ⅠT0404③：3）　7. 空首布（ⅠT0404③：4）

二　解剖沟 PG1 诸遗迹出土遗物

1. 灰坑 PG1H9 出土遗物

出土遗物均为建筑材料，分别为板瓦和筒瓦。

板瓦　1件。瓦身表面饰斜粗绳纹，内里素面。PG1H9：1，泥质灰陶。唇部折棱突出，瓦头上有弦纹四道。残长8.4厘米（图42-1）。

筒瓦　3件。泥质灰陶。根据瓦身表面所饰绳纹的不同，可分为三型。

Ⅰ型：1件。瓦身表面饰粗绳纹，短而略显不规则，绳纹呈带状分布，内里凸凹不平，有泥条接缝及湿手涂抹按捺的痕迹。PG1H9：2，残长9.2厘米（图42-2）。

Ⅱ型：1件。瓦身表面饰斜的粗绳纹，内里素面，略显凸凹不平。PG1H9：3，残长9.2厘米（图42-3）。

Ⅲ型：1件。瓦身表面饰斜的细绳纹，唇部有折棱，内里凸凹不平，并饰以麻点。PG1H9∶4，残长18.8厘米（图42-4）。

依《洛阳发掘报告》，布纹瓦出现于战国晚期，战国时期其他形制的板瓦、筒瓦出现及使用时代都略早于布纹瓦的出现及使用时代。从PG1H9出土的这4件瓦来看，其特征均同于《洛阳发掘报告》[1]中的战国瓦的特征，如PG1H9∶1略同于《洛阳发掘报告》Ⅰ式板瓦，PG1H9∶2、PG1H9∶3略同于《洛阳发掘报告》Ⅰ式筒瓦，PG1H9∶4略同于《洛阳发掘报告》ⅡB式筒瓦。

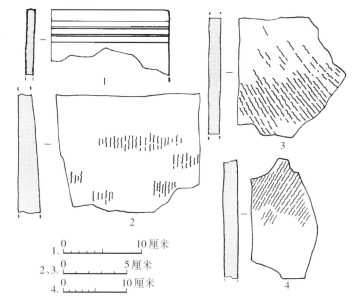

图42 灰坑PG1H9出土建筑材料
1. 板瓦（PG1H9∶1） 2. Ⅰ型筒瓦（PG1H9∶2）
3. Ⅱ型筒瓦（PG1H9∶3） 4. Ⅲ型筒瓦（PG1H9∶4）

2. 夯土墙PG1Q7出土遗物

出土遗物包括建筑材料和日用陶器。建筑材料有板瓦、筒瓦等。日用陶器以泥质灰陶居多，其次为夹砂灰陶；纹饰以绳纹为大宗；可辨器形者有鬲、罐、盆、豆等。

（1）建筑材料

板瓦 3件。泥质灰陶。瓦身表面饰绳纹。PG1Q7∶5，瓦身表面饰杂乱中绳纹，内里凸凹不平。残长8厘米（图43-1）。

筒瓦 5件。泥质灰陶。瓦身表面饰绳纹。依据瓦身纹饰的不同，可分为三型。

Ⅰ型：1件。瓦身表面饰杂乱中绳纹，内里凸凹不平，并饰以麻点。PG1Q7∶1，残长11.2厘米（图43-2）。

Ⅱ型：1件。瓦身表面饰斜中绳纹，内里饰直中绳纹，模糊不清，且凸凹不平。PG1Q7∶2，残长6厘米（图43-3）。

Ⅲ型：3件。双唇口，瓦身表面饰细绳纹。根据瓦身表面纹饰的不同，可分为二亚型。

---

① 中国社会科学院考古研究所：《洛阳发掘报告》，北京燕山出版社，1989年。

ⅢA 型 2 件。瓦身表面瓦头以下饰直细绳纹，内里素面。PG1Q7：3，残长6.8 厘米（图 43-4）。

ⅢB 型 1 件。双唇口均起棱，瓦身表面饰斜细绳纹，内里素面。PG1Q7：4，残长 5.5 厘米（图 43-5）。

（2）日用陶器

罐　3 件。泥质灰陶。短颈。根据口沿的不同，可分为二型。

Ⅰ型：2 件。微侈口，平沿略下垂，方唇。PG1Q7：6，口径 12 厘米（图44-1）。略同于《洛阳发掘报告》H490 Ⅳ式陶罐，时代约在战国晚期。

Ⅱ型：1 件。敛口，折沿，沿面近平。PG1Q7：7，颈以下饰细绳纹（图 44-2）。

盆　1 件。侈口，平沿外侧起凸棱，

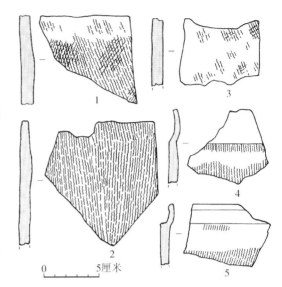

图 43　夯土墙 PG1Q7 出土建筑材料
1. 板瓦（PG1Q7：5）　　2. Ⅰ型筒瓦（PG1Q7：1）
3. Ⅱ型筒瓦（PG1Q7：2）　　4. ⅢA 型筒瓦
（PG1Q7：3）　　5. ⅢB 型筒瓦（PG1Q7：4）

方唇。PG1Q7：8，泥质灰陶。口径 26 厘米（图 44-3）。略同于《洛阳发掘报告》Ⅰ式深腹盆。

鬲　1 件。微侈口，平沿略下垂，方唇。PG1Q7：9，夹砂灰陶。口径 24.8 厘米（图 44-4）。略同于《洛阳发掘报告》Ⅲ式鬲。时代在战国中期。

3. 夯土 PG1HT2 出土遗物

包括建筑材料和日用陶器。建筑材料有板瓦、筒瓦、瓦当等。日用陶器以泥质灰陶居多，少量夹砂灰褐陶；纹饰以绳纹为主；可辨器形有盆、罐、缸、鬲、豆、壶、甑及圆陶片等。

（1）建筑材料

板瓦　13 件。泥质灰陶。瓦身表面饰细绳纹者 8 件，饰中绳纹者 5 件。饰细绳纹者可分为饰斜细绳纹和饰杂乱细绳纹两类。其中饰斜细绳纹者 7 件，瓦身表面饰斜细绳纹，内里泥条盘筑接缝明显，瓦身表面凸凹不平。

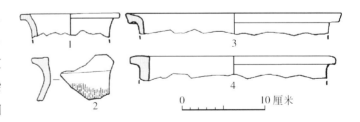

图 44　夯土墙 PG1Q7 出土陶器
1. Ⅰ型罐（PG1Q7：6）　　2. Ⅱ型罐（PG1Q7：7）
3. 盆（PG1Q7：8）　　4. 鬲（PG1Q7：9）

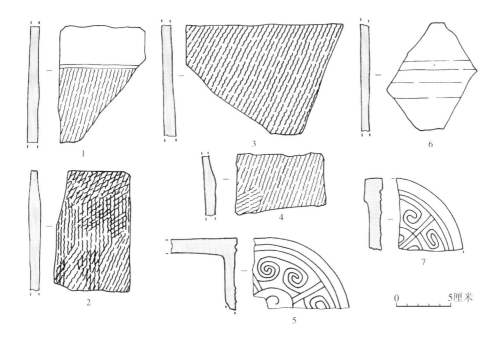

图 45　夯土 PG1HT2 出土建筑材料

1. 板瓦（PG1HT2：14）　2. 板瓦（PG1HT2：15）　3. 板瓦（PG1HT2：16）

4. Ⅰ型筒瓦（PG1HT2：17）　5. Ⅰ型瓦当（PG1HT2：19）　6. Ⅱ型筒瓦（PG1HT2：18）

7. Ⅱ型瓦当（PG1HT2：20）

PG1HT2：14，瓦头绳纹被抹去，瓦头以下饰细斜绳纹。残长 10.6 厘米（图 45－1）。饰杂乱细绳纹者 1 件，瓦身表面遍饰杂乱细绳纹。PG1HT2：15，残长 11 厘米（图 45－2）。饰中绳纹者 5 件，瓦身表面遍饰斜中绳纹，内里素面或饰麻点。PG1HT2：16，内里饰麻点。残长 9.8 厘米（图 45－3）。

筒瓦　2 件。泥质灰陶。根据瓦身表面纹饰的不同，可分为二型。

Ⅰ型：1 件。瓦身表面饰杂乱细绳纹，内里凸凹不平。PG1HT2：17，残长 5.2 厘米（图 45－4）。

Ⅱ型：1 件。瓦身表面饰弦纹，内里素面。PG1HT2：18，残长 9.6 厘米（图 45－6）。

瓦当　2 件。泥质灰陶。当面饰卷云纹。依云纹变化，可分为二型。

Ⅰ型：1 件。当心的柿蒂纹叶片略大，卷云纹较圆润。PG1HT2：19，内里素面，略显凸凹不平。残长 8.6 厘米（图 45－5）。

Ⅱ型：1 件。当心的柿蒂纹叶片略小，卷云纹较扁。PG1HT2：20，内里凸凹不平。残长 6.4 厘米（图 45－7）。

（2）日用陶器

盆　6 件。沿面略宽。根据沿面和唇部特征的不同，可分为三型。

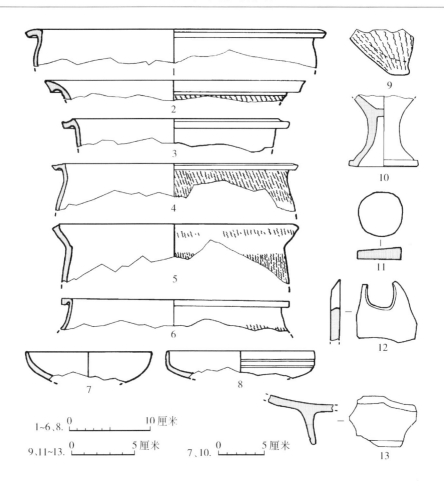

图 46　夯土 PG1HT2 出土陶器

1. Ⅰ型盆（PG1HT2∶1）　2. Ⅱ型盆（PG1HT2∶2）　3. Ⅲ型盆（PG1HT2∶3）　4. 罐（PG1HT2∶4）

5. 缸（PG1HT2∶6）　6. 罐（PG1HT2∶5）　7. Ⅰ型豆（PG1HT2∶8）　8. Ⅱ型豆（PG1HT2∶9）

9. 鬲足（PG1HT2∶7）　10. 豆柄（PG1HT2∶11）　11. 圆陶片（PG1HT2∶12）　12. 甑底（PG1HT2∶13）

13. 壶底（PG1HT2∶10）

　　Ⅰ型：4件。侈口，方唇，鼓腹。PG1HT2∶1，泥质灰陶。口径 37 厘米（图 46-1）。略同于《洛阳中州路（西工段）》[1] Ⅱ式盆 M1806∶3。该式盆在整个东周时期均有使用。

　　Ⅱ型：1件。宽平沿，尖唇。PG1HT2∶2，夹砂褐陶。口径 31.6 厘米（图 46-2）。

　　Ⅲ型：1件。侈口，方唇，铁轨式口沿。PG1HT2∶3，泥质灰陶。口径 28 厘米

① 中国科学院考古研究所：《洛阳中州路（西工段）》，科学出版社，1959 年。

（图46-3）。略同于洛阳东周王城北部战国陶窑遗址[①]Ⅱ式圆腹小盆 T3H4∶1。其使用时代从战国早期延至战国中期。

罐 2件。侈口，平沿，方唇。PG1HT2∶4，泥质灰陶。颈部饰细绳纹。口径 30 厘米（图46-4）。PG1HT2∶5，夹砂褐陶。腹饰粗绳纹。口径 28 厘米（图46-6）。其特征略同于《洛阳发掘报告》Ⅲ式陶罐 H440（4），时代为战国中期。

缸 1件。敞口，沿面斜直呈铁轨式，斜腹。PG1HT2∶6，泥质灰陶。颈以上的口沿外部饰指甲纹，颈以下饰直中绳纹。口径 30 厘米（图46-5）。

鬲 4件。残片 3件。饰粗绳纹。鬲足 1件。PG1HT2∶7，夹砂灰褐陶。残高 3.5 厘米（图46-9）。其特征略同于《洛阳发掘报告》Ⅲ式 T467M1∶2 陶鬲，时代为战国中期。

豆 4件。泥质灰陶。其中口沿 2件。依口沿及盘腹特征的不同，可分为二型。

Ⅰ型：1件。敞口，平沿，弧腹，圜底。PG1HT2∶8，口径 14 厘米（图46-7）。略同于《洛阳中州路（西工段）》Ⅱ式豆。流行于春秋晚期至战国早期。

Ⅱ型：1件。直口，尖唇，直壁，平底。PG1HT2∶9，器壁饰凹弦纹。口径 18 厘米（图46-8）。略同于《洛阳中州路（西工段）》Ⅱ式豆 M616∶1。流行于战国中晚期。

豆柄 6件。泥质灰陶。喇叭口底。PG1HT2∶11，底径 7.7、柄径 3.2、残高 7.5 厘米（图46-10）。

壶底 1件。圈足。PG1HT2∶10，残高 3.8 厘米（图46-13）。

圆陶片 1件。PG1HT2∶12，直径 3.5 厘米（图46-11）。

甑底 1件。PG1HT2∶13，泥质灰陶。仅一孔。残长 4.6 厘米（图46-12）。

4. 夯土墙 PG1Q6 出土遗物

出土遗物较少，仅有建筑材料板瓦、筒瓦及日用陶器豆等。

板瓦 2件。泥质灰陶。瓦身表面饰斜细绳纹，内里素面，凸凹不平，泥条盘筑接缝明显。PG1Q6∶2，残长 8 厘米（图47-1）。

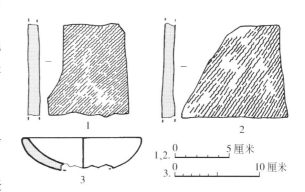

图47 夯土墙 PG1Q6 出土建筑材料和陶器

1. 板瓦（PG1Q6∶2）　2. 筒瓦（PG1Q6∶3）

3. 陶豆（PG1Q6∶1）

---

① 洛阳市文物工作队：《洛阳东周王城战国陶窑遗址发掘报告》《考古学报》2003 年第 4 期。

筒瓦　1件。瓦身表面饰斜细绳纹，内里素面，凸凹不平，泥条盘筑接缝明显。PG1Q6：3，泥质灰陶。残长8.2厘米（图47-2）。

陶豆　1件。仅存豆盘，呈碗形，敞口，尖圆唇，弧壁，圜底。PG1Q6：1，泥质灰陶。口径14厘米（图47-3）。略同于《洛阳中州路（西工段）》Ⅱ式豆。流行于春秋晚期至战国早期。

5. 夯土 PG1HT3 出土遗物

出土遗物较少，仅有建筑材料3件，陶片1件。

板瓦　1件。瓦身表面饰斜中绳纹，内饰麻点。PG1HT3：2，残长13、宽22.5厘米（图48-1）。

筒瓦　2件。瓦身表面饰细直绳纹，瓦头绳纹被抹去，内里素面，凸凹不平。

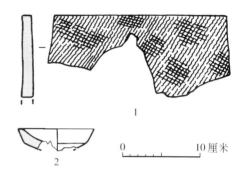

图48　夯土 PG1HT3 出土建筑材料和陶器
1. 板瓦（PG1HT3：2）　2. 陶豆（PG1HT3：1）

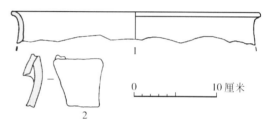

图49　地层堆积 PG1 第⑤层出土陶器
1. 筒腹罐（PG1⑤：1）　2. 器耳（PG1⑤：2）

陶豆　1件。仅存豆盘，呈碗形，敞口，圆唇，弧腹，圜底。PG1HT3：1，泥质灰陶。口径10厘米（图48-2）。略同于《洛阳中州路（西工段）》Ⅱ式豆。流行于春秋晚期至战国早期。

6. 地层堆积 PG1 第⑤层出土遗物

出土7件陶器，均为红褐陶，陶色不纯正。其中夹砂陶5件，泥质陶2件，均素面，可辨器形者2件。

筒腹罐　1件。侈口，卷沿，圆唇。PG1⑤：1，夹砂红褐陶。口径30厘米（图49-1）。略同于洛阳王湾第一期罐F15：1[①]。

器耳　1件。桥形。PG1⑤：2，泥质红褐陶。残长6.2厘米（图49-2）。

三　解剖沟 PG2 诸遗迹出土遗物

1. 夯土 PG2HT3 出土遗物

出土遗物包括建筑材料和日用陶器。建筑材料有板瓦、筒瓦等。日用陶器皆泥质灰陶；纹饰以绳纹为主，其次为素面；可辨器形有盆、豆、罐、缸等。

① 北京大学考古文博学院：《洛阳王湾》，北京大学出版社，2002年。

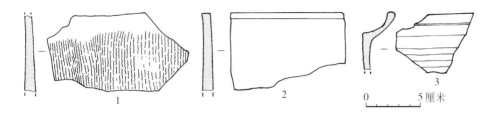

图 50　夯土 PG2HT3 出土建筑材料
1. 板瓦（PG2HT3：1）　2. Ⅰ型筒瓦（PG2HT3：2）　3. Ⅱ型筒瓦（PG2HT3：3）

板瓦　2件。瓦身表面饰杂乱细绳纹。PG2HT3：1，瓦头绳纹被抹去，瓦头以下饰杂乱细绳纹，内里素面。残长 6.6 厘米（图 50-1）。

筒瓦　2件。内里素面。根据瓦唇部特征的不同，可分为二型。

Ⅰ型：1件。齐口。PG2HT3：2，瓦头饰一周凹弦纹。残长 6.7 厘米（图 50-2）。

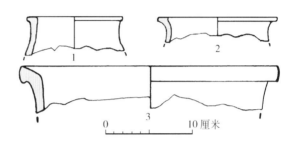

图 51　夯土 PG2HT3 出土陶器
1. Ⅰ型罐（PG2HT3：4）　2. Ⅱ型罐（PG2HT3：5）
3. 盆（PG2HT3：6）

Ⅱ型：1件。双唇口。PG2HT3：3，瓦身表面饰数周凹弦纹。残长 5 厘米（图 50-3）。

陶罐　2件。窄平沿。根据口沿及唇部特征的不同，可分为二型。

Ⅰ型：1件。直口微敛，圆唇，小领。PG2HT3：4，口径 11 厘米（图51-1）。

Ⅱ型：1件。微侈口，方唇，短颈。PG2HT3：5，口径 14 厘米（图51-2）。

罐特征略同于《洛阳发掘报告》中的 H490 Ⅳ式罐。

陶盆　1件。大敞口，斜平沿，方唇。PG2HT3：6，口径 29.6 厘米（图51-3）。特征略同于《洛阳发掘报告》中的Ⅲ式汉代盆。

2. 夯土 PG2HT2 出土遗物

出土遗物包括建筑材料和日用陶器。建筑材料有筒瓦。日用陶器皆泥质灰陶；有绳纹、素面和刻划纹等；可辨器形有罐、瓮、豆等。

筒瓦　1件。双唇口。内里素面。PG2HT2：1，唇部及瓦头绳纹抹去，瓦头以下饰杂乱细绳纹。残长 7.2 厘米（图52-4）。

陶罐　1件。直口，平沿，方唇，短颈。PG2HT2：2，口径 26.8 厘米（图52-1）。

陶瓮　1件。折沿，方唇。PG2HT2：3，颈部绳纹被抹去。口径 27 厘米（图52-2）。

陶豆　2件。浅盘，侈口，尖圆唇，斜腹，腹有折棱。PG2HT2：4，口径 13.6 厘米（图52-3）。特征略同于《洛阳中州路（西工段）》Ⅱ式无盖豆、《洛阳发掘报告》中的Ⅳ

式豆，时代约为战国晚期。

　　陶片　1件。PG2HT2∶5，腹饰"山"字形刻划纹。残长 8 厘米（图52-5）。

3. 灰坑 PG2H20 出土遗物

　　出土遗物包括建筑材料和日用陶器残片。建筑材料有板瓦、筒瓦等。日用陶器残片共发现 82 片，绝大多数为灰陶，少量褐胎陶，泥质陶多于夹砂陶。纹饰以中细绳纹为主，粗绳纹集中于鬲片上；其余素面 15 片，菱形暗纹 1 片。PG2H20∶1，残长 7.8 厘米（图53-1）。器物以平底器为主，其次为三足器，主要是鬲；器物未见能复原者，可辨器形有罐、鬲等。

　　板瓦　6件。瓦身表面饰绳纹。依绳纹的不同，可分为三型。

　　Ⅰ型：1件。瓦身表面饰杂乱中绳纹。PG2H20∶2，内里素面，凸凹不平，泥条盘筑接缝明显。残长 13.4厘米（图53-3）。

　　Ⅱ型：1件。瓦身表面饰直细绳纹，内里素面，凸凹不平。

　　Ⅲ型：4件。瓦身表面饰斜中绳纹，内饰麻点。

　　筒瓦　1件。双唇。瓦身表面饰斜细绳纹。PG2H20∶3，瓦头绳纹抹去，内里素面，凸凹不平，泥条盘筑接缝明显。残长 7.2 厘米（图53-2）。

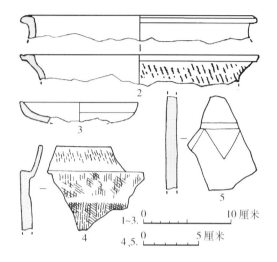

图 52　夯土 PG2HT2 出土建筑材料和陶器
1. 陶罐（PG2HT2∶2）　2. 陶瓮（PG2HT2∶3）
3. 陶豆（PG2HT2∶4）　4. 筒瓦（PG2HT2∶1）
5. 陶片（PG2HT2∶5）

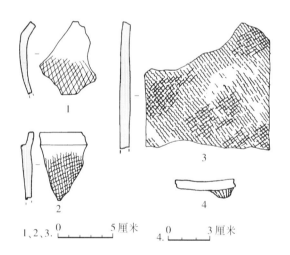

图 53　灰坑 PG2H20 出土建筑材料和陶器
1. 陶片（PG2H20∶1）　2. 筒瓦（PG2H20∶3）
3. Ⅰ型板瓦（PG2H20∶2）　4. 陶鬲足（PG2H20∶4）

　　陶鬲足　1件。实足突起。外饰细绳纹。PG2H20∶4，残高 1.4 厘米（图53-4）。略同于《洛阳发掘报告》Ⅲ式鬲的鬲足。

4. 夯土墙 PG2Q1 出土遗物

　　出土遗物仅见筒瓦和陶片。陶片以灰陶多见，其次为红褐陶，泥质陶略多于夹砂陶，或饰有绳纹，或素面；可辨器形有平底器、鬲、罐和钵等。

筒瓦 1件。瓦身表面饰斜中绳纹，内里素面，凸凹不平。

陶罐 2件。夹砂红褐陶。敞口。根据口沿特征的不同，可分为二型。

Ⅰ型：1件。侈沿，尖唇。PG2Q1∶1，口径24.8厘米（图54-1）。

Ⅱ型：1件。沿面近平。PG2Q1∶2，口径23.2厘米（图54-3）。

陶钵 1件。微敛口，尖圆唇。PG2Q1∶3，泥质灰陶。口径22厘米（图54-2）。

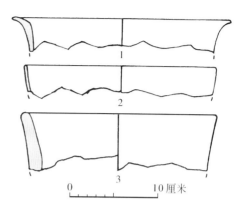

图54 夯土墙PG2Q1出土陶器
1. Ⅰ型罐（PG2Q1∶1） 2. 钵（PG2Q1∶3）
3. Ⅱ型罐（PG2Q1∶2）

5. 夯土墙 PG2Q6 出土遗物

出土遗物包括建筑材料和日用陶器。建筑材料有筒瓦。日用陶器以泥质灰陶为主，少量的夹砂灰陶和泥质灰褐陶；纹饰以中、细绳纹多见，其次为素面和弦纹；器形以平底器居多，也有圈足器和三足器；可辨器形有罐、鬲、豆、盆、鼎、瓮、尊等。

（1）建筑材料

筒瓦 1件。泥质灰褐陶。双唇口。PG2Q6∶1，瓦身表面饰杂乱中、细绳纹，内里素面，略显凸凹不平。残长6厘米（图55-4）。

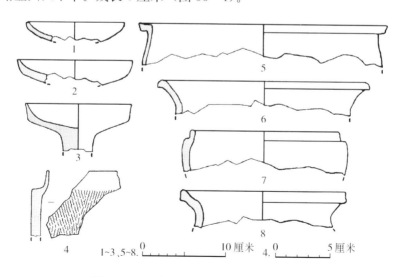

图55 夯土墙PG2Q6出土建筑材料和陶器
1. Ⅱ型陶豆（PG2Q6∶4） 2. Ⅰ型陶豆（PG2Q6∶3） 3. Ⅲ型陶豆（PG2Q6∶5） 4. 筒瓦（PG2Q6∶1）
5. 陶盆（PG2Q6∶2） 6. 陶大口尊（PG2Q6∶8） 7. 陶鼎（PG2Q6∶6） 8. 陶瓮（PG2Q6∶7）

（2）日用陶器

盆　3件。泥质灰陶。微侈口，平沿外侧起凸棱，方唇。PG2Q6：2，素面。口径30厘米（图55-5）。特征略同于《洛阳发掘报告》Ⅰ式深腹盆，流行于春秋时期。

豆　3件。泥质灰陶。侈口，尖圆唇，浅盘。依豆盘的深浅及盘腹部变化，可分为三型。

Ⅰ型：1件。盘较浅，弧腹。PG2Q6：3，豆盘外有"×"字形刻划符号。口径14厘米（图55-2）。特征略同于《洛阳中州路（西工段）》ⅠB式无盖豆。

Ⅱ型：1件。浅盘。PG2Q6：4，口径12厘米（图55-1）。

Ⅲ型：1件。腹部折棱明显。PG2Q6：5，口径13厘米（图55-3）。特征略同于《洛阳中州路（西工段）》Ⅱ式无盖豆，又与《洛阳发掘报告》中的Ⅲ、Ⅳ式豆略同，时代可定为战国中期。

鼎　1件。泥质磨光灰陶。子母口，直口，平沿。PG2Q6：6，陶质坚实。口径18厘米（图55-7）。形似《洛阳中州路（西工段）》Ⅱ式鼎，时代在春秋晚期至战国早期。

瓮　1件。侈口，卷沿，方唇。PG2Q6：7，泥质灰陶。口径20厘米（图55-8）。

大口尊　1件。侈口，翻沿，圆唇。PG2Q6：8，泥质灰陶。口径25.6厘米（图55-6）。

6. 夯土 PG2HT5 出土遗物

出土遗物包括建筑材料和日用陶器。建筑材料有板瓦。日用陶器除一件泥质红陶外，余皆泥质灰陶；纹饰以中、细绳纹为主，主要饰于罐腹上；可辨器形有豆、盆、罐等。

板瓦　6件。泥质灰陶。瓦身表面饰绳纹。依绳纹粗细，可分为二型。

Ⅰ型：3件。瓦身表面饰斜中绳纹。PG2HT5：1，外遍饰斜中绳纹，内麻点。残长11.4厘米（图56-5）。

Ⅱ型：3件。瓦身表面饰杂乱细绳纹。PG2HT5：2，内里饰弦纹。残长8.6厘米（图56-4）。

陶豆　4件。泥质灰陶。皆残，仅余豆柄。根据圈足是否有折棱，可分为二型。

Ⅰ型：2件。喇叭形圈足，弧腹。PG2HT5：3，残高7.6厘米（图56-3）。

Ⅱ型：2件。喇叭形圈足起折棱。PG2HT5：4，残高11.5厘米（图56-2）。

陶盆　1件。敛口，宽沿，方唇。PG2HT5：5，泥质灰陶。口沿有三道刻划。口径45.4厘米（图56-1，图57）。特征略同于《洛阳发掘报告》中的Ⅲ式深腹盆。流行时代约在春秋晚期至战国早期。

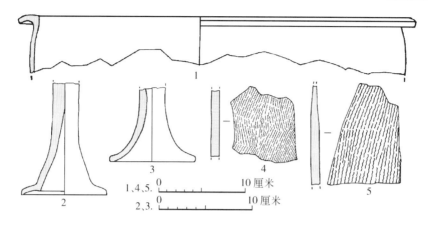

图 56　夯土 PG2HT5 出土建筑材料和陶器

1. 陶盆（PG2HT5：5）　　2.Ⅱ型陶豆（PG2HT5：4）　　3.Ⅰ型陶豆（PG2HT5：3）　　4.Ⅱ型板瓦
（PG2HT5：2）　　5.Ⅰ型板瓦（PG2HT5：1）

7. 灰坑 PG2H19 出土遗物

出土遗物主要为日用陶器。日用陶器以泥质灰陶为主，其次为夹砂灰陶，少量的夹砂褐陶；纹饰以绳纹为主，还有中、细绳纹，粗绳纹主要见于陶鬲上，少许陶器为素面，暗纹饰于豆盘内，主要有菱形纹、"山"字纹和带状纹；以平底器最为多见，其次为圈足器和三足器；可辨器形有盆、鬲、豆、罐、瓮和小陶壶等，其中以盆、鬲和豆最多。另外还有环首青铜小刀一把。

图 57　夯土 PG2HT5 出土陶盆
（PG2HT5：5）刻划符号拓本

（1）日用陶器

盆　22件。泥质灰陶，个别为褐胎。依口沿和唇部特征的细微差别，可分为三型。

Ⅰ型：8件。平沿，方唇。PG2H19：1，泥质灰陶。侈口，微鼓腹。腹饰中细绳纹，中间以一周宽带将绳纹抹去形成分区。口径 36 厘米（图 58-1）。

Ⅱ型：11件。泥质灰陶。侈口，平沿外侧有凸棱。依唇部和口沿的不同，可分为三亚型。

ⅡA型9件。方唇。PG2H19：2，外有模糊不清的绳纹，轮制印痕清晰。口径 31 厘米（图 58-2）。

ⅡB型1件。斜方唇。PG2H19：3，微鼓腹。腹饰斜细绳纹。口径 33 厘米（图 58-3）。

ⅡC型1件。沿面外侈，口沿呈喇叭口形。PG2H19：4，口径 34.8 厘米（图 58-4）。

Ⅲ型：3件。侈口，方唇，沿面内凹呈铁轨式。PG2H19：5，微鼓腹。外有未抹平

绳纹，轮制印痕清晰。口径
30.8厘米（图58－5）。

上述深腹盆，沿面平而不
下垂，与《洛阳发掘报告》中
的Ⅰ式深腹盆特征相近，而又
不同于Ⅱ式深腹盆的沿面下垂
等较晚的特征，故其时代当与
Ⅰ式深腹盆流行时代相当或略
后，约在春秋时期。

鬲　可辨器形7件。除1
件夹砂灰褐陶外，余皆夹砂灰
陶。均饰绳纹，以粗绳纹为主。
依沿面和唇部特征的变化，可
分为四型。

Ⅰ型：2件。敛口，平沿，
方唇。PG2H19：6，夹砂灰陶。
束颈，鼓腹。外饰中绳纹。口
径24厘米（图59－1）。

Ⅱ型：3件。夹砂灰陶。
沿面有凹槽，短颈。外饰粗绳
纹。根据口沿和口部的不同，
可分为二亚型。

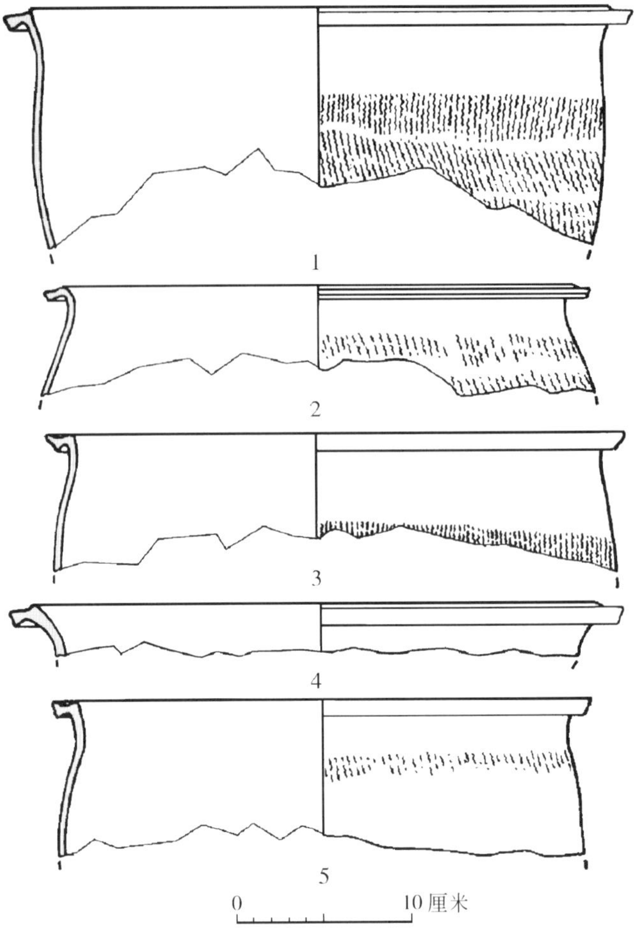

ⅡA型2件。敛口，平沿
近外侧有一周小凹槽，斜方唇。
PG2H19：7，口径21厘米（图59－2）。

图58　灰坑PG2H19出土陶盆
1.Ⅰ型（PG2H19：1）　2.ⅡA型（PG2H19：2）　3.ⅡB型
（PG2H19：3）　4.ⅡC型（PG2H19：4）　5.Ⅲ型（PG2H19：5）

ⅡB型1件。直口，沿面两侧起凸棱，形成铁轨式沿面，尖圆唇。PG2H19：8，鼓
腹。口径26厘米（图59－3）。

Ⅲ型：1件。夹砂灰褐陶。卷沿，侈口，沿面近平，内侧起棱，斜方唇，小领。
PG2H19：9，饰中绳纹。口径25厘米（图59－4）。

Ⅳ型：1件。侈口，沿面内侧高，外侧低而略嫌下垂，圆唇。PG2H19：10，夹砂
灰陶。短颈。饰粗绳纹。口径38.8厘米（图59－5）。

Ⅰ型沿面近平，略晚于《洛阳发掘报告》Ⅰ式鬲。Ⅱ、Ⅲ、Ⅳ型口沿上均起棱，类
似浅槽或形成浅槽，特征略同于《洛阳发掘报告》Ⅱ式鬲。但Ⅳ型鬲沿面已略显下垂，

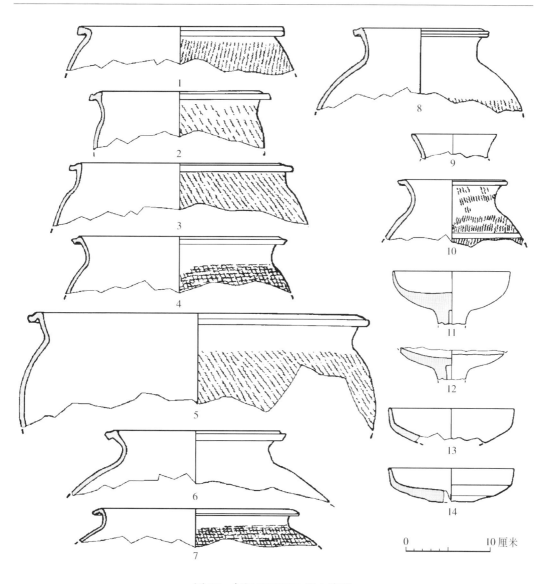

图 59 灰坑 PG2H19 出土陶器

1. Ⅰ型鬲（PG2H19：6） 2. ⅡA 型鬲（PG2H19：7） 3. ⅡB 鬲（PG2H19：8） 4. Ⅲ型鬲（PG2H19：9）
5. Ⅳ型鬲（PG2H19：10） 6. Ⅰ型瓮（PG2H19：11） 7. Ⅱ型瓮（PG2H19：12） 8. Ⅲ型瓮（PG2H19：13）
9. 壶（PG2H19：15） 10. 罐（PG2H19：14） 11. Ⅰ型豆（PG2H19：16） 12. Ⅰ型豆（PG2H19：17）
13. Ⅱ型豆（PG2H19：18） 14. Ⅲ型豆（PG2H19：19）

故其时代当略晚于《洛阳发掘报告》Ⅱ式鬲的时代，约为春秋晚期至战国早期。

瓮 3件。侈口，短颈。依沿面唇部和肩部特征的变化，可分为三型。

Ⅰ型：1件。沿面近平而外侧微起棱，方唇，广肩。PG2H19：11，泥质灰陶。褐胎。素面。口径21厘米（图59-6）。

Ⅱ型：1件。泥质灰褐陶。平沿，斜方唇，短颈。PG2H19：12，颈以下饰中绳纹。口径24厘米（图59-7）。

Ⅲ型：1件。平沿，方唇。PG2H19：13，泥质灰陶。肩以下饰中绳纹。口径16厘米（图59-8）。

罐　1件。卷沿，侈口，平沿，圆方唇，短颈。PG2H19：14，泥质灰陶。颈以下饰细绳纹，中间有一周宽带将绳纹抹去而形成分区。口径13厘米（图59-10）。特征略同于《洛阳发掘报告》Ⅲ式罐，时代约为战国早中期。

壶　1件。侈口，宽平沿，尖唇。PG2H19：15，泥质灰陶。口径10厘米（图59-9）。特征略同于《洛阳发掘报告》Ⅰ式壶，时代约略为战国初期。

豆　5件。泥质灰陶。浅盘。根据口部、沿面和盘壁等特征的不同，可分为三型。

Ⅰ型：3件。直口，尖圆唇，弧腹，圜底，浅盘。PG2H19：16，盘内饰"山"字形暗纹。口径14厘米（图59-11）。PG2H19：17，盘内饰菱形暗纹。残径12.4厘米（图59-12）。特征略同于《洛阳中州路（西工段）》ⅠB式无盖豆。

Ⅱ型：1件。直口，窄平沿，盘较浅，弧腹，有轻微折棱。PG2H19：18，盘内饰"山"字形暗纹。残径15厘米（图59-13）。

Ⅲ型：1件。侈口，尖圆唇，盘较浅，折棱较Ⅱ型明显。PG2H19：19，盘内饰"山"字形暗纹。口径14.8厘米（图59-14）。

Ⅱ、Ⅲ型时代略同，应晚于《洛阳中州路（西工段）》Ⅰ式无盖豆，而早于《洛阳中州路（西工段）》Ⅱ式无盖豆，约略为《洛阳中州路（西工段）》第四期至第五期初，即春秋晚期至战国初期。

豆柄　6件。泥质灰陶。高柄细长。PG2H19：20，盘、足均残，柄部有"×"形刻划符号。残长14.4厘米（图60-1，图61-2）。PG2H19：21，仅余豆柄下部及足，喇叭口圈足，柄部有"十"字形刻划符号。残高8.8厘米（图60-2，图61-1）。

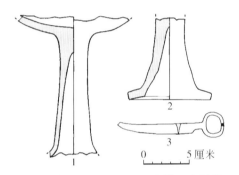

图60　灰坑PG2H19出土陶器、青铜器
1.陶豆柄（PG2H19：20）　2.陶豆柄（PG2H19：21）　3.青铜环首刀（PG2H19：22）

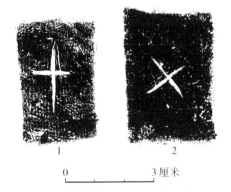

图61　灰坑PG2H19出土陶豆柄刻划符号拓本
1.PG2H19：21　2.PG2H19：20

（2）其他

青铜环首刀　1件。PG2H19：22，残，制作精美，表面呈黑色。长11.4厘米。环首，椭圆形。长轴2.8、短轴2.4厘米。刀片剖面呈三角形，刀尖上挑，刀刃锋利（图60-3；彩版16）。

8. 地层堆积 PG2 第④层出土遗物

出土遗物主要是陶片，以泥质灰陶为主，其次为夹砂灰陶，少量灰褐陶；纹饰以绳纹多见，其次为素面；可辨器形有鬲、罐、缸、盆、瓮等。

鬲足　1件。PG2④：5，夹砂陶。外饰细绳纹。残高3.8厘米（图62-3）。

罐　1件。侈口，卷沿，方唇，有领。PG2④：1，泥质灰陶。口径14厘米（图62-1）。

缸　1件。泥质灰褐陶。敞口，折沿，沿面斜直，圆唇。PG2④：2，口径41.2厘米（图62-5）。

盆　1件。敞口，折沿，宽沿近平。PG2④：3，泥质灰陶。颈以下饰斜细绳纹。口径35厘米（图62-2）。

瓮　1件。近直口，折沿，方唇中部内凹成一周凹槽，短颈，广肩。PG2④：4，泥质灰陶。颈以下饰细绳纹。口径17.4厘米（图62-4）。

9. 灰坑 PG2H18 出土遗物

出土遗物包括建筑材料、日用陶器及少量石器。建筑材料有板瓦、筒瓦等。日用陶器以泥质灰陶为主，少量夹砂灰褐陶；纹饰以细绳纹为主，其次为素面和中绳纹；器类有平底器、圈足器和三足器，器形有罐、盆、豆、缸、鬲等。石器有打制石刀和石片。

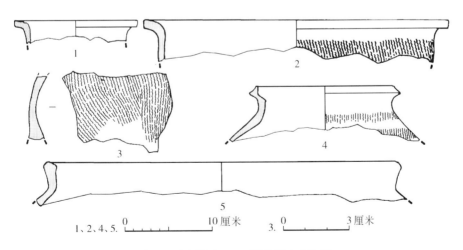

图62　地层堆积 PG2 第④层出土陶器

1. 罐（PG2④：1）　2. 盆（PG2④：3）　3. 鬲足（PG2④：5）　4. 瓮（PG2④：4）　5. 缸（PG2④：2）

（1）建筑材料

板瓦　1件。瓦身表面饰斜中绳纹，内里饰细绳纹，但模糊不清。PG2H18：3，残长14厘米（图63-1）。

筒瓦　1件。瓦身表面饰杂乱细绳纹。PG2H18：4，内里素面，凸凹不平，泥条盘筑接缝明显。残长8厘米（图63-2）。

（2）日用陶器

罐　4件。泥质灰陶。敛口。依口沿特征的不同，可分为二型。

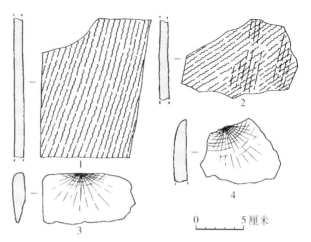

图63　灰坑PG2H18出土建筑材料和石器

1. 板瓦（PG2H18：3）　2. 筒瓦（PG2H18：4）　3. 石刀
（PG2H18：1）　4. 石片（PG2H18：2）

Ⅰ型：3件。平沿，方唇。PG2H18：5，腹饰细绳纹。直领。口径20厘米（图64-1）。略同于《洛阳中州路（西工段）》绳纹罐M653：2、《洛阳发掘报告》中的Ⅰ式罐T810M1：3，其时代约在春秋晚期。

Ⅱ型：1件。口沿外侈，略似铁轨式，圆方唇。PG2H18：6，束颈。颈以下饰细绳纹。口径29厘米（图64-2）。

盆　2件。依口沿特征的不同，可分为二型。

Ⅰ型：1件。敛口，沿面近平略鼓，方唇。PG2H18：7，泥质灰陶。口径42厘米

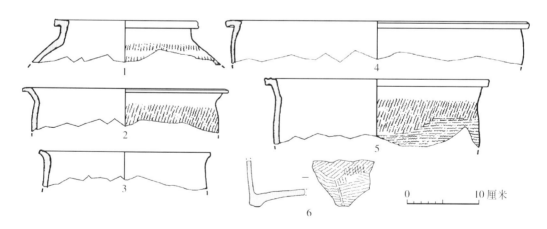

图64　灰坑PG2H18出土陶器

1. Ⅰ型罐（PG2H18：5）　2. Ⅱ型罐（PG2H18：6）　3. Ⅱ型盆（PG2H18：8）　4. Ⅰ型盆（PG2H18：7）

5. 缸（PG2H18：9）　6. 鬲足（PG2H18：10）

（图64-4）。略同于《洛阳中州路（西工段）》Ⅱ式盆 M1806：3。

Ⅱ型：1件。直口，卷沿，尖圆唇，直壁。PG2H18：8，夹砂褐陶。口径24厘米（图64-3）。

缸 1件。微敛口，口沿外侈，平沿有铁轨式凹槽，方唇。PG2H18：9，泥质灰陶。颈以下饰细绳纹。口径31厘米（图64-5）。

鬲足 1件。夹砂灰褐陶。底裆，足略外撇。PG2H18：10，饰细绳纹，底部有烟熏痕。残高6.2厘米（图64-6）。形制略同于《洛阳发掘报告》中的 H832 Ⅰ式鬲足。时代接近春秋早期。

豆柄 2件。泥质灰陶。

（3）石器

石刀 1件。PG2H18：1，卵石打制而成，打击点清晰可见。长9.6、高5、厚1.2厘米（图63-3）。

石片 1件。PG2H18：2，砂岩。红褐色。残长8.4、高6.2、厚1.2厘米（图63-4）。

10. 地层堆积 PG2 第⑤层出土遗物

出土遗物主要是陶片，夹砂陶略多于泥质陶，陶色以褐陶居多，少量红陶和灰陶，陶色不纯正，陶质疏松，火候低；素面；可辨器形有罐、盆和钵等。

罐 9件。夹砂陶。依口沿特征的不同，可分为三型。

Ⅰ型：2件。侈口，口沿略外撇，尖唇。PG2⑤：1，夹砂红陶。口径24厘米（图65-1）。

Ⅱ型：4件。侈口，口沿外撇较Ⅰ型为甚，尖唇，斜腹。PG2⑤：2，夹砂褐陶。口径20厘米（图65-2）。

Ⅲ型：3件。敞口，卷沿近平，圆唇。PG2⑤：3，夹砂灰陶。口径31厘米（图65-3）。

盆 2件。敞口，小平沿，直壁。PG2⑤：4，夹砂红陶。口径26厘米（图65-4）。

钵 3件。敛口，圆唇。PG2⑤：5，泥质红陶。口径14.8厘米（图65-5）。

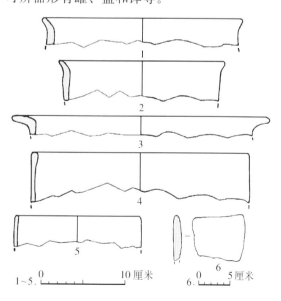

图65 地层堆积 PG2 第⑤层出土陶器

1. Ⅰ型罐（PG2⑤：1） 2. Ⅱ型罐（PG2⑤：2）
3. Ⅲ型罐（PG2⑤：3） 4. 盆（PG2⑤：4） 5. 钵
（PG2⑤：5） 6. 器耳（PG2⑤：6）

器耳　1件。桥形。PG2⑤：6，泥质灰陶。残，一侧宽，一侧窄。长3.5、宽4.2厘米（图65-6）。

四　解剖沟 PG3 诸遗迹出土遗物

1. 灰坑 PG3H22 出土遗物

出土遗物包括建筑材料和日用陶器。建筑材料仅见筒瓦。日用陶器皆泥质灰陶；纹饰有绳纹；可辨器形有盆、豆等。

筒瓦　4件。外素面，内麻点。PG3H22：1，泥质灰陶。残长7.6厘米（图66-3）。

陶盆　4件。根据口部及沿面的不同，可分为二型。

Ⅰ型：2件。侈口，平沿外侧起凸棱。PG3H22：2，口径32厘米（图66-1）。特征略同于《洛阳中州路（西工段）》Ⅰ式深腹盆。

Ⅱ型：2件。敛口，沿面微鼓下倾，方唇。PG3H22：3，口径32厘米（图66-2）。特征略同于《洛阳中州路（西工段）》Ⅱ式深腹盆。使用时代约为战国中期。

陶豆　豆盘残片，1件。

2. 夯土台基 PG3D3 出土遗物

出土遗物较少，建筑材料仅见板瓦。日用陶器皆泥质灰陶；纹饰见有绳纹和刻划纹；可辨器形有罐、豆等。

板瓦　4件。瓦身表面饰绳纹。根据瓦身表面纹饰的不同，可分为二型。

Ⅰ型：2件。瓦身表面饰杂乱细绳纹。PG3D3：1，内里素面，凸凹不平。残长7.5厘米（图67-1）。PG3D3：2，瓦头以下饰直细绳纹，内里素面。残长5.2厘米。

Ⅱ型：2件。瓦身表面饰斜中细绳纹，有磨光痕。PG3D3：3，内里饰菱形纹。残长7.6厘米（图67-2）。

陶罐　1件。PG3D3：4，泥质灰陶。沿面下倾，沿转折处向内尖凸，尖唇，小领。领以下饰绳纹。口径22厘米（图67-4）。特征略同于东周王城北部战国窑址①的A型

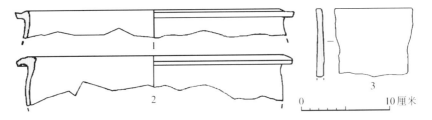

图66　灰坑 PG3H22 出土建筑材料和陶器

1. Ⅰ型陶盆（PG3H22：2）　2. Ⅱ型陶盆（PG3H22：3）　3. 筒瓦（PG3H22：1）

---

① 洛阳市文物工作队：《洛阳东周王城战国陶窑遗址发掘报告》，《考古学报》2003年第4期。

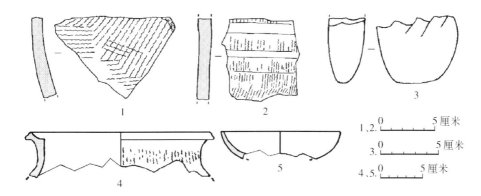

图 67 夯土台基 D3 出土建筑材料和陶器

1. I 型板瓦（PG3D3：1） 2. II 型板瓦（PG3D3：3） 3. 陶龟（PG3D3：6） 4. 陶罐（PG3D3：4）

5. 陶豆（PG3D3：5）

V式罐，使用于战国中晚期。

陶豆 1件。PG3D3：5，泥质灰陶。侈口，尖圆唇，弧腹，圜底。口径14厘米（图67-5）。特征略同于《洛阳中州路（西工段）》I B式无盖豆。

陶龟 1件。PG3D3：6，泥质灰陶。褐胎。残。长5.4、宽6.8、高3厘米（图67-3）。这种陶龟在郑州小双桥发现极多，背部和腹部均有刻划符号。

3. 夯土墙 PG3Q1 出土遗物

出土遗物包括建筑材料和日用陶器。建筑材料有板瓦、筒瓦和瓦当等。日用陶器以泥质灰陶为主，少量夹砂灰陶、夹砂灰褐陶和磨光黑陶；纹饰以绳纹多见，其次为素面，少量的弦纹；器类以平底器居多，其次为圈足器；可辨器形有盆、罐、豆、鬲等。此外还有兽骨1件（可能为马骨）。

（1）建筑材料

板瓦 4件。瓦身表面饰绳纹。根据瓦身表面纹饰的不同，可分为二型。

I型：2件。瓦身表面饰斜中细绳纹。PG3Q1：1，瓦唇部及外遍饰斜中细绳纹，内饰麻点。残长12.6厘米（图68-1）。PG3Q1：2，瓦头有数周凹弦纹，瓦头以下饰斜中细绳纹，内里饰弦纹。残长8厘米（图68-4）。

II型：2件。瓦身表面饰中粗绳纹。PG3Q1：3，外遍饰斜中粗绳纹，内里饰麻点。残长12厘米（图68-2）。

筒瓦 1件。双唇口。瓦身表面饰凹弦纹，内里素面。PG3Q1：4，残长9厘米（图68-3）。

半瓦当 1件。素面。PG3Q1：5，瓦当残长3.9、瓦身残长6.4厘米（图68-5）。

（2）日用陶器

盆　3件。根据口部及沿面特征的不同，可分为二型。

Ⅰ型：2件。侈口，平沿外侧有折棱，斜方唇。PG3Q1∶6，泥质灰褐陶。口径37.6厘米（图69-1）。特征略同于《洛阳发掘报告》中的Ⅰ式深腹盆T462（2）。流行时代约在春秋早期。

Ⅱ型：1件。敛口，平沿微鼓，方唇。PG3Q1∶7，泥质灰陶。微鼓腹，口径34.4厘米（图69-2）。特征略同于《洛阳发掘报告》中的Ⅱ式深腹盆T465（4）∶11。流行时代约在战国中期。

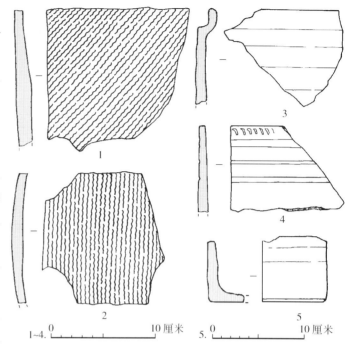

图68　夯土墙 PG3Q1 出土建筑材料

1. Ⅰ型板瓦（PG3Q1∶1）　2. Ⅱ型板瓦（PG3Q1∶3）　3. 筒瓦（PG3Q1∶4）　4. Ⅰ型板瓦（PG3Q1∶2）　5. 半瓦当（PG3Q1∶5）

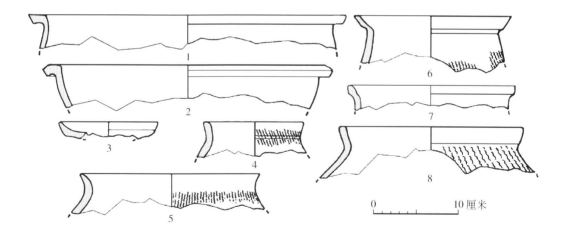

图69　夯土墙 PG3Q1 出土陶器

1. Ⅰ型盆（PG3Q1∶6）　2. Ⅱ型盆（PG3Q1∶7）　3. 豆（PG3Q1∶8）　4. ⅡB型瓮（PG3Q1∶13）　5. Ⅰ型罐（PG3Q1∶9）　6. Ⅱ型罐（PG3Q1∶10）　7. Ⅰ型瓮（PG3Q1∶11）　8. ⅡA型瓮（PG3Q1∶12）

豆　1件。浅盘，侈口，尖圆唇，盘腹斜有折棱。PG3Q1∶8，泥质灰陶。口径11.8厘米（图69-3）。特征略同于《洛阳中州路（西工段）》Ⅱ式无盖豆、《洛阳发掘报告》中的Ⅱ式豆。时代约在战国中期。

罐　3件。泥质灰陶。圆唇。根据口部及沿面特征的不同，可分为二型。

Ⅰ型：1件。侈口，卷沿。PG3Q1∶9，饰指甲纹。口径21.6厘米（图69-5）。略同于《洛阳中州路（西工段）》Ⅰ式罐，时代约为春秋早期。

Ⅱ型：2件。敛口，折沿，沿面内凹。PG3Q1∶10，束颈，颈以下饰绳纹。口径18.6厘米（图69-6）。特征略同于东周王城北部战国窑址[1]的G型Ⅰ式罐。

瓮　3件。根据口沿和唇部特征的不同，可分为二型。

Ⅰ型：1件。微侈口，卷沿，方圆唇。PG3Q1∶11，夹砂灰陶。口径20厘米（图69-7）。特征略同于东周王城北部战国窑址的Ⅱ式瓮[2]。

Ⅱ型：2件。小直领。根据唇部特征的不同，可分为二亚型。

ⅡA型1件。折沿，沿面略外撇，平唇。PG3Q1∶12，泥质灰陶。外饰绳纹。口径22厘米（图69-8）。

ⅡB型1件。沿面外撇，圆唇。PG3Q1∶13，磨光黑陶。外饰指甲纹。口径12厘米（图69-4）。

Ⅱ型特征略同于东周王城北部战国窑址的Ⅲ式瓮[3]，时代约为战国中期。

4. 夯土墙 PG3Q8 出土遗物

出土遗物包括建筑材料和日用陶器。建筑材料有板瓦、筒瓦和瓦当等。日用陶器以泥质灰陶为主，余为夹砂灰陶；纹饰以绳纹多见，还见有弦纹和刻划纹；可辨器形有豆、盆等。

（1）建筑材料

板瓦　1件。齐口。外饰斜中绳纹。PG3Q8∶1，内里有模糊细绳纹。残长15厘米（图70-1）。

筒瓦　4件。双唇口。瓦身表面饰绳纹。根据瓦身表面纹饰的不同，可分为二型。

Ⅰ型：3件。瓦头以下饰断续斜中绳纹。PG3Q8∶2，内里素面，凸凹不平。残长9.6厘米（图70-2）。

Ⅱ型：1件。瓦头以下饰斜细绳纹。PG3Q8∶3，瓦头下压。内里素面。残长8.8厘米（图70-5）。

---

① 洛阳市文物工作队：《洛阳东周王城战国陶窑遗址发掘报告》，《考古学报》2003年第4期。
② 洛阳市文物工作队：《洛阳东周王城战国陶窑遗址发掘报告》，《考古学报》2003年第4期。
③ 洛阳市文物工作队：《洛阳东周王城战国陶窑遗址发掘报告》，《考古学报》2003年第4期。

圆瓦当　1件。素面。PG3Q8：4，切面痕迹清晰。瓦当残长 3、瓦身残长 1.8 厘米（图 70－3）。

半瓦当　1件。素面。PG3Q8：5，侧面切痕可见，瓦身饰以断续斜细绳纹。瓦当残长 3.6、瓦身残长 4.2 厘米（图 70－4）。

（2）日用陶器

豆盘　2件。泥质灰陶。浅盘，侈口。根据盘腹特征的不同，可分为二型。

Ⅰ型：1件。浅盘，弧腹。PG3Q8：6，口径 12 厘米（图 71－1）。特征略同于《洛阳中州路（西工段）》Ⅰ B 式无盖豆。

Ⅱ型：1件。盘较浅，圆唇，斜腹，折棱明显。PG3Q8：7，腹以下饰数周凹弦纹。口径 13.6 厘米（图 71－2）。特征略同于《洛阳中州路（西工段）》Ⅱ式无盖豆、《洛阳发掘报告》中的Ⅱ式豆，时代约为战国中期。

豆柄　2件。残甚。

盆　1件。微敛口，平沿略

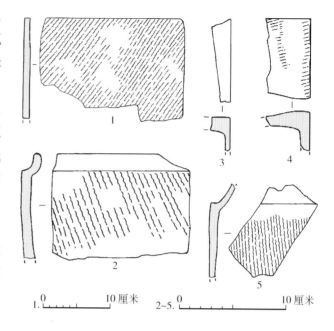

图 70　夯土墙 PG3Q8 出土建筑材料

1. 板瓦（PG3Q8：1）　2. Ⅰ型筒瓦（PG3Q8：2）　3. 圆瓦当（PG3Q8：4）　4. 半瓦当（PG3Q8：5）　5. Ⅱ型筒瓦（PG3Q8：3）

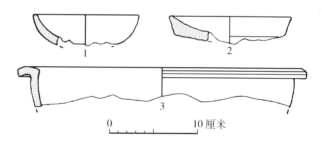

图 71　夯土墙 PG3Q8 出土陶器

1. Ⅰ型豆盘（PG3Q8：6）　2. Ⅱ型豆盘（PG3Q8：7）
3. 盆（PG3Q8：8）

鼓，方唇。PG3Q8：8，泥质灰陶。口径 33 厘米（图 71－3）。特征略同于《洛阳中州路（西工段）》Ⅱ式盆、《洛阳发掘报告》中的Ⅱ式深腹盆，时代约为战国中期。

5. 灰坑 PG3H21 出土遗物

出土遗物包括建筑材料、日用陶器和蚌片。建筑材料有板瓦、筒瓦、瓦当等。日用陶器以泥质灰陶为主，余为夹砂灰陶；纹饰以中细绳纹为主，粗绳纹仅饰于鬲上；可辨器形有豆、盆、罐、鬲等。

（1）建筑材料

板瓦　5件。瓦身表面饰绳纹。根据瓦身表面绳纹的不同和杂乱与否，可分为三型。

Ⅰ型：3件。瓦身表面饰直细绳纹。PG3H21:2，内里素面。残长 8.4 厘米（图 72-1）。

Ⅱ型：1件。瓦身表面饰杂乱细绳纹。PG3H21:3，内里素面。残长 12 厘米（图 72-4）。

Ⅲ型：1件。瓦身表面饰斜中绳纹。PG3H21:4，内里饰麻点。残长 10 厘米（图 72-2）。

筒瓦　2件。瓦身表面饰

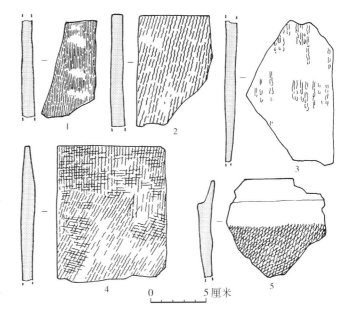

图 72　灰坑 PG3H21 出土建筑材料

1. Ⅰ型板瓦（PG3H21:2）　2. Ⅲ型板瓦（PG3H21:4）　3. 筒瓦（PG3H21:6）　4. Ⅱ型板瓦（PG3H21:3）　5. 筒瓦（PG3H21:5）

绳纹，内里素面。PG3H21:5，双唇口下倾。瓦头以下饰中细斜绳纹，凸凹不平。残长 8.8 厘米（图 72-5）。PG3H21:6，表面泥条盘筑接缝明显，斜绳纹被抹去而显模糊。残长 12.6 厘米（图 72-3）。

圆瓦当　1件。素面。PG3H21:7，内里素面。

（2）日用陶器

豆　3件。泥质灰陶。浅盘，侈口，圆唇，圈底。根据盘腹特征的不同，可分为二型。

Ⅰ型：1件。弧腹。PG3H21:8，口径 14.8 厘米（图 73-3）。特征略同于《洛阳中州路（西工段）》ⅠB 式无盖豆。

Ⅱ型：2件。弧腹略起棱。PG3H21:9，口径 14 厘米（图 73-4）。时代应略晚于Ⅰ型豆。而略早于《洛阳中州路（西工段）》Ⅱ式无盖豆，时代约为春秋晚期至战国早期。

盆　2件。泥质灰陶。根据口部和唇部特征的不同，可分为二型。

Ⅰ型：1件。侈口，沿面内侧凸棱明显，方折唇。PG3H21:10，口径 31 厘米（图 73-2）。特征略同于《洛阳发掘报告》Ⅰ式深腹盆。

Ⅱ型：1件。敛口，平沿，圆方唇。PG3H21:11，口径 36 厘米（图 73-1）。特征略同于《洛阳发掘报告》Ⅱ式深腹盆，时代约为战国中期。

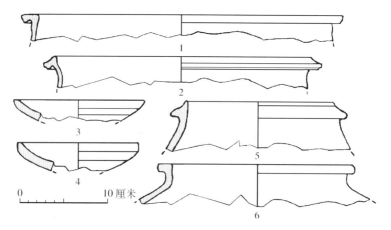

图 73　灰坑 PG3H21 出土陶器

1. Ⅱ型盆（PG3H21：11）　2. Ⅰ型盆（PG3H21：10）　3. Ⅰ型豆（PG3H21：8）　4. Ⅱ型豆（PG3H21：9）

5. Ⅰ型罐（PG3H21：12）　6. Ⅱ型罐（PG3H21：13）

　　罐　2 件。敞口，折沿，方唇。根据沿面特征的不同，可分为二型。

　　Ⅰ型：1 件。沿面微凹。PG3H21：12，夹砂褐陶。长颈。口径 19.6 厘米（图 73 - 5）。

　　Ⅱ型：1 件。沿面平面下倾。PG3H21：13，夹砂灰陶。口径 22 厘米（图 73 - 6）。特征略同于东周王城北部战国窑址[①]的 A 型Ⅱ式罐，时代约为战国早中期。

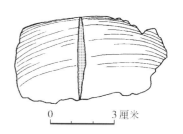

图 74　灰坑 PG3H21 出土蚌片
（PG3H21：1）

　　（3）其他

　　蚌片　1 件。PG3H21：1，残长 7.1、宽 3.8 厘米（图 74）。

6. 地层堆积 PG3 第④层出土遗物

　　出土遗物包括建筑材料和日用陶器。建筑材料有板瓦、筒瓦等。日用陶器以泥质灰陶为主，其次为夹砂灰陶；纹饰主要为绳纹，粗绳纹仅饰于鬲上；可辨器形有豆、盆、罐、鬲等。

　　板瓦　1 件。瓦身表面饰细直绳纹，内里素面。PG3④：1，残长 7.8 厘米（图 75 - 2）。

　　筒瓦　1 件。双唇口。瓦身表面饰细绳纹。PG3④：2，瓦头纹饰被抹去，瓦头以下饰细绳纹，内里素面。残长 6.8 厘米（图 75 - 1）。

　　陶豆　7 件。泥质灰陶。圜底。根据腹的深浅和盘腹特征的不同，可分为三型。

　　Ⅰ型：4 件。盘略深。根据口部特征的不同，可分为二亚型。

---

① 洛阳市文物工作队：《洛阳东周王城战国陶窑遗址发掘报告》，《考古学报》2003 年第 4 期。

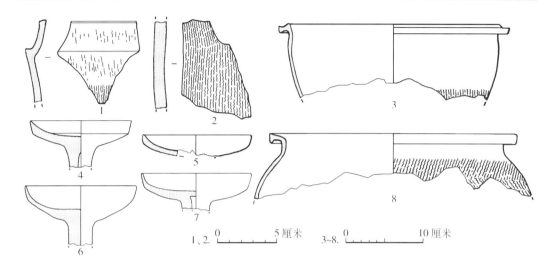

图 75　地层堆积 PG3 第④层出土建筑材料和陶器

1. 筒瓦（PG3④:2）　2. 板瓦（PG3④:1）　3. 陶盆（PG3④:7）　4. Ⅲ型陶豆（PG3④:6）　5. ⅠA 型陶
豆（PG3④:3）　6. ⅠB 型陶豆（PG3④:4）　7. Ⅱ型陶豆（PG3④:5）　8. 陶鬲（PG3④:8）

　　ⅠA 型：2 件。盘略深，圆唇，侈口，外腹斜直
稍弧。PG3④:3，口径 14.3 厘米（图75-5）。

　　ⅠB 型：2 件。略同ⅠA 型，平口。PG3④:4，口
径 14.3 厘米（图75-6）。

　　Ⅱ型：1 件。形制同于ⅠB 型，腹较Ⅰ型为直。
PG3④:5，口径 14 厘米（图75-7）。

　　Ⅲ型：2 件。浅盘，侈口，斜腹折收。PG3④:6，
腹底有"十"字形刻划符号。口径 13 厘米（图75-4，
图76）。

图 76　地层堆积 PG3 第④层出土
陶豆（PG3④:6）刻划符号拓本

　　Ⅰ、Ⅱ型特征略同于东周王城北部战国窑址的Ⅱ式豆，Ⅲ型特征略同于东周王城北
部战国窑址的Ⅲ式豆[①]，时代约为春秋晚期至战国早期。

　　陶盆　3 件。泥质灰陶。形制略同。侈口，口沿两侧起棱而显凹槽，方唇。PG3④:
7，腹饰绳纹。口径 29.8 厘米（图75-3）。特征略同于《洛阳发掘报告》Ⅰ式深腹盆。
时代约为春秋时期。

　　陶鬲　1 件。侈口，宽口沿微外折，沿面斜平外侧起棱，圆方唇，垂沿。PG3④:
8，夹砂灰陶。颈以下饰中粗绳纹。口径 32 厘米（图75-8）。特征略同于《洛阳发掘报

---

①　洛阳市文物工作队:《洛阳东周王城战国陶窑遗址发掘报告》,《考古学报》2003 年第 4 期。

告》Ⅱ式鬲，时代约为春秋晚期至战国早期。

五　解剖沟 PG4 诸遗迹出土遗物

1. 灰坑 PG4H26 出土遗物

出土遗物包括建筑材料和日用陶器。建筑材料有板瓦、筒瓦、瓦当、空心砖等。日用陶器以泥质灰陶为主，少量的夹砂灰陶；纹饰除素面为大宗外，见有绳纹和弦纹；可辨器形有豆、盆、瓮、鬲、筒形器等。

（1）建筑材料

板瓦　2件。泥质灰陶。瓦身表面饰绳纹。PG4H26：1，瓦身表面饰杂乱细绳纹，内里饰弦纹，凸凹不平。残长 10.8 厘米（图 77－1）。PG4H26：12，较厚，齐口。瓦头饰数周凹弦纹，瓦头以下饰断续中细绳纹，内里素面。残长 17.6 厘米（图 77－2）。

筒瓦　2件。泥质灰陶。瓦头以下饰直中绳纹，内里素面。PG4H26：13，残长 13.2 厘米（图 77－4）。

圆瓦当　2件。泥质灰陶。PG4H26：2，素面。PG4H26：14，卷云纹瓦当。直径 14 厘米（图 77－3）。

空心砖　2件。泥质灰陶。六边形。PG4H26：15，半空心砖。表面饰绳纹。残长 8、宽 39.6 厘米（图 77－5）。

（2）日用陶器

豆　7件。泥质灰陶。侈口。根据盘腹的深浅，可分为二型。

Ⅰ型：6件。盘较深，折沿，斜腹内收，圆底。PG4H26：3，柄较长，喇叭形圈足。口径 12.8 厘米，

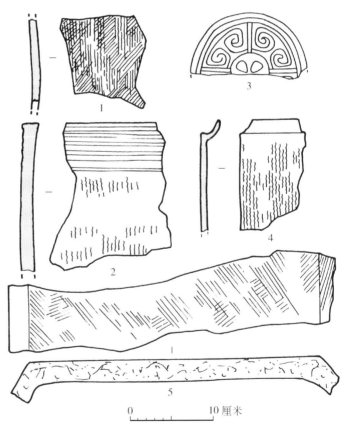

图 77　灰坑 PG4H26 出土建筑材料

1. 板瓦（PG4H26：1）　2. 板瓦（PG4H26：12）　3. 圆瓦当（PG4H26：14）　4. 筒瓦（PG4H26：13）　5. 空心砖（PG4H26：15）

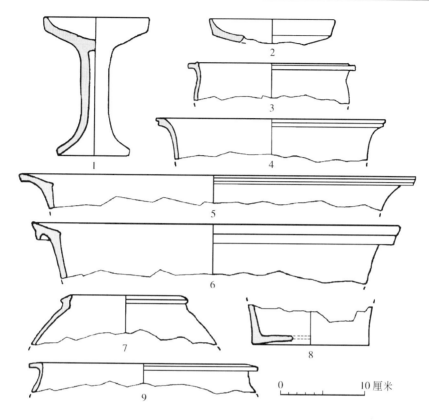

图 78　灰坑 PG4H26 出土陶器

1. Ⅰ型豆（PG4H26：3）　2. Ⅱ型豆（PG4H26：4）　3. Ⅰ型盆（PG4H26：5）　4. Ⅱ型盆（PG4H26：6）

5. Ⅲ型盆（PG4H26：7）　6. Ⅳ型盆（PG4H26：8）　7. 瓮（PG4H26：9）　8. 筒形器（PG4H26：11）

9. 鬲（PG4H26：10）

高 16 厘米（图 78-1）。

Ⅱ型：1 件。盘较Ⅰ型为浅，圆唇，腹微内凹。PG4H26：4，口径 15 厘米（图 78-2）。

Ⅰ、Ⅱ型陶豆的使用时代约为战国时期。

盆　4 件。泥质灰陶。平沿，口沿转折处向内尖凸。根据口部、沿面及唇部等特征的不同，可分为四型。

Ⅰ型：1 件。圆腹，侈口，折沿，方唇。PG4H26：5，口径 20 厘米（图78-3）。

Ⅱ型：1 件。侈口，卷沿，窄平沿，唇部中间有一周凹槽，斜腹。PG4H26：6，口径 27.6 厘米（图 78-4）。

Ⅲ型：1 件。宽平沿，方唇。沿面上饰两周凹弦纹。PG4H26：7，口径 47.6 厘米（图 78-5）。

Ⅳ型：1 件。宽斜平沿微内凹，唇部中间有一周凹槽，唇沿下垂。PG4H26：8，外饰数周凸弦纹。口径 44.6 厘米（图 78 - 6）。

Ⅲ、Ⅳ 型盆特征略同于《洛阳发掘报告》Ⅲ式汉代盆，Ⅱ型盆的时代也当在汉代，Ⅰ型圆腹盆时代约在战国时期。

瓮　1 件。敛口，卷沿内凹，窄沿微鼓，广肩。PG4H26:9，泥质灰陶。口径 15.2 厘米（图 78 - 7）。特征略同于《洛阳烧沟汉墓》Ⅲ型Ⅱ式 125:12 瓮[①]。

鬲　1 件。侈口，平沿，方唇，短颈。PG4H26:10，夹砂灰陶。口径 27.6 厘米（图 78 - 9）。特征略同于《洛阳发掘报告》Ⅲ式鬲，时代略在战国时期。

筒形器　1 件。直腹，平底微内凹，底部有孔。PG4H26:11，泥质灰陶。底径 14 厘米（图 78 - 8）。

2. 沟 PG4G1 出土遗物

出土遗物包括建筑材料和日用陶器。建筑材料有板瓦、筒瓦、瓦当、瓦钉等。日用陶器皆泥质灰陶。纹饰仅见绳纹；可辨器形有豆、盆、瓮等。

（1）建筑材料

板瓦　1 件。外凸凹不平，刮痕明显。PG4G1:1，内里瓦头饰菱形纹，以下饰绳纹。残长 8.8 厘米（图 79 - 1）。

筒瓦　2 件。瓦身表面饰断续的斜中绳纹，内里素面。PG4G1:2，残长 13.2 厘米（图 79 - 2）。

圆瓦当　4 件。根据有无纹饰，可分为二型。

Ⅰ型：1 件。素面。PG4G1:3。

Ⅱ型：3 件。当面饰卷云纹，纹饰略有不同。PG4G1:4，残长 10 厘米（图 79 - 4）。PG4G1:5，残长 11.2（图79 - 3）。PG4G1:6，残长 4.9 厘米（图 79 - 5）。

瓦钉　1 件。尖锥体。顶部饰柿蒂纹，下饰两周凸弦纹间一周三角纹。

图 79　沟 PG4G1 出土建筑材料

1. 板瓦（PG4G1:1）　2. 筒瓦（PG4G1:2）　3. Ⅱ型瓦当（PG4G1:5）　4. Ⅱ型瓦当（PG4G1:4）　5. Ⅱ型瓦当（PG4G1:6）　6. 瓦钉（PG4G1:7）

---

① 中国科学院考古研究所洛阳区发掘队：《洛阳烧沟汉墓》，科学出版社，1959 年。

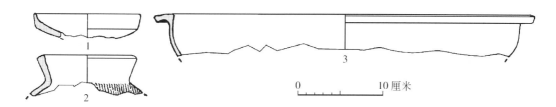

图 80　沟 PG4G1 出土陶器

1. 豆（PG4G1∶8）　2. 瓮（PG4G1∶10）　3. 盆（PG4G1∶9）

PG4G1∶7，钉部残。直径 8.5、残高 4.2 厘米（图 79-6）。

（2）日用陶器

豆　3 件。豆盘稍浅，斜腹折收。PG4G1∶8，口径 12.8 厘米（图 80-1）。特征略同于东周王城北部战国窑址的Ⅳ式豆[①]。

盆　1 件。口微敛，折沿，沿面近平微鼓，方唇。PG4G1∶9，口径 45.4 厘米（图 80-3）。特征略同于东周王城北部战国窑址的Ⅲ式浅腹盆[②]。

瓮　1 件。侈口，折沿，沿面斜平。PG4G1∶10，小领。肩以下饰细绳纹。口径 12 厘米（图 80-2）。特征略同于东周王城北部战国窑址的Ⅲ式瓮[③]。

3. 夯土墙 PG4Q6 出土遗物

仅见鬲、罐等陶器残片，无可复原者。

4. 夯土墙 PG4Q7 出土遗物

较少，仅有板瓦、筒瓦及陶豆柄等。

板瓦　3 件。瓦身表面饰杂乱细绳纹，内里素面。

筒瓦　4 件。其中 3 件瓦身表面饰断续中绳纹，内里素面或饰绳纹。1 件瓦身表面饰细绳纹，内里素面。

陶豆柄　1 件。柄部较高。

没有发现对判定 PG4Q7 断代有价值的器物。

5. 灰坑 PG4H29 出土遗物

仅发现陶片 4 件。其中泥质灰陶 3 件，夹砂灰陶 1 件。可辨器形有盆、鬲。

盆　3 件。泥质灰陶。折沿。根据口部及沿面特征的不同，可分为二型。

Ⅰ型：1 件。侈口，沿面两侧均起凸棱，圆方唇。PG4H29∶2，口径 31.6 厘米（图 81-2）。特征略同于《洛阳发掘报告》Ⅰ式深腹盆。

①　洛阳市文物工作队：《洛阳东周王城战国陶窑遗址发掘报告》，《考古学报》2003 年第 4 期。
②　洛阳市文物工作队：《洛阳东周王城战国陶窑遗址发掘报告》，《考古学报》2003 年第 4 期。
③　洛阳市文物工作队：《洛阳东周王城战国陶窑遗址发掘报告》，《考古学报》2003 年第 4 期。

Ⅱ型：2件。口沿转折处有向内的凸棱而显微敛口，沿面微鼓，方唇。PG4H29：1，斜直腹。口径43.6厘米（图81-1）。特征略同于东周王城北部战国窑址的Ⅲ式浅腹盆①，时代约为战国中晚期。

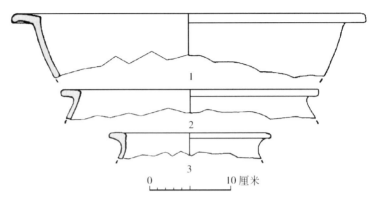

图81　灰坑 PG4H29 出土陶器

1. Ⅱ型盆（PG4H29：1）　2. Ⅰ型盆（PG4H29：2）　3. 鬲（PG4H29：3）

鬲　1件。折沿，转折处有向内的凸棱，窄平沿，圆唇，短颈。PG4H29：3，口径20厘米（图81-3）。特征略同于《洛阳发掘报告》Ⅲ式鬲，时代约为战国中晚期。

6. 夯土 PG4HT2 出土遗物

出土遗物包括建筑材料和日用陶器。建筑材料有板瓦、瓦当等。日用陶器泥质多于夹砂陶，皆灰陶；纹饰仅见绳纹；可辨器形有盆、罐、鬲、豆等。

（1）建筑材料

板瓦　3件。内里素面。瓦身表面分别饰杂乱细绳纹、杂乱中绳纹、斜中细绳纹。

圆瓦当　卷云纹。1件。残甚。

（2）日用陶器

盆　1件。微敛口，平沿微下倾，方唇。PG4HT2：1，泥质灰陶。口径29.6厘米（图82-1）。特征略同于《洛阳发掘报告》Ⅱ式深腹盆，时代约为战国中期。

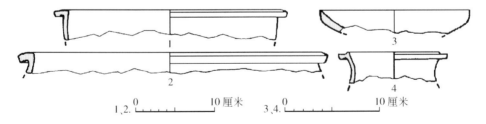

图82　夯土 PG4HT2 出土陶器

1. 盆（PG4HT2：1）　2. 鬲（PG4HT2：3）　3. 豆（PG4HT2：4）　4. 罐（PG4HT2：2）

① 洛阳市文物工作队：《洛阳东周王城战国陶窑遗址发掘报告》，《考古学报》2003 年第 4 期。

罐　1件。侈口，折沿，沿面两侧微起棱，方唇，短颈。PG4HT2：2，泥质灰陶。口径11.8厘米（图82-4）。

鬲　1件。折沿，沿面近平微鼓，方唇。PG4HT2：3，夹砂灰陶。口径39.4厘米（图82-2）。特征略同于《洛阳发掘报告》Ⅲ式鬲，时代约为战国中期。

豆　1件。浅盘，侈口，尖唇，弧腹。PG4HT2：4，泥质灰陶。口径16厘米（图82-3）。特征略同于东周王城北部战国窑址的Ⅱ式豆[①]。

7. 灰坑 PG4H28 出土遗物

出土遗物均为日用陶器，泥质灰褐陶和夹砂灰褐陶数量略同；纹饰仅见斜细绳纹、附加堆纹和刻划纹，分饰于3件器腹上，余皆素面；可辨器形有盆、钵、罐、杯等。

盆　5件。夹砂灰褐陶。折沿，微敛口，沿面微鼓，尖唇。PG4H28：1，口径34.8厘米（图83-1）。

钵　5件。泥质灰褐陶。侈口，圆唇。根据腹部特征的不同，可分为二型。

Ⅰ型：2件。斜腹。PG4H28：2，口径28厘米（图83-3）。

Ⅱ型：3件。折腹内收。PG4H28：3，口径29.6厘米（图83-4）。

罐　1件。泥质灰褐陶。PG4H28：4，残。口径39.6厘米（图83-2）。

杯　1件。夹砂灰褐陶。侈口，折沿，沿面微鼓，直腹。PG4H28：5，口径10.8厘

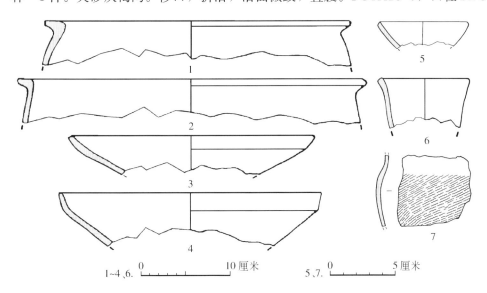

图83　灰坑PG4H28出土陶器

1. 盆（PG4H28：1）　2. 罐（PG4H28：4）　3. Ⅰ型钵（PG4H28：2）　4. Ⅱ型钵（PG4H28：3）

5. 不明器（PG4H28：6）　6. 杯（PG4H28：5）　7. 绳纹残陶片（PG4H28：7）

---

① 　洛阳市文物工作队：《洛阳东周王城战国陶窑遗址发掘报告》，《考古学报》2003年第4期。

米（图83-6）。

不明器　1件。浅盘，尖唇，圜底。PG4H28∶6，泥质灰陶。口径10.2厘米，（图83-5）。

绳纹残陶片　1件。器形不明，颈部以下斜细绳纹饰。PG4H28∶7，夹砂灰陶。残长8厘米（图83-7）。

8. 地层堆积PG4第⑤层出土遗物

出土遗物均为日用陶器，以泥质橘红陶多见，其次为夹砂橘红陶和红陶，陶色不纯正，火候低，陶质不坚实；除一件器盖上有附加堆纹外，余均素面；可辨器形有碗、罐、器盖等。

碗　5件。橘红陶。根据口沿和唇部特征的不同，可分为三型。

Ⅰ型：3件。侈口，平沿，弧腹。PG4⑤∶1，夹砂陶。口径28厘米（图84-1）。

Ⅱ型：1件。泥质陶。侈口，尖唇，斜腹。PG4⑤∶2。

Ⅲ型：1件。泥质陶。敛口，圆唇。PG4⑤∶3，口径24厘米（图84-2）。

罐　1件。夹砂橘红陶。侈口，卷沿，尖唇。PG4⑤∶4，口径16厘米（图84-3）。

器盖　1件。泥质橘红陶。侈口，尖唇，斜腹。PG4⑤∶5，外有附加堆纹。口径18厘米（图84-4）。

根据出土日用陶器特征推测PG4第⑤层的时代约为王湾一期。

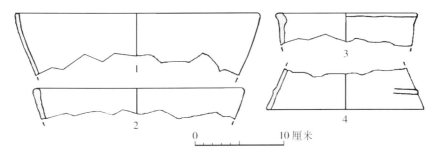

图84　地层堆积PG4第⑤层出土陶器

1. Ⅰ型碗（PG4⑤∶1）　2. Ⅲ型碗（PG4⑤∶3）　3. 罐（PG4⑤∶4）　4. 器盖（PG4⑤∶5）

9. 灰坑PG4H27出土遗物

出土遗物均为日用陶器，以泥质橘红陶多见，其次为夹砂灰陶和橘红陶；火候低，结构疏松，陶质差；多素面，见有少量附加堆纹；可辨器形有碗、罐、器盖等。

碗　2件。橘红陶。侈口，斜腹。根据沿面和唇部特征的不同，可分为二型。

Ⅰ型：1件。夹砂陶。PG4H27∶1，尖唇。

Ⅱ型：1件。泥质陶。PG4H27∶2，平沿。口径24.8厘米（图85-1）。

罐　2件。夹砂陶。尖唇。根据口沿特征的不同，可分为二型。

Ⅰ型：1件。灰陶。侈口，沿外撇，斜腹。PG4H27：3，口径28厘米（图85-4）。

Ⅱ型：1件。橘红陶。直口微敛，小平沿。PG4H27：4，口径25.8厘米（图85-2）。

器盖　1件。泥质橘红陶。侈口，尖圆唇。PG4H27：6，斜腹。外有一周凸棱。口径32厘米（图85-5）。

器足　1件。夹砂橘红陶。柱状。PG4H27：7，残高6厘米（图85-3）。

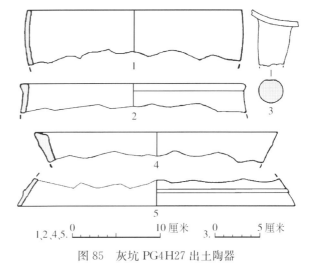

图85　灰坑PG4H27出土陶器

1. Ⅱ型碗（PG4H27：2）　2. Ⅱ型罐（PG4H27：4）　3. 器足（PG4H27：7）　4. Ⅰ型罐（PG4H27：3）　5. 器盖（PG4H27：6）

六　解剖沟PG5诸遗迹出土遗物

1. 灰坑PG5H32出土遗物

出土遗物均为建筑材料，有板瓦、筒瓦、瓦当等；皆泥质灰陶。

板瓦　6件。除1件瓦身表面饰中绳纹外，余皆瓦身表面饰细绳纹，内里素面。

筒瓦　4件。1件瓦身表面饰细绳纹，另3件瓦身表面饰中绳纹。PG5H32：1，瓦身表面饰断续斜中绳纹，内里面，凸凹不平。残长18.5（图86-1）。

半瓦当　1件。当面饰卷云纹，当心饰双叶纹。PG5H32：2，直径14厘米（图86-2）。

2. 灰坑PG5H31出土遗物

包含物少，仅有建筑材料和个别日用陶器。建筑材料仅见板瓦；皆泥质灰陶；瓦身表面饰细绳纹，内里素面。日用陶器为陶盆。

陶盆　1件。敛口，平沿，方唇。PG5H31：1，口径37.6厘米（图87）。

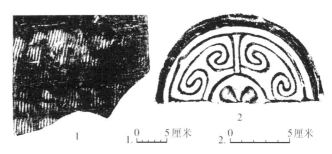

图86　灰坑PG5H32出土建筑材料拓本

1. 筒瓦（PG5H32：1）　2. 半瓦当（PG5H32：2）

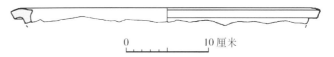

图87　灰坑PG5H31出土陶盆（PG5H31：1）

3. 夯土 PG5HT4 出土遗物

包含物少，仅见板瓦片，瓦身表面饰中细绳纹，内里素面。

4. 夯土 PG5HT2 出土遗物

包含物少，仅见板、筒瓦片，皆泥质灰陶；瓦身表面饰细绳纹，内里素面。未见对较精确断代有价值的陶器残片。

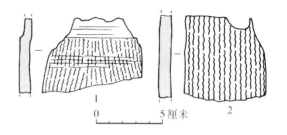

图 88　灰坑 PG5H31 出土建筑材料
1. Ⅰ型筒瓦（PG5HT3∶1）　2. Ⅱ型筒瓦（PG5HT3∶2）

5. 夯土 PG5HT3 出土遗物

出土遗物包括建筑材料和日用陶器。建筑材料有板瓦、筒瓦等。日用陶器皆泥质灰陶；纹饰多素面；可辨器形有豆、盆、罐等。

板瓦　6件。瓦身表面饰极细绳纹，内里素面。

筒瓦　5件。瓦身表面饰绳纹。根据瓦身表面绳纹粗细的不同，可分为二型。

Ⅰ型：3件。瓦身表面饰细绳纹。PG5HT3∶1，瓦头绳纹被抹去，瓦头以下饰以斜细绳纹，内里素面。残长 5.5 厘米（图 88-1）。

Ⅱ型：2件。瓦身表面饰中绳纹。PG5HT3∶2，瓦身有一安装瓦钉的圆孔。内里也饰中绳纹但模糊。残长 6.2 厘米（图 88-2）。

陶豆　豆盘1件，豆柄5件。皆泥质灰陶。残甚。豆盘直口微侈，弧腹微显凸棱。PG5HT3∶3，口径 14 厘米（图 89-2）。特征略同于东周王城北部战国窑址的Ⅱ式豆[①]。

陶盆　2件。形制相近。敛口，平沿微鼓，方唇。PG5HT3∶4，口径 54 厘米（图 89-1）。特征略同于《洛阳中州路（西工段）》Ⅱ式盆。

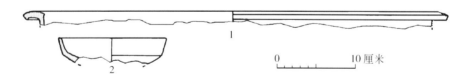

图 89　夯土 PG5HT3 出土陶器
1. 盆（PG5HT3∶4）　2. 豆（PG5HT3∶3）

七　解剖沟 PG6 诸遗迹出土遗物

1. 窖藏坑 PG6J2 出土遗物

出土遗物包括建筑材料、日用陶器和少量石器。建筑材料有板瓦、筒瓦等，均为泥质灰陶。日用陶器大部分为泥质灰陶，有少量的夹砂灰陶；可辨器形有罐、缸、鼎。石

---

① 洛阳市文物工作队：《洛阳东周王城战国陶窑遗址发掘报告》，《考古学报》2003 年第 4 期。

器有3件石铲。

（1）建筑材料

筒瓦　6件。瓦身表面饰绳纹。根据瓦头和纹饰的不同，可分为四型。

Ⅰ型：2件。尖唇向前斜伸。表面饰细直绳纹。PG6J2：1，瓦唇部稍薄，有抹痕。内里有布纹。残长6厘米（图90-1）。

Ⅱ型：2件。表面饰不规则的斜粗短绳纹。PG6J2：2，内里素面，凹凸不平。残长22厘米（图90-2）。

Ⅲ型：1件。瓦尾头部稍薄，表面饰规则细直绳纹。PG6J2：3，内里素面。残长31厘米（图90-3）。

Ⅳ型：1件。瓦头部饰有两道凹弦纹，表面饰中粗斜绳纹。PG6J2：4，内里有不清晰的横绳纹。残长10.3厘米（图90-5）。

板瓦　16件。瓦身表面饰绳纹。根据瓦身表面纹饰的不同，可分为六型。

Ⅰ型：3件。表面饰斜粗绳纹，内里有短粗绳纹。PG6J2：5，残长11.8厘米（图90-8）。

图90　窖藏坑PG6J2出土建筑材料拓本

1.Ⅰ型筒瓦（PG6J2：1）　2.Ⅱ型筒瓦（PG6J2：2）　3.Ⅲ型筒瓦（PG6J2：3）　4.Ⅳ型板瓦（PG6J2：8）
5.Ⅳ型筒瓦（PG6J2：4）　6.Ⅱ型板瓦（PG6J2：6）　7.Ⅲ型板瓦（PG6J2：7）　8.Ⅰ型板瓦（PG6J2：5）
9.Ⅵ型板瓦（PG6J2：10）

Ⅱ型：4件。表面饰粗直绳纹，内里有清晰的布纹。PG6J2：6，残长7.2厘米（图90-6）。

Ⅲ型：6件。表面饰不规则的斜细绳纹，内里素面。PG6J2：7，表面有抹痕。残长11厘米（图90-7）。

Ⅳ型：1件。表面饰直细绳纹，内里素面。PG6J2：8，瓦头部有未抹平细绳纹痕迹。残长9.6厘米（图90-4）。

Ⅴ型：1件。表面饰直细绳纹，内里素面。PG6J2：9，瓦唇部有数道弦纹。残长5厘米（图91-1）。

Ⅵ型：1件。表面饰中细直绳纹，内里有弦纹和泥条盘筑痕迹。PG6J2：10，瓦头部绳纹被抹平。残长9厘米（图90-9）。

（2）日用陶器

陶罐　1件。平折沿，圆唇，束颈。PG6J2：11，泥质灰陶。口径32厘米（图91-4）。其特征与《洛阳发掘报告》中的Ⅳ式罐相似。

陶鼎足　1件。柱状足较矮。PG6J2：12，残高6.6厘米（图91-2）。

陶缸　7件。夹砂陶。圆唇。根据口部和沿面特征的不同，可分为三型。

Ⅰ型：5件。敞口，卷沿，沿面宽平，直腹。PG6J2：13，灰陶。口径40厘米（图91-5）。其特征与洛阳电视台院内的战国至汉代陶窑出土的Ⅱ式陶缸相似[①]。

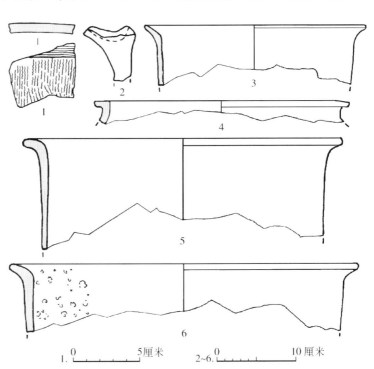

图91　窖藏坑PG6J2出土建筑材料和陶器

1. Ⅴ型板瓦（PG6J2：9）　2. 陶鼎足（PG6J2：12）　3. Ⅲ型陶缸（PG6J2：16）
4. 陶罐（PG6J2：11）　5. Ⅰ型陶缸（PG6J2：13）　6. Ⅱ型陶缸（PG6J2：15）

① 洛阳市文物工作队：《东周王城战国至汉代陶窑遗址发掘简报》，《文物》2004年第7期。

Ⅱ型：1件。红陶。折沿，转折处稍弧，沿面稍内斜，斜腹。PG6J2：15，口径44厘米（图91-6）。

Ⅲ型：1件。灰陶。折沿，沿面内斜，斜腹。PG6J2：16，口径28厘米（图91-3）。其特征与洛阳电视台院内的战国至汉代陶窑出土的Ⅰ式陶缸相似[①]。

（3）石器

石铲　3件，形制相同。铲头半圆形。PG6J2：17，尾部残。长29.4厘米（图92）。

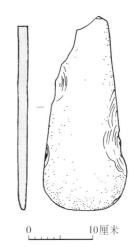

图92　窖藏坑PG6J2
出土石铲（PG6J2：17）

2. 夯土 PG6HT1 出土遗物

出土遗物包括建筑材料和日用陶器。建筑材料有板瓦、筒瓦、瓦当等。日用陶器以泥质陶居多，其次为夹砂陶，陶色多为灰陶；纹饰除素面外，多为绳纹；可辨器形有豆、鬲、罐、盆等。

（1）建筑材料

板瓦　4件。根据所饰纹饰的不同，可分为二型。

Ⅰ型：3件。瓦身表面饰细绳纹。PG6HT1：1，外遍饰斜细绳纹（包括唇部），内里素面。残长11.5厘米（图93-1）。

Ⅱ型：1件。瓦身表面饰数周凹弦纹。PG6HT1：2，内里素面。残长14厘米（图93-5）。

筒瓦　7件。瓦身表面饰绳纹。根据所饰绳纹的粗细，可分为二型。

Ⅰ型：4件。瓦身表面饰细绳纹。PG6HT1：3，瓦头以下饰以细直绳纹，内里素面，凸凹不平。残长7.2厘米（图93-2）。

Ⅱ型：3件。瓦身表面饰中绳纹。PG6HT1：4，瓦头部分饰周凹弦纹带状，内里素

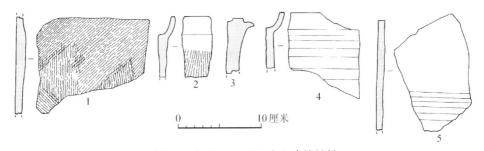

图93　夯土 PG6HT1 出土建筑材料
1. Ⅰ型板瓦（PG6HT1：1）　2. Ⅰ型筒瓦（PG6HT1：3）　3. Ⅱ型筒瓦（PG6HT1：5）
4. Ⅱ型筒瓦（PG6HT1：4）　5. Ⅱ型板瓦（PG6HT1：2）

---

① 洛阳市文物工作队：《东周王城战国至汉代陶窑遗址发掘简报》，《文物》2004年第7期。

面。残长 10 厘米（图 93 -
4）。PG6HT1:5，底部带有
瓦头，残甚。残长 6.6 厘米
（图93 - 3）。

（2）日用陶器

豆盘 11 件。泥质灰
陶。侈口。根据盘腹特征的
不同，可分为二型。

Ⅰ 型：9 件。窄平沿，
弧腹。PG6HT1:6，口径
14.8 厘米（图94 - 1）。特征
略同于东周王城北部战国窑
址的Ⅱ式豆[①]。

Ⅱ型：2 件。浅盘，直
腹，折收。PG6HT1:7，口
径15 厘米（图94 - 2）。特征
略同于东周王城北部战国窑
址的Ⅲ式豆[②]。

豆柄 8 件。泥质灰陶。
侈口，圈足。有两周凸棱。
PG6HT1:8，残高 7.3 厘米
（图94 - 4）。

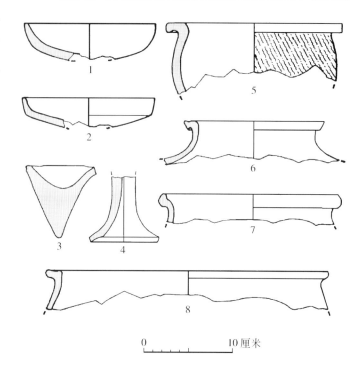

图 94 夯土 PG6HT1 出土陶器

1. Ⅰ型豆（PG6HT1:6） 2. Ⅱ型豆（PG6HT1:7） 3. 鬲足
（PG6HT1:10） 4. 豆柄（PG6HT1:8） 5. 鬲（PG6HT1:9）
6. Ⅰ型罐（PG6HT1:11） 7. Ⅱ型罐（PG6HT1:12）
8. 盆（PG6HT1:14）

鬲 5 件。夹砂灰陶。形制略同。敛口，卷沿，宽沿近平外折，方唇，束颈。饰
粗绳纹。PG6HT1:9，口径20 厘米（图94 - 5）。特征略介于《洛阳发掘报告》Ⅲ
式鬲。鬲足 1 件，实足根较高。PG6HT1:10，夹砂灰褐陶。残高 8 厘米（图
94 - 3）。

罐 5 件。泥质灰陶。根据口沿和唇部等特征的不同，可分为两型。

Ⅰ型：4 件。直口，平沿两侧微起棱，方唇下垂。PG6HT1:11，短颈。颈部绳纹
被抹去。口径16 厘米（图94 - 6）。

Ⅱ型：1 件。卷沿，圆唇。PG6HT1:12，颈以下饰绳纹。口径20.6 厘米（图94 -

① 洛阳市文物工作队：《洛阳东周王城战国陶窑遗址发掘报告》，《考古学报》2003 年第 4 期。
② 洛阳市文物工作队：《洛阳东周王城战国陶窑遗址发掘报告》，《考古学报》2003 年第 4 期。

7）。特征略同于东周王城北部战国窑址的 G 型 I 式罐[1]。

　　盆　3 件。泥质灰陶。形制略同。侈口，折沿，沿面近平，方唇。PG6HT1∶14，口径 32 厘米（图 94－8）。特征略同于《洛阳中州路（西工段）》Ⅱ式盆。

3. 夯土台基 PG6D1 出土遗物

　　极少，均为陶片。可辨器形有盆 3 件，皆泥质灰陶，根据口部特征的不同可分为二型。

　　Ⅰ型：2 件。形制相近。敛口，口沿近平微鼓，方唇。PG6D1∶1，腹部钻有一小圆孔。口径 45.6 厘米（图 95－1）。特征略同于《洛阳中州路（西工段）》Ⅱ式盆。

　　Ⅱ型：1 件。侈口，沿面下倾，圆唇。PG6D1∶2，腹部饰一周中绳纹。口径 16 厘米（图 95－2）。特征略同于《洛阳发掘报告》Ⅲ式罐。

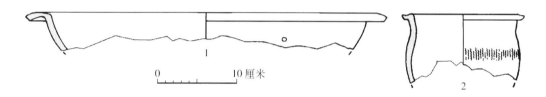

图 95　夯土台基 PG6D1 出土陶器

1. Ⅰ型盆（PG6D1∶1）　2. Ⅱ型盆（PG6D1∶2）

4. 夯土台基 PG6D3 出土遗物

　　出土遗物仅有少量建筑材料和日用陶器。建筑材料仅见板瓦。日用陶器较少，可辨器形有豆、盆、鬲足等。

　　板瓦　3 件。泥质灰陶。瓦身表面饰细绳纹。PG6D3∶1，瓦头以下饰斜细绳纹，内里素面。残长 7 厘米（图96－1）。

　　陶豆　2 件。弧壁。PG6D3∶2，口径 12 厘米（图 96－3）。特征略同于东周王城北部战国窑址的Ⅱ式豆[2]。PG6D3∶3，口径 16 厘米（图 96－4）。

　　豆柄　2 件。泥质灰陶。

　　陶盆　1 件。敛口，折沿，转折处向内尖凸，沿面微鼓，方唇。PG6D3∶4，颈下折收。饰有瓦纹。口径 20 厘米（图 96－5）。特征略介于

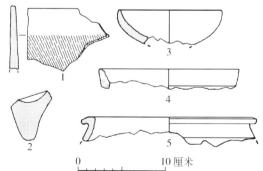

图 96　夯土台基 PG6D3 出土建筑材料和陶器

1. 板瓦（PG6D3∶1）　2. 陶鬲足（PG6D3∶5）　3. 陶豆（PG6D3∶2）　4. 陶豆（PG6D3∶3）　5. 陶盆（PG6D3∶4）

①　洛阳市文物工作队：《洛阳东周王城战国陶窑遗址发掘报告》，《考古学报》2003 年第 4 期。
②　洛阳市文物工作队：《洛阳东周王城战国陶窑遗址发掘报告》，《考古学报》2003 年第 4 期。

《洛阳发掘报告》Ⅰ、Ⅱ式圆腹小盆之间。

陶高足　1件。实足根。PG6D3：5，夹砂灰陶。残高5.5厘米（图96-2）。

5. 夯土墙 PG6Q3 出土遗物

建筑材料仅见板瓦。日用陶器泥质陶多于夹砂陶，灰陶居多，也见有灰褐陶；纹饰除绳纹外，还见有戳印纹、三角纹（图97-1、2）；可辨器形有罐、豆等。

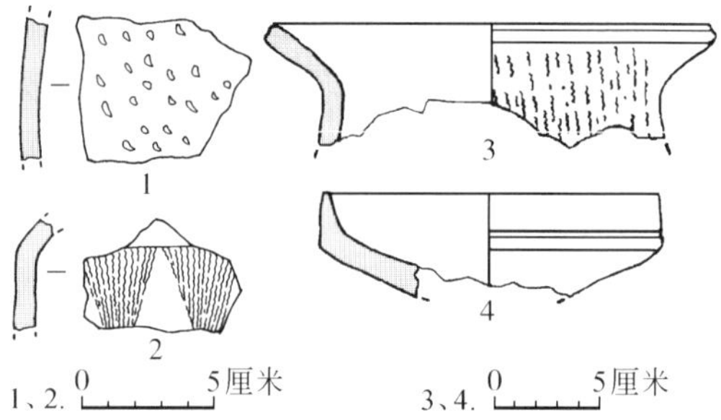

陶罐　1件。卷沿，大敞口，方唇内凹。PG6Q3：3，夹砂灰陶。沿面有四周凹弦纹，束颈，饰有模糊绳纹。口径20.4厘米（图97-3）。

陶豆　1件。浅盘，侈口，圆唇，折腹内收，底近平。PG6Q3：4，泥质灰陶。壁近直微凹。饰两周凸弦纹，口径14.8厘米（图97-4）。特征略同于东周王城北部战国窑址的Ⅳ式豆①。

图 97　夯土墙 PG6Q3 出土陶器
1. 戳印纹陶片（PG6Q3：1）　2. 三角纹陶片（PG6Q3：2）
3. 罐（PG6Q3：3）　4. 豆（PG6Q3：4）

6. 灰坑 PG6H36 出土遗物

仅见日用陶器残片，泥质陶略多于夹砂陶，陶色以红褐色居多，少量灰陶；纹饰除一件细绳纹（PG6H36：1，残长4厘米，见图98-1）外，余皆素面；可辨器形仅有罐、杯、钵等。

陶罐　8件。夹砂红陶。根据口沿和唇部特征的不同，可分为二型。

Ⅰ型：6件。侈口，沿面外折，圆方唇。PG6H36：2，口径24厘米（图98-3）。

Ⅱ型：2件。直口，折沿，沿面较Ⅰ型平，尖唇。PG6H36：3，口径16厘米（图98-2）。

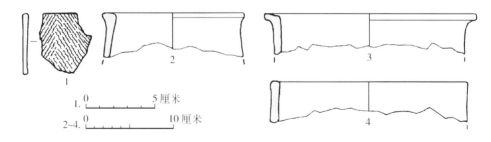

图 98　灰坑 PG6H36 出土陶器
1. 细绳纹陶片（PG6H36：1）　2. Ⅱ型罐（PG6H36：3）　3. Ⅰ型罐（PG6H36：2）　4. 杯（PG6H36：4）

① 洛阳市文物工作队：《洛阳东周王城战国陶窑遗址发掘报告》，《考古学报》2003年第4期。

陶杯　2件。直口，小平沿，直腹。PG6H36：4，泥质红褐陶。口径 22 厘米（图 98-4）。

八　解剖沟 PG7 诸遗迹出土遗物

1. 夯土 PG7HT1 出土遗物

出土遗物包括建筑材料、日用陶器和蚌片。建筑材料有外细绳纹、内里素面的板瓦。日用陶器较少，可辨器形有盆、罐等，但不可判明时代。

依 PG7HT1 所处位置及其叠压打破关系来看，当与 PG7Q1、PG7Q3 为同一时代，即战国中期。

2. 夯土台基 PG7D1 出土遗物

出土遗物包括建筑材料、日用陶器和少量石器。建筑材料有板瓦、筒瓦。日用陶器较少，可辨器形有罐、壶等。

板瓦　4件。泥质灰陶。瓦头绳纹被抹去，瓦头以下饰斜细绳纹，内里素面。PG7D1：2，残长 7 厘米（图 99-1）。

筒瓦　1件。瓦身表面饰斜细绳纹，内里素面。PG7D1：3，泥质灰陶。残长 7.4 厘米（图 99-2）。

壶底　1件。PG7D1：4。特

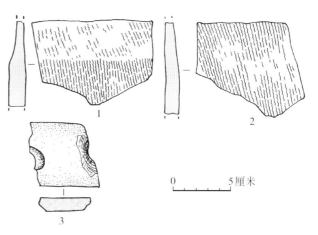

图 99　夯土台基 PG7D1 出土建筑材料和石器
1. 板瓦（PG7D1：2）　2. 筒瓦（PG7D1：3）　3. 石刀（PG7D1：1）

征略同于《洛阳中州路（西工段）》ⅡB 式陶壶底部，时代略在战国中期。

石刀　1件。灰褐色砂岩。穿孔，梯形，一侧刃。PG7D1：1，残，磨光。长 5.8 厘米（图 99-3）。

依据出土遗物特征推断 PG7D1 的时代约为战国中期。

3. 夯土墙 PG7Q3 出土遗物

出土遗物包括建筑材料和日用陶器。建筑材料有板瓦、筒瓦、砖等。日用陶器均为泥质灰陶；纹饰仅见绳纹；可辨器形有盆、豆、罐等。

板瓦　4件。泥质灰陶。瓦身表面饰绳纹，内里素面。根据所饰绳纹的粗细，可分为二型。

Ⅰ型：1件。瓦身表面饰中绳纹。PG7Q3：1，较厚。残长 9 厘米（图 100-1）。

Ⅱ型：3件。瓦身表面饰斜细绳纹。

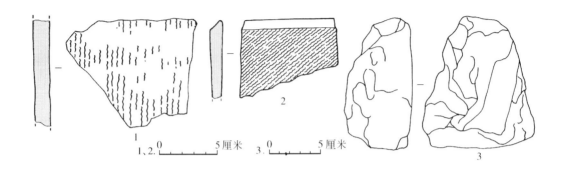

图 100　夯土墙 PG7Q3 出土建筑材料
1. Ⅰ型板瓦（PG7Q3：1）　2. 筒瓦（PG7Q3：2）　3. 砖（PG7Q3：3）

筒瓦　2 件。瓦身表面饰斜细绳纹。PG7Q3：2，内里凸凹不平。残长 6.2 厘米（图 100-2）。

砖　1 件。长方形。PG7Q3：3，泥质红陶。陶质坚实。残。表面略嫌凸凹不平。长 12.5、厚 6.4 厘米（图 100-3）。

陶盆　5 件。折沿。依沿面宽窄，可分为二型。

Ⅰ型：3 件。宽沿。PG7Q3：4，敛口，转折处向内尖凸。沿面微鼓，方唇。口径 45 厘米（图 101-1）。

Ⅱ型：2 件。圆腹，沿面略窄。根据沿面和唇部特征的细微差别，可分为二亚型。

ⅡA 型 1 件。侈口，沿面平，圆方唇。PG7Q3：5，口径 26 厘米（图 101-2）。

ⅡB 型 1 件。敛口，沿面斜平下倾，圆唇。PG7Q3：6，口径 14 厘米（图101-3）。

Ⅰ型盆特征略同于《洛阳发掘报告》Ⅱ式深腹盆，ⅡA 型盆特征略同于《洛阳发掘报告》Ⅰ型圆腹小盆，时代约在战国中期。

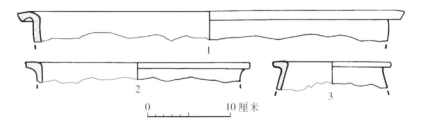

图 101　夯土墙 PG7Q3 出土陶器
1. Ⅰ型盆（PG7Q3：4）　2. ⅡA 型盆（PG7Q3：5）　3. ⅡB 型盆（PG7Q3：6）

陶豆　4件。泥质灰陶。豆柄3件，豆盘1件。豆盘侈口，斜腹微内凹，折腹内收，底近平。PG7Q3：7，特征略同于东周王城北部战国窑址的Ⅳ式豆[1]。

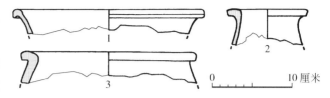

图102　夯土墙PG7Q1出土陶器

1. Ⅰ型罐（PG7Q1：1）　2. Ⅱ型罐（PG7Q1：2）　3. 盆（PG7Q1：3）

4. 夯土墙 PG7Q1 出土遗物

出土遗物包括建筑材料和日用陶器。建筑材料仅见外细绳纹、内里素面的板瓦。日用陶器皆泥质灰陶；可辨器形有罐、盆等。

陶罐　2件。敞口。根据口沿特征的不同，可分为二型。

Ⅰ型：1件。卷沿。PG7Q1：1，口径22.8厘米（图102-1）。特征略同于东周王城北部战国窑址的F型Ⅰ式罐[2]。

Ⅱ型：1件。折沿。PG7Q1：2，沿面平略下倾，长颈。口径10厘米（图102-2）。特征略同于东周王城北部战国窑址的A型Ⅲ式罐[3]。

陶盆　1件。侈口，折沿，沿面近平，方唇。PG7Q1：3，口径21厘米（图102-3）。特征略同于《洛阳发掘报告》Ⅰ式圆腹小盆。

根据出土遗物特征推断PG7Q1的时代约为战国早中期。

5. 灰坑 PG7H37 出土遗物

PG7H37①层出土遗物

出土遗物包括建筑材料和日用陶器。建筑材料有板瓦、筒瓦等。日用陶器多泥质灰陶，少量夹砂灰陶；纹饰仅见绳纹；可辨器形有罐、鬲、瓮、盆、豆等。

（1）建筑材料

板瓦　8件。泥质灰陶。瓦身表面饰绳纹。根据所饰绳纹的粗细，可分为二型。

Ⅰ型：1件。瓦身表面饰中绳纹。PG7H37①：1，瓦表面头部饰以数周凹弦纹，头部以下为斜中绳纹，内里饰以指甲纹。残长5.8厘米（图103-1）。

Ⅱ型：7件。瓦身表面饰斜细绳纹。PG7H37①：2，内里素面。残长10厘米（图103-2）。

筒瓦　11件。泥质灰陶。根据瓦表面是否有纹饰，可分为二型。

Ⅰ型：10件。瓦头绳纹被抹去，瓦头以下饰斜细绳纹。PG7H37①：3，内里素面。

① 洛阳市文物工作队：《洛阳东周王城战国陶窑遗址发掘报告》，《考古学报》2003年第4期。

② 洛阳市文物工作队：《洛阳东周王城战国陶窑遗址发掘报告》，《考古学报》2003年第4期。

③ 洛阳市文物工作队：《洛阳东周王城战国陶窑遗址发掘报告》，《考古学报》2003年第4期。

残长 5.4 厘米（图 103 - 4）。

Ⅱ型：1 件。外素面。PG7H37
①:4，内里瓦头有数周凹弦纹，瓦
头以下有麻点纹。残长 8.4 厘米
（图 103 - 3）。

（2）日用陶器

罐　7 件。泥质灰陶。根据口沿
及唇部等特征的不同，可分为五型。

Ⅰ型：1 件。卷沿，尖唇。PG7
H37①:9，束颈。颈以下饰细绳纹。
口径 18 厘米（图 104 - 1）。该型罐
具有西周陶罐的风格。

Ⅱ型：1 件。侈口，折沿，外沿
起凸棱，沿面微凹，方唇。PG7H37

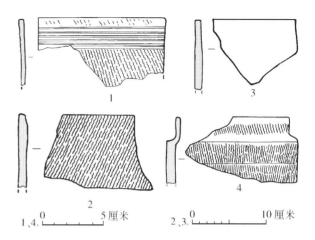

图 103　灰坑 PG7H37①层出土建筑材料

1. Ⅰ型板瓦（PG7H37①:1）　2. Ⅱ型板瓦（PG7H37①:2）
3. Ⅱ型筒瓦（PG7H37①:4）　4. Ⅰ型筒瓦（PG7H37①:3）

①:6，小高领。领部绳纹被抹去。口径 17 厘米（图 104 - 2）。该型罐时代略晚于Ⅰ型陶罐。

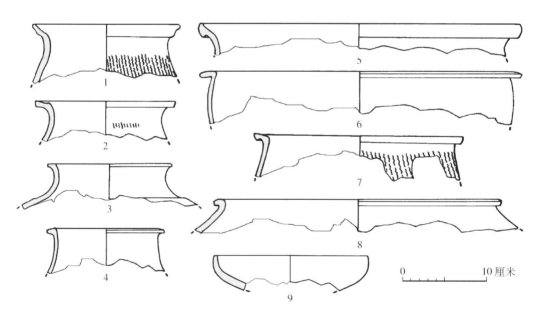

图 104　灰坑 PG7H37①层出土陶器

1. Ⅰ型罐（PG7H37①:9）　2. Ⅱ型罐（PG7H37①:6）　3. Ⅲ型罐（PG7H37①:5）
4. Ⅳ型罐（PG7H37①:7）　5. Ⅴ型罐（PG7H37①:8）　6. 盆（PG7H37①:10）
7. 鬲（PG7H37①:11）　8. 瓮（PG7H37①:12）　9. 豆（PG7H37①:13）

Ⅲ型：3件。侈口，折沿，沿面平而略有凹槽，方唇。PG7H37①：5，小高领，溜肩。领、肩有不甚清晰的凹弦纹，肩以下饰细绳纹。口径15.2厘米（图104-3）。该型罐时代约在春秋早中期。

Ⅳ型：1件。侈口，折沿，沿面近平而略下倾，方唇。PG7H37①：7，领部以下饰绳纹。口径14厘米（图104-4）。该型罐时代约在春秋早中期。

Ⅴ型：1件。敞口，卷沿，尖唇，唇部下垂。PG7H37①：8，口径38厘米（图104-5）。该型罐特征略同于东周王城北部战国窑址的F型Ⅰ式罐①。

盆　5件。泥质灰陶。形制略同。敛口，折沿，沿面近平微鼓，方唇。PG7H37①：10，口径38厘米（图104-6）。特征略同于《洛阳中州路（西工段）》Ⅱ式盆。

鬲　1件。侈口，窄口沿外折，方唇略凹。PG7H37①：11，夹砂灰陶。颈以下饰粗绳纹。口径24.8厘米（图104-7）。特征略同于《洛阳发掘报告》Ⅱ式鬲，时代约为春秋晚期。

瓮　1件。卷沿，直口，沿面微鼓，方唇，广肩。PG7H37①：12，泥质灰陶。口径34厘米（图104-8）。

豆　1件。侈口，弧腹。PG7H37①：13，口径18厘米（图104-9）。特征略同于东周王城北部战国窑址的Ⅱ式豆②。

PG7H37②层出土遗物

出土遗物包括建筑材料和日用陶器。建筑材料有板瓦、筒瓦。日用陶器多泥质灰陶，少量夹砂灰陶；纹饰仅见绳纹；可辨器形有盆、罐、瓮、豆、缸等。

（1）建筑材料

板瓦　7件。泥质灰陶。瓦身表面饰绳纹，内里素面。根据所饰绳纹的粗细及斜直，可分为三型。

Ⅰ型：2件。瓦身表面饰斜细绳纹。PG7H37②：1，残长9.6厘米（图105-1）。

Ⅱ型：2件。瓦身表面饰中细绳纹。PG7H37②：2，瓦头绳纹被抹去，瓦头以下饰斜中细绳纹。残长9.61厘米（图105-2）。

Ⅲ型：3件。瓦身表面饰直中细绳纹。PG7H37②：3，残长9厘米（图105-3）。

筒瓦　3件。瓦头绳纹被抹去，瓦头以下

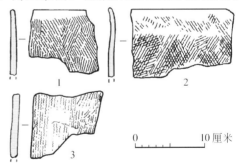

图105　灰坑PG7H37②层出土板瓦
1. Ⅰ型（PG7H37②：1）　2. Ⅱ型
（PG7H37②：2）　3. Ⅲ型（PG7H37②：3）

---

① 洛阳市文物工作队：《洛阳东周王城战国陶窑遗址发掘报告》，《考古学报》2003年第4期。

② 洛阳市文物工作队：《洛阳东周王城战国陶窑遗址发掘报告》，《考古学报》2003年第4期。

饰斜细绳纹。PG7H37②：4，内里素面，凸凹不平。

（2）日用陶器

盆　5件。泥质灰陶。折沿。根据口沿及唇部特征的不同，可分为三型。

Ⅰ型：1件。侈口，沿面近平而略凹，斜方唇。PG7H37②：5，口径34厘米（图106-1）。该型盆特征略同于《洛阳发掘报告》Ⅰ式深腹盆。

Ⅱ型：2件。敛口，沿面近平微鼓，方唇。PG7H37②：6，口径33.8厘米（图106-2）。该型盆特征略同于《洛阳发掘报告》Ⅱ式深腹盆。

Ⅲ型：2件。圆腹小盆，形制同于Ⅰ型盆。PG7H37②：7，口径9厘米（图106-3）。

罐　2件。泥质灰陶。形制相近而略有差异。卷沿外折，转折处向内尖凸，平沿外侧起凸棱，方唇。PG7H37②：8，口径26.8厘米（图106-5）。PG7H37②：9，仅沿面窄

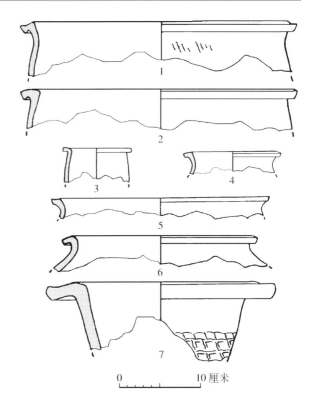

图106　灰坑PG7H37②层出土陶器

1.Ⅰ型盆（PG7H37②：5）　2.Ⅱ型盆（PG7H37②：6）　3.Ⅲ型盆（PG7H37②：7）　4.罐（PG7H37②：9）　5.罐（PG7H37②：8）　6.瓮（PG7H37②：10）　7.缸（PG7H37②：11）

平。口径12厘米（图106-4）。罐的特征略同于PG7H37①：6、7罐。

瓮　1件。形制同于PG7H37①：12瓮。PG7H37②：10，口径24厘米（图106-6）。

缸　2件。夹砂灰陶。PG7H37②：11，侈口，折沿，沿面宽平，斜方唇。腹饰粗绳纹。口径28厘米（图106-7）。PG7H37②：12，沿面向内尖凸，方唇。

豆柄　4件，残甚。

PG7H37③层出土遗物

出土遗物包括建筑材料和日用陶器。建筑材料有板瓦、筒瓦等。日用陶器少，皆泥质灰陶；多素面；可辨器形有罐、豆、器盖等。

（1）建筑材料

板瓦　7件，瓦身表面饰绳纹。根据所饰绳纹的粗细，可分为三型。

Ⅰ型：2件。瓦身表面饰细绳纹。PG7H37③：1，瓦身表面饰斜细绳纹，内里素面。残长16厘米（图107-1）。

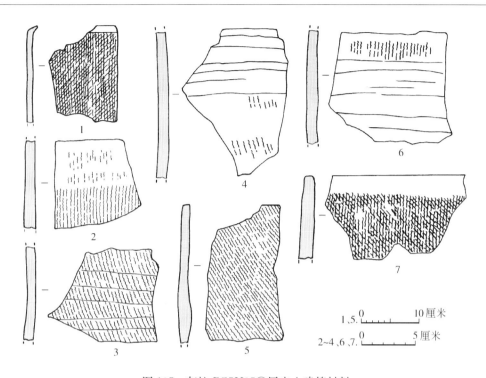

图 107 灰坑 PG7H37③层出土建筑材料

1. Ⅰ型板瓦（PG7H37③:1） 2. Ⅱ型板瓦（PG7H37③:2） 3. Ⅱ型板瓦（PG7H37③:4）

4. Ⅲ型板瓦（PG7H37③:5） 5. Ⅱ型板瓦（PG7H37③:3） 6. Ⅰ型筒瓦（PG7H37③:7）

7. Ⅱ型筒瓦（PG7H37③:8）

Ⅱ型：3件。瓦身表面饰中绳纹。PG7H37③:2，瓦头绳纹被抹去，瓦头以下饰直中绳纹，内里素面。残长 7.6 厘米（图 107 - 2）。PG7H37③:3，瓦头饰以数周凹弦纹，瓦头以下饰以断续模糊中绳纹，内里素面。残长 22.8 厘米（图 107 - 5）。PG7H37③:4，斜中绳纹被凹弦纹隔断，形成带状分布，内里素面。残长 8.4 厘米（图 107 - 3）。

Ⅲ型：2件。瓦身表面饰粗绳纹。PG7H37③:5，瓦身表面饰斜粗绳纹，内里有断续模糊细绳纹。残长 13 厘米（图 107 - 4）。

筒瓦 4件。瓦身表面饰绳纹。根据所饰绳纹的粗细，可分为二型。

Ⅰ型：2件。瓦身表面饰细绳纹。PG7H37③:6，瓦头绳纹被抹去，瓦头以下饰斜细绳纹，内里素面，凸凹不平。PG7H37③:7，瓦头饰模糊凹弦纹，瓦头以下饰断续模糊直中绳纹，内里饰带状细绳纹。残长 10 厘米（图 107 - 6）。

Ⅱ型：2件。瓦身表面饰中绳纹。PG7H37③:8，瓦头绳纹被抹去，瓦头以下饰斜中绳纹，绳纹显杂乱，内里素面。残长 7.5 厘米（图 107 - 7）。

（2）日用陶器

罐 1件。侈口，折沿，沿面平而略下倾，方唇。PG7H37③:9，小领。口径 12.8

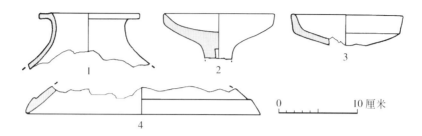

图 108　灰坑 PG7H37③层出土陶器

1. 罐（PG7H37③:9）　2. Ⅰ型豆（PG7H37③:10）　3. Ⅱ型豆（PG7H37③:11）　4. 器盖（PG7H37③:12）

厘米（图 108 - 1）。略同于 PG7H37①:6 罐。

豆　2件。泥质灰陶。侈口，折腹内收。根据口沿及盘腹特征的不同，可分为二型。

Ⅰ型：1件。直腹，圜底。PG7H37③:10，口径 14 厘米（图 108 - 2）。特征略同于东周王城北部战国窑址的Ⅱ式豆[1]。

Ⅱ型：1件。小平沿，斜腹微凹。PG7H37③:11，口径 14 厘米（图 108 - 3）。特征略同于东周王城北部战国窑址的Ⅲ式豆[2]。

器盖　1件。敞口，圆唇。PG7H37③:12，口径 29.8 厘米（图 108 - 4）。

九　解剖沟 PG8 诸遗迹出土遗物

1. 灰坑 PG8H38 出土遗物

出土遗物包括建筑材料和日用陶器。建筑材料仅见筒瓦。日用陶器皆泥质灰陶；可辨器形有盆、豆等。

筒瓦　1件。瓦身表面饰斜细绳纹。PG8H38:1，内里素面，凸凹不平。残长 14.4 厘米（图 109 - 2）。

陶盆　3件。形制相近。敛口，折沿，沿面近平下倾，方唇。PG8H38:2，口径 37.6 厘米（图 109 - 1）。特征略同于《洛阳发掘报告》Ⅲ式深腹盆。时代约为战国中晚期。

陶豆　1件。泥质灰陶。盘极浅，侈口，斜腹，折腹内收，底近平。

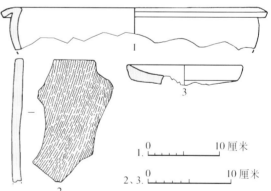

图 109　灰坑 PG8H38 出土建筑材料和陶器

1. 陶盆（PG8H38:2）　2. 筒瓦（PG8H38:1）

3. 陶豆（PG8H38:3）

---

① 洛阳市文物工作队：《洛阳东周王城战国陶窑遗址发掘报告》，《考古学报》2003 年第 4 期。

② 洛阳市文物工作队：《洛阳东周王城战国陶窑遗址发掘报告》，《考古学报》2003 年第 4 期。

PG8H38：3，口径14厘米（图109-3）。特征略同于《洛阳发掘报告》Ⅴ式豆，又略同于东周王城北部战国窑址的Ⅳ式豆①。

依据出土遗物特征推断 PG8H38 时代约为战国中晚期，更近于晚期。

2. 夯土墙 PG8Q2 出土遗物

出土遗物包括建筑材料和日用陶器。建筑材料有板瓦、筒瓦等。日用陶器以泥质灰陶为主，少量夹砂灰陶；纹饰仅见绳纹；可辨器形有豆、盆、罐、缸等。

（1）建筑材料

板瓦　2件。泥质灰陶。厚重坚实，制作精细。瓦身表面饰凹弦纹。PG 8Q2：1，近底处最厚，内里素面。残长6.5厘米（图110-1）。

筒瓦　1件。厚重坚实，制作精细。外素面。PG8Q2：2，泥质灰陶。瓦身残长8厘米，内里有麻点，残甚。可见瓦当纹饰（图110-2）。

（2）日用陶器

豆　豆盘2件，豆柄2件。泥质灰陶。残甚。豆盘形制相近，稍浅，侈口，腹近直微凹，折腹内收。PG8Q2：3，口径12.8厘米（图111-1）。特征略同于东周王城北部战国窑址的Ⅲ式豆②。

盆　1件。敛口，平沿，方唇，弧腹。PG8Q2：4，泥质灰陶。口径38厘米（图111-3），特征略介于东周王城北部战国窑址的Ⅱ、Ⅲ式浅腹盆之间③，时代约为战国中期。

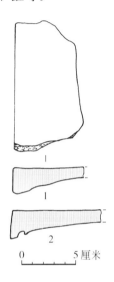

图 110　夯土墙 PG8Q2
出土建筑材料
1. 板瓦（PG8Q2：1）
2. 筒瓦（PG8Q2：2）

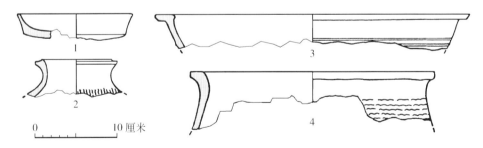

图 111　夯土墙 PG8Q2 出土陶器
1. 豆（PG8Q2：3）　2. 罐（PG8Q2：5）　3. 盆（PG8Q2：4）　4. 缸（PG8Q2：6）

---

① 洛阳市文物工作队：《洛阳东周王城战国陶窑遗址发掘报告》，《考古学报》2003年第4期。
② 洛阳市文物工作队：《洛阳东周王城战国陶窑遗址发掘报告》，《考古学报》2003年第4期。
③ 洛阳市文物工作队：《洛阳东周王城战国陶窑遗址发掘报告》，《考古学报》2003年第4期。

罐　1件。侈口，折沿，沿面平微下倾。PG8Q2:5，泥质灰陶。小领。领以下饰细绳纹。口径10厘米（图111-2）。特征略同于东周王城北部战国窑址的A型Ⅳ式罐①。

缸　1件。侈口，卷沿，沿面平而下倾。PG8Q2:6，夹砂灰陶。残甚。颈以下饰粗绳纹。口径29.2厘米（图111-4）。

一〇　解剖沟PG9诸遗迹出土遗物

1. 灰坑PG9H39出土遗物

出土遗物包括建筑材料和日用陶器。建筑材料有板瓦、筒瓦、瓦当等。日用陶器以泥质灰陶为主，少许夹砂灰陶；纹饰仅见绳纹；可辨器形有豆、盆、鬲等。

板瓦　均小片。瓦身表面饰细绳纹，内里素面。PG9H39:1，残长10厘米（图112-5）。

筒瓦　2件。瓦身表面饰绳纹。PG9H39:2，饰斜细绳纹，内里素面，凸凹不平。瓦身残长8.3厘米（图112-6）。

陶豆　2件。泥质灰陶。盘极浅，侈口，斜腹内收，底近平。PG9H39:3，口径10厘米（图112-4）。特征略同于《洛阳发掘报告》Ⅳ式豆，又略同于东周王城北部战国窑址的Ⅳ式豆②，时代约为战国晚期。

陶盆　2件。泥质灰陶。微侈口，折沿，方唇。根据沿面特征的不同，可分为二型。

Ⅰ型：1件。沿面平而外沿起凸棱。PG9H39:4，口径32厘米（图112-1）。特征

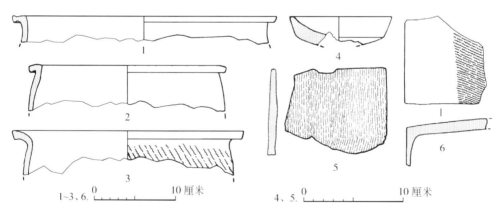

图112　灰坑PG9H39出土建筑材料和陶器

1. Ⅰ型陶盆（PG9H39:4）　2. Ⅱ型陶盆（PG9H39:5）　3. 陶鬲（PG9H39:6）　4. 陶豆（PG9H39:3）

5. 板瓦（PG9H39:1）　6. 筒瓦（PG9H39:2）

---

① 洛阳市文物工作队：《洛阳东周王城战国陶窑遗址发掘报告》，《考古学报》2003年第4期。
② 洛阳市文物工作队：《洛阳东周王城战国陶窑遗址发掘报告》，《考古学报》2003年第4期。

略同于《洛阳发掘报告》Ⅰ式深腹盆。

Ⅱ型：1件。沿面平而微下倾。PG9H39：5，口径24厘米（图112-2）。特征略同于《洛阳发掘报告》Ⅱ式深腹盆。

陶鬲　1件。卷沿，方唇。PG9H39：6，夹砂灰陶。束颈。颈以下饰粗绳纹。口径28厘米（图112-3）。特征略同于《洛阳发掘报告》Ⅰ式鬲。

2. 夯土墙 PG9Q2 出土遗物

出土遗物包括建筑材料和日用陶器。建筑材料仅见板瓦。日用陶器可辨器形仅见罐、盆等。

板瓦　瓦身表面饰细斜绳纹，内里素面。PG9Q2：1，残长10厘米（图113-3）。

陶罐　1件。直口，折沿，沿面下倾，小高领。PG9Q2：2，泥质灰陶。口径12厘米（图113-2）。特征略同于东周王城北部战国窑址的A型Ⅳ式罐①。

陶盆　1件。侈口，卷沿，方唇，折腹。PG9Q2：3，泥质灰陶。口径21厘米（图113-1）。特征略同于《洛阳发掘报告》Ⅰ式H455（1）折棱盆。

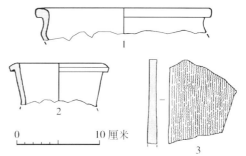

图113　夯土墙 PG9Q2 出土建筑材料和陶器
1. 盆（PG9Q2：3）　2. 罐（PG9Q2：2）
3. 板瓦（PG9Q2：1）

一一 解剖沟 PG10 遗迹夯土墙
PG10Q4 出土遗物

出土遗物包括建筑材料、日用陶器以及兽牙、蚌片。建筑材料有板瓦、筒瓦等。日用陶器仅见鬲。

板瓦　1件。瓦身表面饰中细绳纹。PG10Q4：3，泥质灰陶。瓦头有三周凸棱，绳纹模糊，内里素面。残长6.2厘米（图114-3）。

筒瓦　泥质灰陶。残甚。瓦身

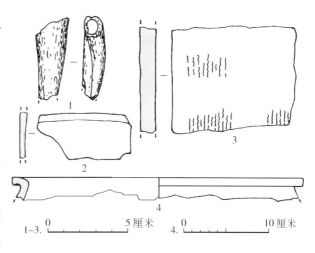

图114　夯土墙 PG10Q4 出土遗物
1. 兽牙（PG10Q4：1）　2. 蚌片（PG10Q4：2）　3. 板瓦
（PG10Q4：3）　4. 陶鬲（PG10Q4：4）

---

① 洛阳市文物工作队：《洛阳东周王城战国陶窑遗址发掘报告》，《考古学报》2003 年第 4 期。

表面饰直细绳纹，内里素面。

陶鬲　3件。夹砂灰陶。形制相近，卷沿，方唇。PG10Q4:4，残甚。口径34厘米（图114-4）。特征略同于《洛阳发掘报告》Ⅲ式鬲。时代约为战国中期。

兽牙　1件。PG10Q4:1，长5厘米（图114-1）。

蚌片　1件。PG10Q4:2，残长5.8、宽2.8厘米（图114-2）。

一二　其他遗迹出土遗物

1. 池苑CH1出土遗物

出土遗物包括建筑材料和日用陶器以及螺蛳。多为建筑材料，有板瓦、筒瓦、瓦钉等，特别是瓦钉较多。日用陶器仅见陶豆、陶钉。大量水产生物螺蛳的发现说明该水池长期使用。

板瓦　5件。泥质灰陶。瓦身表面饰绳纹。根据所饰绳纹的粗细，可分为二型。

Ⅰ型：1件。瓦身表面饰斜细绳纹。CH1:1，瓦大而厚重，内里素面。残长18.6厘米（图115-1）。

Ⅱ型：4件。瓦身表面饰粗绳纹。根据所饰绳纹的斜直，可分为二亚型。

ⅡA型2件。瓦身表面饰直粗绳纹。CH1:2，内里有麻点。残长23厘米（图115-4）。

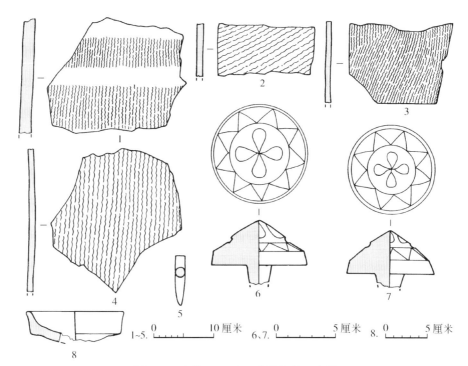

1~5. 0　10厘米　6,7. 0　5厘米　8. 0　5厘米

图115　池苑CH1出土建筑材料和陶器

1. Ⅰ型板瓦（CH1:1）　2. ⅡB型板瓦（CH1:3）　3. 筒瓦（CH1:4）　4. ⅡA型板瓦
（CH1:2）　5. 陶钉（CH1:7）　6. 瓦钉（CH1:5）　7. 瓦钉（CH1:6）　8. 陶豆（CH1:8）

ⅡB型 2件。瓦身表面饰斜粗绳纹。CH1∶3，内里饰模糊绳纹。残长 8.4 厘米（图 115 - 2）。

筒瓦　2件。泥质灰陶。瓦身表面饰斜中绳纹。CH1∶4，内里饰粗直绳纹。残长 13.2 厘米（图 115 - 3）。

瓦钉　17件。泥质灰陶。皆残，形制一致。尖饰柿蒂纹，其下以两周凸棱形成的宽带内饰以三角纹。可分大小两种。稍大者，CH1∶5，最大直径 8、残高 5.2 厘米（图 115 - 6）。稍小者，CH1∶6，最大直径 7.2、残高 4.6 厘米（图 115 - 7）。

陶钉　22件。泥质灰陶。锥体。CH1∶7，残长 8.2 厘米（图 115 - 5）。

陶豆　2件。泥质灰陶。盘较浅，侈口，窄平沿，斜腹，皆残。CH1∶8，折腹内收，底近平。口径 12 厘米（图 115 - 8）。特征略同于《洛阳中州路（西工段）》Ⅱ式无盖豆，又略同于《洛阳发掘报告》Ⅳ式豆、东周王城北部战国窑址的Ⅳ式豆[①]。

2. 水（暗）渠上夯土 SHQHT 出土遗物

出土遗物包括建筑材料和日用陶器。建筑材料有板瓦、筒瓦等。日用陶器有东周和史前遗物。

（1）建筑材料

板瓦　1件。瓦身表面饰斜中细绳纹。SHQHT∶1，内里素面。残长 11.2 厘米（图 116 - 1）。

筒瓦　2件。瓦身表面饰细绳纹。SHQHT∶2，近底处较厚。内里素面，凸凹不平。残长 11 厘米（图 116 - 2）。

（2）日用陶器

瓮　1件。口沿向外斜侈，有显著折棱。SHQHT∶3，泥质灰陶。小领。领以下饰中绳纹。口径 22.8 厘米（图 117 - 1）。特征略同于《洛阳发掘报告》Ⅰ式西周陶瓮。

豆柄　1件。残甚。

侈口罐　4件。夹砂红陶。侈口，卷沿，沿面近平，圆唇。SHQHT∶4，红陶。口径 32.8 厘米（图 117 - 2）。

直口罐　1件。直口，平沿，筒腹。SHQHT∶5，泥质灰陶。

敛口钵　2件。敛口，斜腹。SHQHT∶6，泥质灰褐陶。口径 33.2

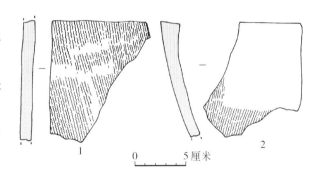

图 116　水（暗）渠上夯土 SHQHT 出土建筑材料
1. 板瓦（SHQHT∶1）　2. 筒瓦（SHQHT∶2）

---

① 洛阳市文物工作队：《洛阳东周王城战国陶窑遗址发掘报告》，《考古学报》2003 年第 4 期。

厘米（图117-3）。

　　侈口罐、直口罐、敛口钵等为史前遗物，大致与该发掘区域第⑤层出土物相同，应与取土有关。

3. 水渠SHQ出土遗物

　　出土遗物包括建筑材料、日用陶器以及蚌片。多为建筑材料，有板瓦、筒瓦、瓦当、瓦钉等，皆泥质灰陶。日用陶器以泥质灰陶为主，少量的夹砂灰陶；纹饰仅见绳纹；可辨器形有豆、盆、鬲、瓮、甑、筒形器、器盖等。

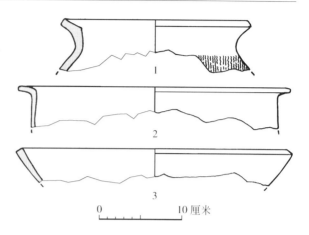

图117　水（暗）渠上夯土SHQHT出土陶器
1. 瓮（SHQHT：3）　2. 侈口罐（SHQHT：4）
3. 敛口钵（SHQHT：6）

　　（1）建筑材料

　　板瓦　9件。仅见瓦身表面饰中绳纹的板瓦一种。SHQ1：2，瓦身表面饰斜中绳纹，内里素面。残长11厘米（图118-2）。

　　筒瓦　7件。瓦身表面饰绳纹。根据所饰绳纹的粗细，可分为二型。

　　Ⅰ型：3件。瓦身表面饰中绳纹，绳纹成带状分布。SHQ1：3，内里有模糊中绳纹。长41.7厘米（图119）。

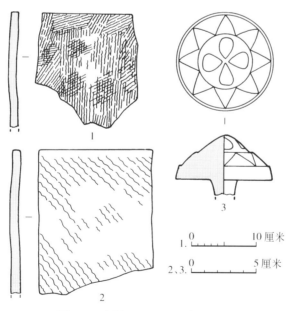

图118　水渠SHQ1出土建筑材料
1. Ⅱ型筒瓦（SHQ1：4）　2. 板瓦（SHQ1：2）　3. 瓦钉（SHQ1：9）

图119　水渠SHQ1出土Ⅰ
型筒瓦（SHQ1：3）拓本

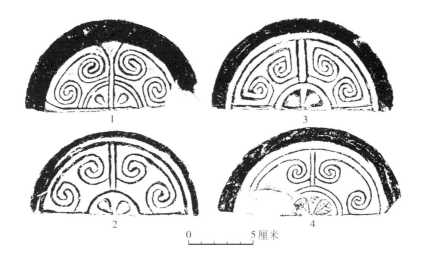

0 ———— 5厘米

图 120　水渠 SHQ1 出土建筑材料拓本

1. Ⅰ型半瓦当（SHQ1:5）　2. Ⅰ型半瓦当（SHQ1:7）　3. Ⅰ型半瓦当（SHQ1:6）　4. Ⅱ型半瓦当（SHQ1:8）

Ⅱ型：4件。瓦身表面饰杂乱细绳纹。SHQ1:4，内里素面，凸凹不平。残长 17.2 厘米（图 118-1）。

半瓦当　4件。当面饰卷云纹。根据当心所饰纹饰的不同，可分为二型。

Ⅰ型：3件。中饰柿蒂纹，但柿蒂纹有大小之分，卷云纹也有细微差别。SHQ1:5，直径 13.6 厘米（图 120-1）。SHQ1:6，直径 14.4 厘米（图 120-3）。SHQ1:7，直径 13.2 厘米（图 120-2）。

Ⅱ型：1件。中饰树叶纹。SHQ1:8，直径 14.4 厘米（图 120-4）。

瓦钉　1件。顶部柿蒂纹，其下两周凸棱之间饰以三角纹。SHQ1:9，钉部残断，直径 7.5、残高 4.5 厘米（图 118-3）。

（2）日用陶器

豆　10件。仅存豆盘。泥质灰陶。侈口。依盘的深浅及腹部变化，可分为三型。

Ⅰ型：6件。盘较浅，微直弧。SHQ1:10，底残。口径 12.4 厘米（图 121-9）。特征略同于东周王城北部战国窑址的Ⅱ式豆[①]。

Ⅱ型：1件。斜腹折收。SHQ1:11，底残。口径 12.2 厘米（图 121-12）。特征略同于东周王城北部战国窑址的Ⅲ式豆[②]。

Ⅲ型：3件。浅盘，斜折腹内收，底近平。SHQ1:12，腹下部刻划有"王"字。口径

① 洛阳市文物工作队：《洛阳东周王城战国陶窑遗址发掘报告》，《考古学报》2003 年第 4 期。

② 洛阳市文物工作队：《洛阳东周王城战国陶窑遗址发掘报告》，《考古学报》2003 年第 4 期。

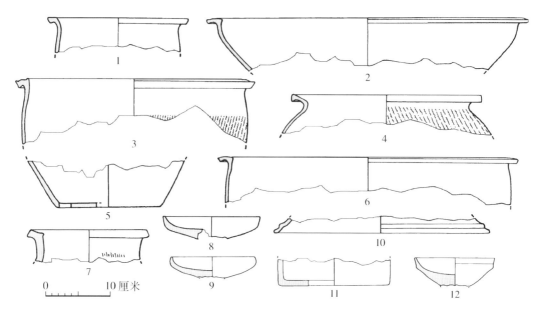

图 121　水渠 SHQ1 出土陶器

1. Ⅱ型盆（SHQ1：15）　2. Ⅲ型盆（SHQ1：16）　3. ⅠA型盆（SHQ1：13）　4. 鬲（SHQ1：17）　5. 甑
（SHQ1：18）　6. ⅠB型盆（SHQ1：14）　7. 瓮（SHQ1：19）　8. Ⅲ型豆（SHQ1：12）　9. Ⅰ型豆
（SHQ1：10）　10. 器盖（SHQ1：21）　11. 筒形器（SHQ1：20）　12. Ⅱ型豆（SHQ1：11）

15 厘米（图 121 - 8；图 122）。特征略同于东周王城北部战
国窑址的Ⅳ式豆[①]。

　　盆　6 件。泥质灰陶。侈口，折沿，方唇。根据腹部
的深浅及口沿特征的不同，可分为三型。

　　Ⅰ型：4 件。深腹。根据口沿的不同，可分为二
亚型。

　　ⅠA 型 2 件。口微侈，沿面两侧均起棱，沿面微凹。
SHQ1：13，腹饰细绳纹，径口 36.8 厘米（图 121 - 3）。特
征略同于《洛阳发掘报告》Ⅰ式深腹盆。

　　ⅠB 型 2 件。口沿转折处向内尖凸，沿面略鼓，斜方
唇。SHQ1：14，口径 45.6 厘米（图 121 - 6）。特征略同于
《洛阳发掘报告》Ⅱ式深腹盆。

　　Ⅱ型：1 件。圆腹，窄平沿。SHQ1：15，口径 21.6 厘米（图 121 - 1）。特征略同
于《洛阳发掘报告》Ⅰ式圆腹小盆。

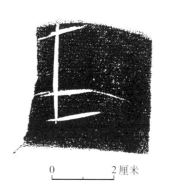

图 122　水渠 SHQ1 出土
陶豆（SHQ1：12）刻划
符号拓本

---

①　洛阳市文物工作队：《洛阳东周王城战国陶窑遗址发掘报告》，《考古学报》2003 年第 4 期。

Ⅲ型：1件。浅腹。SHQ：16，转折处向内尖凸，沿面宽而略鼓，斜腹。口径 49.6 厘米（图 121-2）。特征略同于《洛阳发掘报告》Ⅱ式侈口盆。

鬲　2件。夹砂灰陶。形制相近。卷折沿，口沿外折，沿面宽而斜平，方唇。SHQ：17，束颈，颈以下饰以粗绳纹。口径 28.8 厘米（图 121-4）。特征略同于《洛阳发掘报告》Ⅲ式鬲。

甑　1件。残甚。仅留腹、底的一部分。SHQ：18，泥质灰陶。底径 16 厘米（图 121-5）。

瓮　1件。侈口，口沿外折有棱角。SHQ：19，泥质灰陶。小高领，外饰细绳纹。口径 18.8 厘米（图 121-7）。特征略同于《洛阳发掘报告》西干沟西周陶瓮 H816（1）的ⅡA 式瓮。

筒形器　1件。直腹，平底。SHQ：20，泥质灰陶。底径 17 厘米，素面，腹、底交界处呈圆角（图 121-11）。

器盖　1件。侈口，双唇。SHQ：21，泥质灰陶。口径 32.8 厘米（图121-10）。

（3）其他

蚌片　1件。SHQ：1，近半圆形。长约 8.7 厘米（图 123）。

4. 烧窑 Y1 出土遗物

出土遗物包括建筑材料和日用陶器。建筑材料有筒瓦。日用陶器多为泥质灰陶，极少为夹砂红陶；纹饰多为绳纹，少量的有刻划纹；可辨器形有罐、盆等。

筒瓦　1件。表面饰不规则细绳纹。Y1：11，瓦唇部稍薄，内里素面，凹凸不平。残长 10 厘米（图 124）。

罐　7件。泥质灰陶。束颈。根据口沿和唇部特征的不同，可分为五型。

Ⅰ型：1件。折沿，方唇，沿面微凹，广肩。Y1：1，肩部饰细绳纹，中间有一圈被

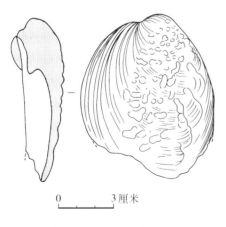

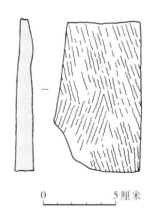

图 123　水渠 SHQ1 出土蚌片（SHQ1：1）　　　图 124　烧窑 Y1 出土筒瓦（Y1：11）

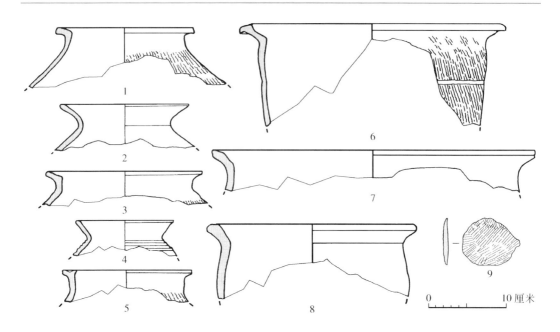

图 125　烧窑 Y1 出土陶器

1. Ⅰ型罐（Y1:1）　2. Ⅱ型罐（Y1:7）　3. Ⅳ型罐（Y1:9）　4. Ⅲ型罐（Y1:8）　5. Ⅴ型罐（Y1:10）
6. Ⅰ型盆（Y1:5）　7. Ⅱ型盆（Y1:6）　8. Ⅲ型盆（Y1:2）　9. 陶片（Y1:4）

抹平。口径 18 厘米（图 125－1）。其特征略同于东周王城北部战国窑址的 B 型 Ⅰ 式
陶罐①。

　　Ⅱ型：2 件。卷沿，尖唇或圆唇，圆肩。Y1:7，尖唇。口径 16.8 厘米（图 125－
2）。其特征与《洛阳中州路》（西工段 3）中的 Ⅰ 式陶罐相似。

　　Ⅲ型：2 件。敞口，折沿，方唇，圆肩。Y1:8，肩部饰沟状弦纹。口径 12.8 厘米
（图 125－4）。其特征略同于东周王城北部战国窑址的 A 型 Ⅵ 式罐②。

　　Ⅳ型：1 件。折沿，方唇，沿面平稍内斜。Y1:9，肩部饰绳纹。口径 20.4 厘米
（图 125－3）。

　　Ⅴ型：1 件。折沿，方唇，方唇微内凹，沿面有凹槽。Y1:10，肩部饰细绳纹。口
径 16.8 厘米（图 125－5）。

　　盆　6 件。折沿。根据口沿和唇部特征的不同，可分为三型。

　　Ⅰ型：3 件。敞口，方唇，沿面内斜。Y1:5，泥质灰陶。沿面上有明显折棱，圆
腹。饰斜绳纹，口沿部有未抹平绳纹痕迹，腹部有被抹平一周宽弦纹。口径 34.4 厘米

---

① 洛阳市文物工作队：《洛阳东周王城战国陶窑遗址发掘报告》，《考古学报》2003 年第 4 期。

② 洛阳市文物工作队：《洛阳东周王城战国陶窑遗址发掘报告》，《考古学报》2003 年第 4 期。

（图 125-6）。

Ⅱ型：1件。方唇，沿面向内斜。Y1:6，夹砂红陶。沿面上有折棱。口径 41.6 厘米（图 125-7）。

Ⅲ型：1件。敞口，沿面平，束颈。Y1:2，口径 26.8 厘米（图 125-8）。

另有 Y1:3 仅存盆腹部，泥质灰陶。腹外有一道刻划斜纹，内里有斜弦纹与三角纹相间的几何印纹。

陶片　1件。近椭圆形。Y1:4，泥质灰陶。有加工痕迹，边缘磨较薄，饰斜绳纹，内凹凸不平。长 7.4、宽 6、厚 0.6 厘米（图 125-9）。

5. 窖藏坑 J1 出土遗物

出土遗物包括建筑材料和日用陶器。建筑材料有板瓦、筒瓦、空心砖等。日用陶器以泥质灰陶占绝大多数，少量夹砂红褐陶；多为平底器；可辨器形有盆、罐、瓶、缸、瓮、豆、盘、甑等。

（1）建筑构件

板瓦　8件。泥质灰陶。瓦身表面饰中绳纹，内里有布纹。J1:1，显厚重。瓦身表面饰直中绳纹，绳纹深，印痕清晰，内里有布纹，布纹清晰规整。残长 13.6 厘米（图 126-1）。

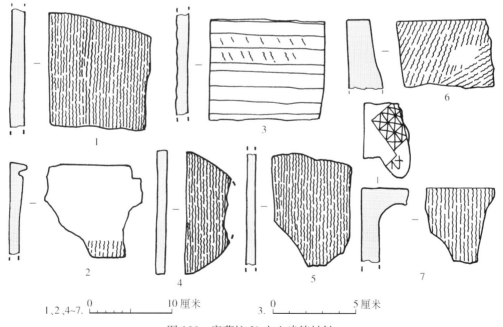

图 126　窖藏坑 J1 出土建筑材料

1. 板瓦（J1:1）　2. Ⅰ型筒瓦（J1:2）　3. Ⅱ型筒瓦（J1:3）　4. Ⅲ型筒瓦（J1:4）　5. Ⅳ型筒瓦（J1:5）

6. Ⅰ型空心砖（J1:6）　7. Ⅱ型空心砖（J1:7）

筒瓦　8件。根据所饰纹饰的不同和粗细，可分为四型。

Ⅰ型：1件。表面与内里均饰中绳纹。J1:2，残长10.8厘米（图126-2）。

Ⅱ型：1件。瓦身表面饰凹弦纹。J1:3，内里素面，凸凹不平。残长6厘米（图126-3）。

Ⅲ型：5件。瓦身表面饰直细绳纹。J1:4，绳纹深，印痕清晰，内里有布纹，布纹清晰规整。残长14.4厘米（图126-4）。

Ⅳ型：1件。瓦身表面饰直中细绳纹。J1:5，绳纹深，印痕清晰，内里有布纹，布纹清晰规整。残长13.2厘米（图126-5）。

空心砖　4件。泥质灰陶。长方形。根据所饰纹饰的不同，可分为二型。

Ⅰ型：2件。正面饰斜中细绳纹，侧面无纹饰。J1:6，半空心砖。残长8、残宽11.2厘米（图126-6）。

Ⅱ型：2件。一侧饰直中细绳纹，一侧饰"米"字形纹饰。J1:7，残长8.8、残宽8.4（图126-7）。

（2）日用陶器

宽沿盆　22件。泥质灰陶。依唇部特征的细微变化，可分为四型。

Ⅰ型：10件。侈口，折沿，沿面宽而外折，唇部有凹槽而上部尖。J1:8，口沿有刻划文字，似为"斌"字。口径43.2厘米（图127-1，图128-1）。J1:9，与J1:8略同，唯J1:9器体厚重。口径58厘米（图127-2）。

Ⅱ型：9件。与Ⅰ型略同。唇部中间凹槽仍在，唇部近方唇。J1:10，腹饰凹弦纹。口径46厘米（图127-3）。J1:11，器体较J1:10厚重。口沿有刻划文字"□（该字不识）才"二字。口径50厘米（图127-4，图128-3）。

Ⅲ型：1件。唇部凹槽不明显。J1:12，腹饰凹弦纹。口沿有刻划文字，残，仅余该字的下部"W"。口径44厘米（图127-5，图128-2）。

Ⅳ型：2件。唇部凹槽消失，方唇。J1:13，口径48厘米（图127-6）。

深腹盆　3件。根据口沿和唇部特征的不同，可分为二型。

Ⅰ型：1件。微敛口，沿面微鼓，方唇。J1:14，腹饰以弦纹。口径34.8厘米（图127-7）。

Ⅱ型：2件。夹砂红陶。敛口，平折沿微下倾，唇部中间微凹。J1:15，口径36厘米（图127-8）。

折腹盆　2件。泥质灰陶。形制相近。折沿，转折处向内尖凸，沿面微鼓，方唇，弧腹。J1:17，口径56厘米（图127-9）。

卷沿盆　3件。泥质灰陶。根据口沿和唇部的不同，可分为三型。

Ⅰ型：1件。敞口，沿面斜，方唇中部有一周凹槽。J1:18，口径28厘米（图129-4）。

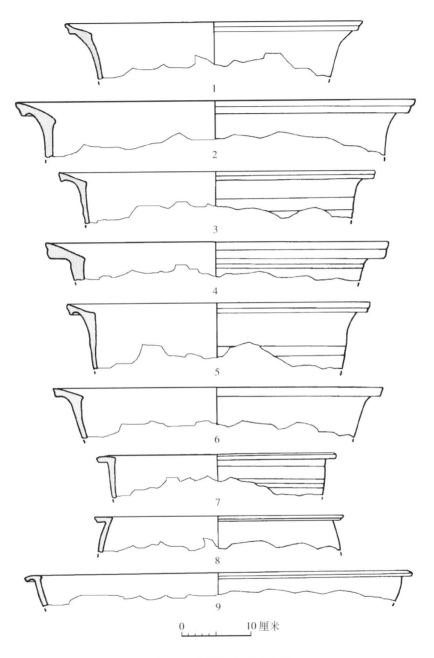

0 ⊢⊢⊢⊢⊢⊢⊢⊢⊢⊢ 10厘米

图 127　窖藏坑 J1 出土陶器

1. Ⅰ型宽沿盆（J1∶8）　2. Ⅰ型宽沿盆（J1∶9）　3. Ⅱ型宽沿盆（J1∶10）

4. Ⅱ型宽沿盆（J1∶11）　5. Ⅲ型宽沿盆（J1∶12）　6. Ⅳ型宽沿盆（J1∶13）

7. Ⅰ型深腹盆（J1∶14）　8. Ⅱ型深腹盆（J1∶15）　9. 折腹盆（J1∶17）

Ⅱ型：1件。敞口，口沿厚重，方唇中部有一周凹槽。J1：19，口径36厘米（图129－3）。

Ⅲ型：1件。侈口，沿面斜，斜方唇。J1：20，口径30.8厘米（图129－1）。

圆腹小盆　6件。泥质灰陶。形制相近。侈口，折沿，沿面斜外折，方唇。J1：16，口径18厘米（图129－5）。

罐　4件。泥质灰陶。直口。根据口沿和唇部特征的不同，可分为二型。

Ⅰ型：3件。微侈，折沿，沿面微下倾，方唇中部有一周凹槽。J1：21，高领。口径14厘米（图129－7）。

图128　窖藏坑J1出土陶器刻划符号拓本

1.Ⅰ型宽沿盆（J1：8）　2.Ⅲ型宽沿盆（J1：12）

3.Ⅱ型宽沿盆（J1：11）

Ⅱ型：1件。圆唇。J1：22，短颈，平底。口径16.8厘米（图129－6）。

瓶　5件。泥质灰陶。可复原者1件。侈口，折沿，沿面平，方唇中部有一周凹槽。J1：23，鼓腹，腹最大径靠下，底残。口径15.6、残高32.8厘米（图129－9）。底部可参考J1：24，小平底。底径5.4厘米（图129－10）。

缸　6件。根据口沿特征的不同，可分为二型。

Ⅰ型：直口。3件。J1：25，卷沿处向内凸出一周，平沿，近直腹。口径30厘米（图129－14）。

Ⅱ型：侈口。2件。J1：26，折沿，沿面外折，圆唇。口径31厘米（图129－15）。

另有缸口沿残片1件，J1：27，腹及底可复原，器体硕大，鼓腹斜收。上腹饰数周凹弦纹，下腹饰以瓦纹，平底。

豆　2件。泥质灰陶。形制一致。盘较浅，侈口，斜折腹内收。J1：28，口径13厘米（图129－11）。

耳杯　4件。泥质灰陶。形制一致。敞口，折沿外撇，方唇，斜腹，圜底。J1：29，

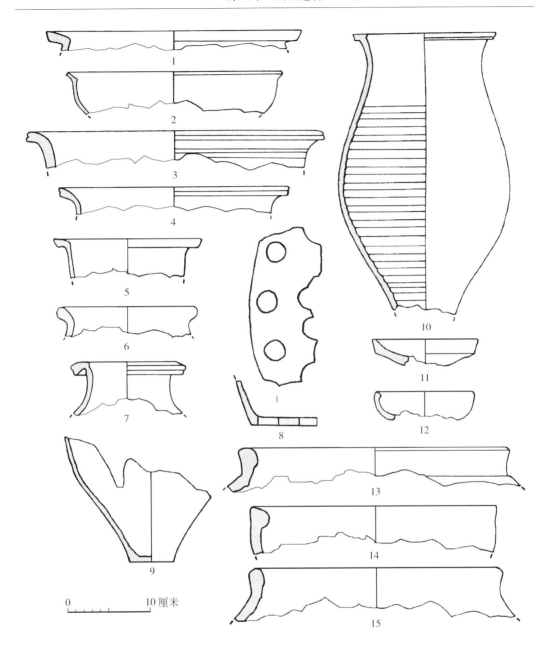

图 129　窖藏坑 J1 出土陶器

1.Ⅲ型卷沿盆（J1：20）　2.耳杯（J1：29）　3.Ⅱ型卷沿盆（J1：19）　4.Ⅰ型卷沿盆（J1：18）

5.圆腹小盆（J1：16）　6.Ⅱ型罐（J1：22）　7.Ⅰ型罐（J1：21）　8.甑（J1：32）

9.瓶（J1：23）　10.瓶（J1：24）　11.豆（J1：28）　12.钵（J1：31）　13.瓮（J1：30）

14.Ⅰ型缸（J1：25）　15.Ⅱ型缸（J1：26）

图 130　窖藏坑 J3 出土遗物拓本

1. 空心砖（J3∶5）　2、3. 板瓦（J3∶3）　4. Ⅱ型筒瓦（J3∶2）　5、6. 井圈（J3∶4）

口径 26 厘米（图 129 - 2）。

瓮　1件。口微侈，圆唇，短颈，广肩。J1∶30，泥质灰陶。器体厚重。口径 33.2 厘米（图 129 - 13）。

钵　1件。敛口，弧腹内收。J1∶31，泥质灰陶。口径 12 厘米（图129 - 12）。

甑　1件。仅留底部，斜腹，平底。J1∶32，长 20.4、宽 8.4 厘米（图129 - 8）。

6. 窖藏坑 J3 出土遗物

出土遗物包括建筑材料、日用陶器及井圈。建筑材料有板瓦、筒瓦、空心砖等；多为泥质灰陶，少量为泥质红陶。日用陶器为泥质灰陶；均素面；可辨器形有盆、罐、碗等。

（1）建筑材料

板瓦　2件。表面均饰细直绳纹。J3∶3，泥质红陶。表面头部有斜绳纹痕迹，内里头部有菱形纹，其他部分为清晰的布纹和少量的菱形纹。残长17.5厘米（图130-2、3）。

筒瓦　3件。瓦身表面饰绳纹。根据所饰绳纹的斜直等，可分为二型。

Ⅰ型：1件。瓦唇部卷曲状前伸，表面饰斜绳纹。J3∶1，泥质灰陶。内里素面。残长8厘米。

Ⅱ型：2件。瓦唇部较薄向前伸，剖面为三角形状。表面饰细直绳纹有抹痕。J3∶2，泥质红陶。瓦头部和尾部绳纹被抹掉，内里有清晰的布纹。长33厘米（图130-4）。

空心砖　1件。J3∶5，泥质灰陶。表面饰米格纹。残长6，残宽12厘米（图130-1）。

（2）日用陶器

盆　6件。泥质灰陶。敞口，斜折沿，双唇，斜腹。根据唇部特征的不同，可分为二型。

Ⅰ型：5件。口沿转折处有凸棱。J3∶6，口径46厘米（图131-1）。

Ⅱ型：1件。双唇下垂。J3∶7，口径54厘米（图131-2）。其特征略同于《洛阳发掘报告》中Ⅲ盆。

罐　1件。平折沿，方唇内凹。J3∶8，泥质灰陶。短束颈。口径12.8厘米（图131-3）。其特征与洛阳电视台院内战国至汉陶窑中的A型Ⅵ式罐略同[①]。

碗　1件。敛口，圆唇。J3∶9，泥质灰陶。口径12.8厘米（图131-4）。其特征与《洛阳发掘报告》中的Ⅰ式碗略同。

圆形片　1件。可能为未加工完整的纺轮。J3∶10，直径9.2厘米（图131-5）。

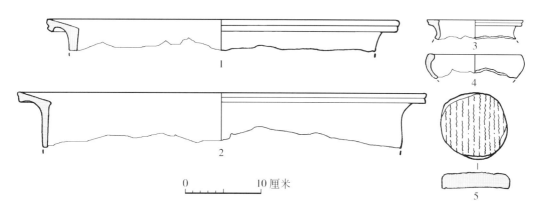

0　　　　　10厘米

图131　窖藏坑J3出土陶器

1. Ⅰ型盆（J3∶6）　2. Ⅱ型盆（J3∶7）　3. 罐（J3∶8）　4. 碗（J3∶9）　5. 圆形片（J3∶10）

① 洛阳市文物工作队：《东周王城战国至汉代陶窑遗址发掘简报》，《文物》2004年第7期。

（3）其他

井圈　1件。较厚重。J3:4，泥质灰陶。表面饰粗斜绳纹，内里有戳刺的大圆点纹。残长 35 厘米（图 130 - 5、6）。

7. 灰坑 H42 出土遗物

出土遗物包括建筑材料、日用陶器和石器。建筑材料有板瓦、筒瓦等。日用陶器以泥质灰陶为主，少量的夹砂红陶；可辨器形有盆、釜、缸、碗等。

（1）建筑材料

板瓦　1件。表面两侧饰中直绳纹，有抹痕，中间部分为素面。H42:2，泥质红陶。内里有布纹。残长 10 厘米（图 132 - 2）。

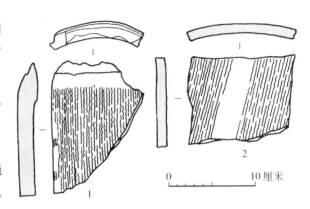

图 132　灰坑 H42 出土建筑材料
1. 筒瓦（H42:1）　2. 板瓦（H42:2）

筒瓦　1件。瓦唇部较薄，斜向前伸。表面饰细直绳纹，瓦头部被抹平。ⅡH42:1，泥质灰陶。内里有布纹。残长 15.2 厘米（图 132 - 1）。

（2）日用陶器

釜　1件。口稍敛，平折沿，方唇，转折处有向内的凸棱。ⅡH42:3，夹砂红陶。圆腹，腹部饰粗直绳纹，底部有火烧过痕迹。口径 26 厘米（图 133 - 1）。

盆　5件。泥质灰陶。敞口，斜腹。根据沿面和唇部的不同；可分为三型。

Ⅰ型：2件。斜折沿，沿面内斜，转折处有凸棱，双唇下垂。ⅡH42:4，口径 31.2 厘米（图 133 - 2）。其特征略同于《洛阳发掘报告》中的Ⅲ式盆。

Ⅱ型：2件。斜折沿，沿面稍内弧，双唇下垂。ⅡH42:5，腹部饰沟状弦纹。口径 48 厘米（图 133 - 5）。

Ⅲ型：1件。斜折沿，方唇内凸，转折处有凸棱。ⅡH42:6，沿面上有刻划符号，似为"赵"字。口径 46 厘米（图 133 - 6；图 134）。

缸　1件。敞口，卷沿双唇，直腹。ⅡH42:7，泥质灰陶。口径 55.6 厘米（图 133 - 7）。其特征略同于洛阳电视台院内的战国至汉代陶窑中的Ⅱ式陶缸[①]。

碗　1件。仅存底部，假圈足，平底。ⅡH42:8，泥质灰陶。底径 6.4 厘米（图 133 - 3）。

（3）其他

石器　1件。圆台形。ⅡH42:9，高 4 厘米（图 133 - 4）。

---

① 洛阳市文物工作队：《东周王城战国至汉代陶窑遗址发掘简报》，《文物》2004 年第 7 期。

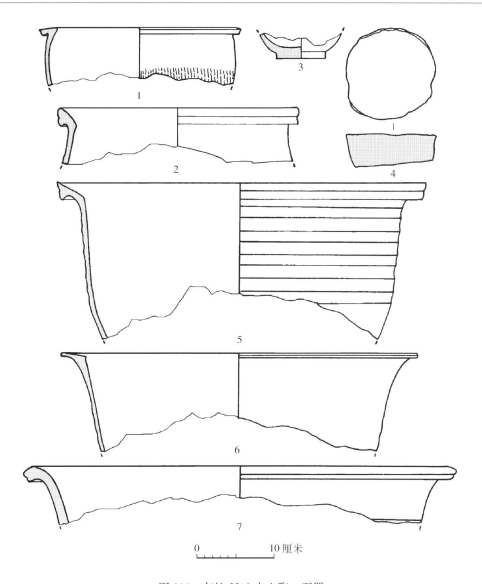

图 133　灰坑 H42 出土陶、石器

1. 陶釜（H42：3）　　2. Ⅰ型陶盆（H42：4）　　3. 陶碗（H42：8）　　4. 石器（H42：9）

5. Ⅱ型陶盆（H42：5）　　6. Ⅲ型陶盆（H42：6）　　7. 陶缸（H42：7）

一三　主要遗迹的时代判定

1. 各单位主要遗迹的时代

（1）解剖沟 PG1 内主要遗迹的时代

a. 综合考察灰坑 PG1H9 出土的建筑材料，其时代可定为战国时期。

b. 从夯土墙 PG1Q7 的出土陶器分析，PG1Q7：9 陶鬲、PG1Q7：6 陶罐的特征与战国中期至晚期的同类器略同，故 PG1Q7 的时代约为战国晚期。

c. 从夯土墙 PG1Q6 的出土物分析，其时代初定为东周时期。

d. 夯土 PG1HT2 出现了大量的建筑材料如板瓦、筒瓦、瓦当；日用陶器以盆、豆多见，也见有罐、缸、鬲、壶、甑等，其器物特征偶见有春秋时期，但多属战国中期的器物。故初步确定 PG1HT2 的时代为战国中期。

0   2厘米

图 134　灰坑 H42 出土陶盆（H42∶6）刻划符号拓本

e. 从地层出土的 PG1⑤∶1、PG1⑤∶2 器物特征，特别是陶器陶色多呈红褐色，接近裴李冈文化的橙色陶来看，其时代略早，当与仰韶文化半坡类型相当。涧河旁在西干沟、同乐寨曾发现有仰韶文化遗址[①]，另在中州路临近涧河的地段也发现有仰韶文化遗址[②]。

（2）解剖沟 PG2 内主要遗迹的时代

a. 夯土 PG2HT3 出土物，虽然 PG2HT3∶4、5 陶罐属战国时期器物，但 PG2HT3∶6 陶盆属汉代器物，则 PG2HT3 的时代应为汉代。

b. 夯土 PG2HT2 出土物，如 PG2HT2∶4 陶豆的特征同于战国晚期的同类器，故 PG2HT2 的时代约为战国晚期。

c. 从 PG2H20∶4 陶鬲足的特征看，灰坑 PG2H20 的时代约略于战国中期。

d. 夯土墙 PG2Q1 的出土物，夹砂罐和钵的特征同⑤层仰韶层的器物特征相近，当是取土夯筑 Q1 时土内包含的该一时期的陶片。故只能初步断定 PG2Q1 的时代为东周时期。

e. 夯土墙 PG2Q6 出土物，陶盆、陶鼎等特征略同于春秋至战国早期同类器，但 PG2 Q6∶5 豆则属战国中期，故 PG2Q6 的时代可定为战国中期。

f. 结合豆出现高柄等特征，夯土 PG2HT5 的时代定为战国早中期为宜。

g. 灰坑 PG2H19 的出土物中陶盆Ⅰ～Ⅲ型陶鬲及Ⅰ型陶豆的时代均为春秋时期，但Ⅳ型陶鬲、陶罐和Ⅱ、Ⅲ型陶豆的时代多为春秋晚至战国早期，故灰坑 PG2H19 的时代约为战国早中期。

h. 从器物组合鬲、罐、缸、盆、瓮结合罐口沿外侧起棱等特征来看，地层堆积 PG2 第④层的时代初步定为春秋时期。

i. 灰坑 PG2H18 中的陶盆、陶鬲足等特征属春秋时期，陶罐特征属春秋晚期，则

①　中国社会科学院考古研究所：《洛阳发掘报告》，北京燕山出版社，1989 年。

②　中国科学院考古研究所：《洛阳中州路（西工段）》，科学出版社，1959 年。

PG2H18 的时代约略于春秋晚期或略晚。

j. 地层堆积 PG2 第⑤层的陶器，火候低，制作粗糙，器类不丰富，素面，这些均是早期陶器的特征。其夹砂罐、敛口钵都具有仰韶文化早期的特征。总之，地层堆积 PG2 第⑤层包含物的时代约为仰韶文化第一期，相当于洛阳王湾第一期。

（3）解剖沟 PG3 内主要遗迹的时代

a. 灰坑 PG3H22 出土物较少，PG3H22：3 深腹盆特征属战国中期，则 PG3H22 的时代约为战国中期。

b. 夯土台基 PG3D3 出土物较少，PG3D3：4 陶罐使用于战国中晚期，PG3D3：5 陶豆流行于春秋时期，结合遗迹之间的叠压打破关系，则 PG3D3 的时代约为战国中期。

c. 夯土墙 PG3Q1 出土物虽有一部分春秋时期的器物，如 I 型盆、I 型罐等，但大部分为战国中期的器物，如 II 型盆、陶豆、II 型罐及瓮等，故 PG3Q1 的时代约为战国中期。

d. 夯土墙 PG3Q8 出土物中，最晚如 PG3Q8：7 陶豆、PG3Q8：8 陶盆均属战国中期，则 PG3Q8 的时代约为战国中期。

e. 灰坑 PG3H21 的出土物如豆、盆、罐等均为战国早中期的特征，故 PG3H21 的时代约为战国中期。

f. 地层 PG3 第④层的出土物均为春秋至战国早期的特征，故 PG3 第④层的时代约为春秋晚至战国早期。

（4）解剖沟 PG4 内主要遗迹的时代

a. 灰坑 PG4H26 的出土物，有部分战国时期的器物，如陶豆、I 型圆腹小盆、陶鬲等，但也有部分出土物属汉代，如 II、III、IV 型盆和陶瓮等。综之，PG4H26 的时代应为汉代。

b. 沟 PG4G1 出土的陶器如豆、盆、瓮等的特征均与战国中晚期的同类器相近，综合考之，PG4G1 的时代当为战国晚期。

c. 灰坑 PG4H29 的出土物中，时代最晚的属 PG4H29：1 陶盆、PG4H29：3 陶鬲，其特征同于战国中晚期的同类器，则 PG4H29 的时代约为战国中晚期。

d. 夯土 PG4HT2 出土的陶器如盆、鬲等时代约为战国中期，则 PG4HT2 的时代约为战国中期。

e. 灰坑 PG4H28 的出土物主要为陶器，其陶器特征如以灰褐陶为主等，当晚于 PG4⑤的时代，结合 PG4H28 的地层关系，则 PG4H28 的时代约略于王湾二期。

f. 地层堆积 PG4 第⑤层的出土物与 PG1 第⑤层、PG2 第⑤层特征相同，故其时代相近，约为王湾一期。

g. 从器物特征看，PG4H27 的时代与 PG4 第⑤层相当或略早。

（5）解剖沟 PG5 内主要遗迹的时代

夯土 PG5HT3 的出土物如豆和盆特征均同于战国早中期的同类器，则 PG5HT3 的时代约为战国早中期。

（6）解剖沟 PG6 内主要遗迹的时代

a. J2 的出土物中，建筑材料中的一部分内里有布纹、陶缸的特征等，均属战国晚期至汉代的同类器，则 J2 的时代应该为西汉早中期。

b. 夯土 PG6HT1 的出土物，陶器豆、鬲、罐、盆的特征均与战国早中期的同类器相近，则 PG6HT1 的时代约为战国中期。

c. 夯土台基 PG6D1 的出土物，陶盆、陶罐的特征均与战国早中期的同类器相近，则 PG6D1 的时代约为战国中期。

d. 夯土台基 PG6D3 的出土物，陶豆、陶盆的特征均与战国早中期的同类器相近，PG6D3 的时代约略于战国早中期。

e. 夯土墙 PG6Q3 的出土物，陶罐、陶豆的特征均与战国中期的同类器相近，PG6Q3 的时代约为战国中期。

f. 灰坑 PG6H36 的出土物，陶器与 PG1 第⑤层、PG2 第⑤层的特征略同，故初定 PG6H36 的时代略同于王湾一期或略后[1]。

（7）解剖沟 PG7 内主要遗迹的时代

a. 夯土台基 PG7D1∶4 壶底时代略在战国中期，则 PG7D1 的时代约为战国中期。

b. 夯土墙 PG7Q3 Ⅱ型陶盆、陶豆的时代均为战国中期，则 PG7Q3 的时代约为战国中期。

c. 夯土墙 PG7Q1 陶罐、陶盆特征略同于战国早中期的同类器，则 PG7Q1 的时代约为战国早中期。

d. 灰坑 PG7H37①层的出土物多为春秋时期的，如Ⅲ、Ⅳ型陶罐、陶盆和陶鬲等，但也有战国早期的，如Ⅴ型陶罐、陶豆等，则 PG7H37①层的时代约略于战国早期这一阶段；PG7H37②层出土物多似 PG7H37①层，故二者时代略同，则 PG7H37②层时代约为战国早期；PG7H37③层的出土物，有似 PG7H37①层者，陶豆的特征与战国早期同类器相近，则其时代约在战国早期。要之，PG7H37①层、PG7H37②层和 PG7H37③层时代相同，则 PG7H37 的时代定于战国早期较为妥当。

（8）解剖沟 PG8 内主要遗迹的时代

a. 灰坑 PG8H38 的出土物如陶盆、陶豆等，特征均与战国中晚期的同类器相近，则 PG8H38 的时代约为战国中晚期，更近于晚期。

[1] 北京大学考古文博学院：《洛阳王湾》，北京大学出版社，2002 年。

b. 夯土墙 PG8Q2 的出土物如陶盆、陶罐等，特征均与战国早中期的同类器相近，故 PG8Q2 的时代约为战国中期。

（9）解剖沟 PG9 内主要遗迹的时代

a. 灰坑 PG9H39 的出土陶器多为春秋至战国时期的，但陶豆特征明显为战国晚期，故 PG9H39 的时代约为战国晚期。

b. 夯土墙 PG9Q2 的出土陶罐、陶盆均为战国早中期的特征，则 PG9Q2 的时代约为战国中期。

（10）解剖沟 PG10 内主要遗迹的时代

夯土墙 PG10Q4 出土的陶鬲为战国中期的特征，则剖沟 10Q4 的时代约为战国中期。

（11）其他遗迹的时代

a. Ⅰ、Ⅱ区③层包含物的时代为汉代。

b. 从池苑 CH1 出土物分析，建筑构件均为战国时期，陶豆属战国晚期，则池苑 CH1 使用于战国中晚期，废弃时间约为战国晚期。

c. 暗渠上夯土 SHQHT 时代从出土物看，应不早于东周时期，再结合遗迹之间的叠压打破关系，其时代应为战国中期。

d. 水渠 SHQ 内出土物早的有西周时期陶片，但多为战国中晚期陶片，说明水渠使用于战国中晚期，约废弃于战国晚期或略后。

e. 窑址 Y1 的出土物如陶罐的时代为战国中晚期，则窑址 Y1 的时代应该为战国晚期。

f. 从窖藏坑 J1 出土物看，虽有部分器物时代属战国时期，但也有部分器物属汉代的，故窖藏坑 J1 的时代应为汉代。

g. 从窖藏坑 J3 出土物看，大部分器物属汉代的，故窖藏坑 J3 的年代应该为西汉晚期到东汉初期。

h. 灰坑 H42 的出土物如陶盆、陶缸时代均为汉代并可晚至东汉时期，故灰坑Ⅱ H42 的年代应该为东汉时期。

2. 重要遗迹的时代判定

首先从墓葬和夯土台基之间的叠压打破关系来看，在夯土台基 D4 西部有 2 座汉代墓葬打破夯土台基 D4。而西周晚期墓葬 C1M8618 叠压在夯土台基 D4 东部杂乱夯土之下，春秋晚期墓 C1M8960、C1M8961 叠压在夯土台基 D5、夯土墙 Q6 及 D5 与 D4 之间的天井之下，战国早期墓 C1M8963 亦叠压在夯土台基 D4 之下。据此，可初步确定夯土台基的总体时代晚于战国早期而早于汉代。

a. 从解剖沟的地层及遗迹之间的堆积情况结合包含物来看，PG7D1 包含物的时代约为战国中期，则夯土台基 D1 的时代约为战国中晚期。

b. 从发掘情况结合该遗址的总体布局参考有关的发掘报告，我们初步推测夯土台基 D2 的时代应与 D3 相同，而且二者应为同一组建筑群的单体建筑，故夯土台基 D2 的时代约为战国中晚期。

c. 从解剖沟的地层及遗迹之间的堆积情况结合包含物来看，夯土台基 PG3D3 包含物的时代约为战国中期；PG6 反映的夯土台基 D3 及与 D3 有关的 PG6HT1 包含物的时代约为战国中期，则夯土台基 D3 的时代约为战国中晚期。

d. 从解剖沟的地层及遗迹之间的堆积情况结合包含物来看，PG1 反映的与夯土台基 D4 有关的 PG1HT2 包含物的时代约为战国中期；与夯土台基 D4 有关的 PG5HT3 包含物的时代约在战国早中期，则夯土台基 D4 的时代约为战国中晚期。

e. 从解剖沟的地层及遗迹之间的堆积情况结合包含物来看，PG4 与夯土台基 D5 有关的 PG4HT2 包含物的时代为战国中期，则夯土台基 D5 的时代约为战国中晚期。

f. 从解剖沟的地层及遗迹之间的堆积情况结合包含物来看，夯土墙 PG2Q1 的时代约为东周时期；PG7 反映的夯土墙 Q1 的时代约为战国早中期。考虑到 Q1 应与 Q2 相连，形成一个封闭的大型院落，则 Q1 的时代与 Q2 的时代理应相同，夯土墙 Q1 的时代也约为战国中晚期。

g. 从解剖沟的地层及遗迹之间的堆积情况结合包含物来看，夯土墙 PG8Q2 包含物的时代约为战国中期；PG9 反映的 Q2 包含物的时代也约为战国中期，则夯土墙 Q2 的时代约为战国中晚期。

h. 从解剖沟的地层及遗迹之间的堆积情况结合包含物来看，夯土墙 PG6Q3 包含物的时代约为战国中期；PG7 反映的 Q3 包含物的时代也约为战国中期，则夯土墙 Q3 的时代约为战国中晚期。

i. 从解剖沟的地层及遗迹之间的堆积情况结合包含物来看，夯土墙 PG10Q4 包含物的时代约为战国中期，则夯土墙 Q4 的时代约为战国中晚期。

j. 从发掘情况结合该遗址的总体布局，我们认为夯土墙 Q5 的时代应晚于 Q4 的时代。参考该遗址的相关资料，我们初步推测夯土墙 Q5 的时代应在战国晚期或晚至汉代。

k. 从解剖沟的地层及遗迹之间的堆积情况结合包含物来看，夯土墙 PG1Q6 包含物的时代只能初步确定为春秋晚期至战国早中期；夯土墙 PG2Q6 包含物的时代可定为战国中期；夯土墙 PG4Q6 依出土物看，其时代暂定为东周时期。综合以上对夯土墙 Q6 时代的断定，则夯土墙 Q6 的时代约为战国中晚期。

l. 从解剖沟的地层及遗迹之间的堆积情况结合包含物来看，夯土墙 PG1Q7 包含物的时代约为战国晚期；夯土墙 PG4Q7 依出土物看，其时代暂定为东周时期，则夯土墙 Q7 的时代约为战国晚期或更晚。

m. 从解剖沟的地层及遗迹之间的堆积情况结合包含物来看，夯土墙 PG3Q8 包含物的时代约为战国中期，则夯土墙 Q8 的时代约为战国中晚期。

n. 池苑 CH1 从出土物来看，其废弃时间约为战国晚期，则池苑 CH1 的使用年代当早于其废弃时代战国晚期。从 CH1 与夯土台基 D1 的布局关系、使用关系考虑，如夯土台基 D1 天井内的排水管道直接通往池苑 CH1，二者使用时代理应相同，则池苑 CH1 的使用时代约为战国中晚期。

o. 水渠 SHQ 从出土物看，早的有西周时期陶片，但多为战国中晚期陶片，这应是其废弃时间。考虑到水渠的地层堆积情况，同时考虑到水渠是与池苑 CH1 相连，是池苑 CH1 的进水管道，则水渠时代应与池苑 CH1 同，也应为战国中晚期。

p. 从解剖沟的地层及遗迹之间的堆积情况结合包含物来看，H42 的时代为汉代，窖藏坑 J1、J2、J3 的时代均为汉代。

第二节　　Ⅲ区出土遗物

一　地层堆积第③层出土遗物

出土遗物包括建筑材料和日用陶器。建筑材料有板瓦、筒瓦及瓦当。日用陶器多为泥质灰陶；大多为素面，少量绳纹；可辨器形有豆、盆、罐、碗、瓮等。

（1）建筑材料

板瓦　11 件。瓦身表面饰绳纹。根据所饰绳纹的粗细、斜直，可分为四型。

Ⅰ型：5 件。瓦表面饰中粗斜绳纹。ⅢT5③：1，内里有素面或凸圆点纹。残长12.5 厘米（图 135-1）。

Ⅱ型：2 件。瓦表面饰短粗直绳纹和短粗斜绳纹。ⅢT8③：1，内里有横绳纹。残长12.1 厘米（图 135-2）。

Ⅲ型：2 件。瓦表面饰不规则的细斜绳纹。ⅢT3③：1，内里有弦纹和绳纹痕迹。残长 10.1 厘米（图 135-3）。

Ⅳ型：2 件。瓦表面饰断续不规则中细短绳纹。ⅢT5③：2，内里素面。残长 10.5厘米（图 135-7）。

筒瓦　11 件。根据瓦头和纹饰等的不同，可分为五型。

Ⅰ型：5 件。瓦身表面饰中绳纹。根据所饰纹饰的差异及粗细等，可分为三亚型。

ⅠA 型 1 件。表面有未抹平的短中绳纹。ⅢT6③：2，表面头部抹平，饰有数道凹弦纹，内里有绳纹痕迹。残长 14 厘米（图 135-6）。

图 135　Ⅲ区地层堆积第③层出土建筑材料拓本

1. Ⅰ型板瓦（ⅢT5③:1）　2. Ⅱ型板瓦（ⅢT8③:1）　3. Ⅲ型板瓦（ⅢT3③:1）　4. ⅠC型筒

瓦（ⅢT7③:2）　5. ⅠB型筒瓦（ⅢT3③:2）　6. ⅠA型筒瓦（ⅢT6③:2）　7. Ⅳ型板瓦

（ⅢT5③:2）　8. 圆瓦当（ⅢT7③:3）

　　ⅠB型 2件。表面饰断续的中细绳纹。ⅢT3③:2，内里凹凸不平，有不清晰的布
纹。残长 19 厘米（图 135-5）。

　　ⅠC型 2件。表面饰断续中直绳纹。ⅢT7③:2，内里素面。残长 17 厘米（图
135-4）。

Ⅱ型：2件。瓦头部前伸，表面饰细斜绳纹。ⅢT6③：4，内里素面。

Ⅲ型：1件。瓦头部前伸，瓦头表面饰四道凸棱纹。ⅢT3③：3，内里有布纹。

Ⅳ型：1件。瓦头部前伸，瓦头表面有一道凸棱。ⅢT3③：4，内里素面。

Ⅴ型：2件。瓦头部稍薄，表面抹平。ⅢT6③：3，内里素面，有泥条盘筑痕迹。

圆瓦当　素面。ⅢT7③：3，残。直径13.8厘米（图135－8）。

（2）日用陶器

豆　3件。泥质灰陶。浅盘，圆唇。根据盘腹的不同，可分为二型。

Ⅰ型：2件。盘弧腹。ⅢT7③：5，口径12厘米（图136－1）。

Ⅱ型：1件。盘斜腹折收，平底。ⅢT3③：5，口径13厘米（图136－2）。

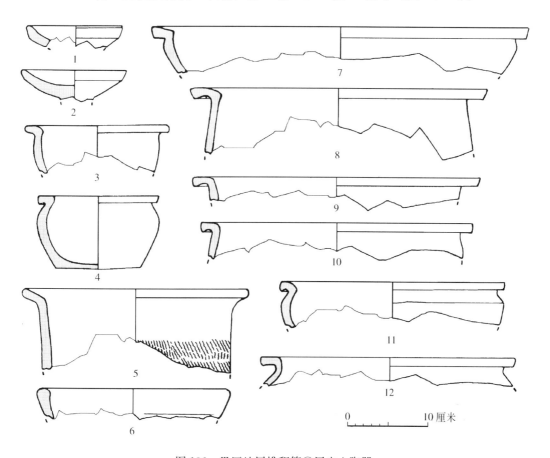

图136　Ⅲ区地层堆积第③层出土陶器

1.Ⅰ型豆（ⅢT7③：5）　2.Ⅱ型豆（ⅢT3③：5）　3.Ⅳ型盆（ⅢT1③：3）　4.Ⅶ型盆（ⅢT7③：7）
5.Ⅵ型盆（ⅢT2③：2）　6.Ⅷ型盆（ⅢT6③：10）　7.Ⅱ型盆（ⅢT6③：6）　8.Ⅰ型盆（ⅢT1③：1）
9.Ⅲ型盆（ⅢT1③：2）　10.Ⅴ型盆（ⅢT2③：1）　11.Ⅸ型盆（ⅢT6③：7）　12.Ⅹ型盆（ⅢT1③：6）

　　盆　19件。泥质灰陶。多折沿，方唇。根据口沿、腹部及唇部等特征的不同，可分为十型。

　　Ⅰ型：3件。折沿，方唇，转折处有凸棱，沿面稍鼓。ⅢT1③：1，斜腹内收。口径37厘米（图136-8）。

　　Ⅱ型：2件。敛口，折沿，方唇或双唇，唇稍下垂，沿面内斜，腹上部有一道折棱。ⅢT6③：6，方唇。口径46.8厘米（图136-7）。

　　Ⅲ型：2件。折沿，方唇，沿面上靠唇部稍凹。ⅢT1③：2，口径36厘米（图136-9）。

　　Ⅳ型：1件。折沿，方唇，转折处有凸棱，沿面稍内斜，圆腹下收。ⅢT1③：3，口径18厘米（图136-3）。

　　Ⅴ型：1件。折沿，方唇，唇下垂，沿面有凹槽。ⅢT2③：1，口径34厘米（图136-10）。

　　Ⅵ型：1件。折沿，圆唇，沿面内斜，斜腹。ⅢT2③：2，腹部饰有细绳纹。口径28厘米（图136-5）。

　　Ⅶ型：2件。小口，平折沿。ⅢT7③：7，平底。口径15厘米（图136-4）。

　　Ⅷ型：1件。敞口，圆唇。ⅢT6③：10，唇部较厚。口径24厘米（图136-6）。

　　Ⅸ型：2件。卷沿，方唇。ⅢT6③：7，腹上部有一道折棱。口径28厘米（图136-11）。

　　Ⅹ型：4件。折沿，方唇，沿面稍凹，圆腹。ⅢT1③：6，口径32厘米（图136-12）。

　　罐　7件。泥质灰陶。束颈。根据口沿和唇部等特征的不同，可分为六型。

　　Ⅰ型：1件。敞口。ⅢT6③：8，腹部饰交错绳纹形成的凸小菱形纹。口径12厘米（图137-2）。

　　Ⅱ型：1件。折沿，方唇，沿面内斜。ⅢT1③：4，口径24厘米（图137-1）。

　　Ⅲ型：1件。平折沿，方唇，高领。ⅢT1③：5，口径16厘米（图137-3）。

　　Ⅳ型：2件。折沿，方唇或圆唇，沿面外斜。ⅢT7③：6，圆唇。颈部有未抹平的西绳纹痕迹，腹部饰有细直绳纹。口径12厘米（图137-4）。

　　Ⅴ型：1件。敞口，方唇，唇微内凹。ⅢT1③：8，口径22厘米（图137-5）。

　　Ⅵ型：1件。折沿，圆唇，沿面内斜，微凹。ⅢT1③：9，颈下部饰有细绳纹，颈部内有两道凸棱纹。口径22厘米（图137-6）。

　　瓮　8件。多方唇，广肩。根据口沿和唇部特征的不同，可分为四型。

　　Ⅰ型：2件。折沿，方唇，沿面有凹槽。ⅢT1③：10，泥质红陶。口径28.4厘米（图137-7）。

　　Ⅱ型：2件。泥质灰陶。卷沿，方唇或圆唇。ⅢT1③：11，圆唇，肩部有三个方戳成倒"品"字形。口径29.6厘米（图137-8）。

　　Ⅲ型：2件。卷沿，方唇，唇稍下垂。ⅢT3③：7，泥质灰陶。口径32厘米（图137-9）。

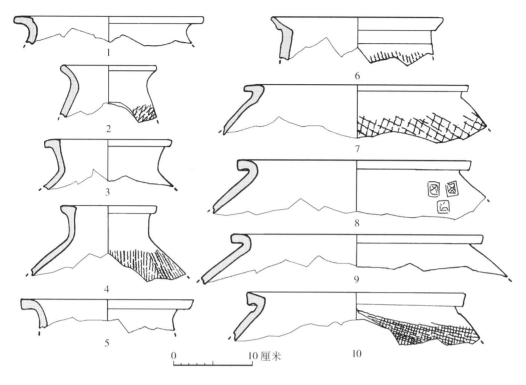

图 137　Ⅲ区地层堆积第③层出土陶器

1. Ⅱ型罐（ⅢT1③：4）　2. Ⅰ型罐（ⅢT6③：8）　3. Ⅲ型罐（ⅢT1③：5）　4. Ⅳ型罐（ⅢT7③：6）　5. Ⅴ型罐（ⅢT1③：8）　6. Ⅵ型罐（ⅢT1③：9）　7. Ⅰ型瓮（ⅢT1③：10）　8. Ⅱ型瓮（ⅢT1③：11）　9. Ⅲ型瓮（ⅢT3③：7）　10. Ⅳ型瓮（ⅢT6③：11）

Ⅳ型：2件。折沿，方唇，唇稍下垂。ⅢT6③：11，泥质灰陶。肩部饰有横绳纹。口径28厘米（图137-10）。

二　解剖沟PG12诸遗迹出土遗物

1. 灰坑PG12H44出土遗物

陶盆　2件。均为泥质灰陶。方唇，沿面微鼓。根据口沿和唇部特征的不同，可分为二型。

Ⅰ型：1件。折沿。PG12H44：1，口径36厘米（图138-2）。其特征略同于《洛阳发掘报告》中Ⅱ式深腹盆。

Ⅱ型：1件。卷沿，唇稍下垂。PG12H44：2，口径32厘米（图138-1）。其特征略同于《洛阳发掘报告》中Ⅳ式深腹盆。

依据出土遗物特征推断H44时代为战国晚期。

2. 夯土 PG12HT1 出土遗物

出土遗物仅见日用陶器，均为泥质灰陶；可辨器形有盆、罐、豆等。

陶盆 1件。折沿，方唇，沿面外斜微凹。PG12HT1：1，口径28厘米（图139-1）。其特征略同于《洛阳发掘报告》的Ⅳ式深腹盆。

陶罐 1件。折沿，方唇，沿面微凹。PG12HT1：2，束颈。口径10厘米（图139-2）。其特征略同于东周王城北部战国窑址的A型Ⅵ式罐[①]。

陶豆 5件。仅存豆盘。浅盘。根据盘腹及盘底的不同，可分为四型。

Ⅰ型：1件。盘弧腹，平底。PG12HT1：3，口径14厘米（图139-3）。

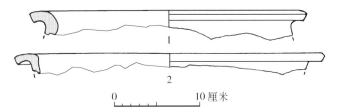

图138　灰坑 PG12H44 出土陶器

1. Ⅱ型盆（PG12H44：2）　　2. Ⅰ型盆（PG12H44：1）

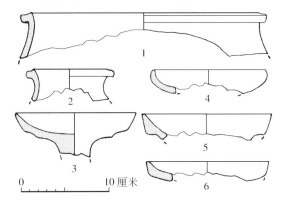

图139　夯土 PG12HT1 出土陶器

1. 盆（PG12HT1：1）　2. 罐（PG12HT1：2）　3. Ⅰ型豆（PG12HT1：3）　4. Ⅱ型豆（PG12HT1：4）　5. Ⅲ型豆（PG12HT1：5）　6. Ⅳ型豆（PG12HT1：6）

Ⅱ型：2件。盘弧腹，盘底部有一道凹槽。PG12HT1：4，口径12厘米（图139-4）。其特征略同于东周王城北部战国窑址的Ⅱ式豆[②]。

Ⅲ型：1件。圆唇，盘斜腹，底折收成平底。PG12HT1：5，口径14.8厘米（图139-5）。

Ⅳ型：1件。圆唇，盘斜腹，底弧收成平底。PG12HT1：6，口径14厘米（图139-6）。

3. 夯土墙 PG12Q10 出土遗物

出土遗物包括建筑材料和日用陶器。建筑材料有板瓦、筒瓦残片。日用陶器多为素面，少量绳纹；可辨器形有盆、罐、豆。

陶盆 5件。泥质灰陶。折沿。根据唇部和沿面特征的不同，可分为三型。

---

① 洛阳市文物工作队：《洛阳东周王城战国陶窑遗址发掘报告》，《考古学报》2003年第4期。

② 洛阳市文物工作队：《洛阳东周王城战国陶窑遗址发掘报告》，《考古学报》2003年第4期。

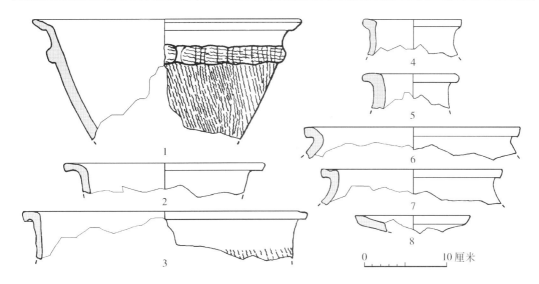

图 140 夯土墙 PG12Q10 出土陶器

1. Ⅰ型盆（PG12Q10：1） 2. Ⅱ型盆（PG12Q10：2） 3. Ⅲ型盆（PG12Q10：3） 4. Ⅰ型罐（PG12Q10：5）
5. Ⅱ型罐（PG12Q10：6） 6. Ⅲ型罐（PG12Q10：7） 7. Ⅳ型罐（PG12Q10：4） 8. Ⅰ型豆（PG12Q10：8）

Ⅰ型：1件。圆唇，沿面内斜，沿面有一道不明显凸棱。PG12Q10：1，腹上部饰附加堆纹，腹部饰绳纹。口径32厘米（图140-1）。

Ⅱ型：2件。方唇，沿面微凹，沿面内斜。PG12Q10：2，口径24厘米（图140-2）。

Ⅲ型：2件。方唇，沿面唇边缘稍凹。PG12Q10：3，口径34厘米（图140-3）。

陶罐 4件。泥质灰陶。根据口沿和唇部特征的不同，可分为四型。

Ⅰ型：1件。折沿，圆唇，沿面稍内斜，转折处有凸棱，高领，束颈。PG12Q10：5，口径12厘米（图140-4）。

Ⅱ型：1件。折沿，方唇，沿面微凹，束颈。PG12Q10：6，口径12厘米（图140-5）。其特征略同于东周王城北部战国窑址的A型Ⅰ式罐[1]。

Ⅲ型：1件。卷沿，方唇，短颈，广肩。PG12Q10：7，口径26厘米（图140-6）。其特征略同于东周王城北部战国窑址的F型Ⅱ式罐[2]。

Ⅳ型：1件。折沿，方唇，沿面凹，圆腹。PG12Q10：4，口径22厘米（图140-7）。

陶豆 3件。泥质灰陶。圆唇。根据盘腹特征的不同，可分为二型。

Ⅰ型：2件。浅盘，弧腹折收，平底。PG12Q10：8，腹折痕不明显。口径14厘米

① 洛阳市文物工作队：《洛阳东周王城战国陶窑遗址发掘报告》，《考古学报》2003年第4期。
② 洛阳市文物工作队：《洛阳东周王城战国陶窑遗址发掘报告》，《考古学报》2003年第4期。

（图 140 - 8）。

　　Ⅱ型：1 件。斜腹折收，盘底部有一道宽凹痕。PG12Q10：9。

4. 夯土 PG12HT2 出土遗物

　　出土遗物仅见日用陶器，多为泥质灰陶，极少为夹砂灰陶；可辨器形有罐、盆、豆、鬲等。

　　陶罐　3 件。形制相同。斜折沿，方唇，沿面外边缘凸棱明显，束颈。PG12HT2：1，口径 18 厘米（图 141 - 1）。

　　陶盆　4 件。泥质灰陶。折沿。根据口沿和唇部特征的不同，可分为四型。

　　Ⅰ型：1 件。斜折沿，方唇，内唇棱与转折处折棱凸出。PG12HT2：2，口径 34 厘米（图 141 - 2）。

　　Ⅱ型：1 件。平折沿，方唇，唇稍下垂，转折处折棱内突出。PG12HT2：3，口径 26 厘米（图 141 - 3）。

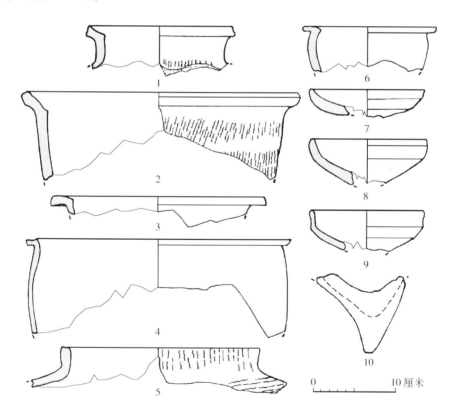

图 141　夯土 PG12HT2 出土陶器

1. 罐（PG12HT2：1）　　2. Ⅰ型盆（PG12HT2：2）　　3. Ⅱ型盆（PG12HT2：3）　　4. Ⅳ型盆（PG12HT2：5）

5. 瓮（PG12HT2：6）　　6. Ⅲ型盆（PG12HT2：4）　　7. Ⅰ型豆（PG12HT2：7）　　8. Ⅱ型豆（PG12HT2：8）

9. Ⅲ型豆（PG12HT2：9）　　10. 鬲足（PG12HT2：10）

Ⅲ型：1件。平折沿，圆唇。PG12HT2：4，圆腹。口径 16 厘米（图 141-6）。其特征与《洛阳发掘报告》中Ⅱ式深腹盆相似。

Ⅳ型：1件。敞口，方唇，沿面微凹。PG12HT2：5，圆腹。口径 32 厘米（图 141-4）。其特征与《洛阳发掘报告》中Ⅰ式深腹盆相似。

陶瓮　1件。折沿，方唇，沿面内斜。PG12HT2：6，沿面外有未抹平的绳纹痕迹，腹部饰横绳纹。口径 24 厘米（图 141-5）。

陶豆　3件。泥质灰陶。根据盘的深浅和盘腹的不同，可分为三型。

Ⅰ型：1件。直口，浅盘，圆唇，直腹。PG12HT2：7，平底。口径 14 厘米（图 141-7）。

Ⅱ型：1件。深弧腹。PG12HT2：8，盘底收成平底。口径 14 厘米（图141-8）。

Ⅲ型：1件。圆唇，盘深斜腹。PG12HT2：9，盘底折收。口径 14 厘米（图 141-9）。

陶鬲足　1件。袋状足。PG12HT2：10，夹砂灰陶。饰粗绳纹。残高 8.8 厘米（图 141-10）。

三　解剖沟 PG13 遗迹夯土 PG13HT 出土遗物

出土遗物仅见日用陶器，均为泥质灰陶；可辨器形有罐、盆、豆等。

陶罐　1件。折沿，方唇，沿面平。PG13HT：1，束颈。口径 11.2 厘米（图 142-2）。其特征略同于东周王城北部战国窑址的 A 型Ⅲ式罐[1]。

陶盆　1件。折沿，方唇，唇下垂。PG13HT：2，圆腹。口径 26 厘米（图 142-1）。

豆　2件。浅盘。根据盘腹特征的不同，可分为二型。

Ⅰ型：1件。圆唇，斜腹。PG13HT：3，口径 11.6 厘米。其特征略同于《洛阳发掘报告》中Ⅳ豆（图 142-3）。

Ⅱ型：1件。弧腹收成平底，转折处明显。PG13HT：4，口径 12 厘米（图 142-4）。

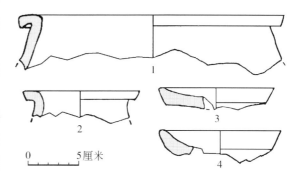

图 142　夯土 PG13HT 出土陶器

1. 盆（PG13HT：2）　2. 罐（PG13HT：1）

3. Ⅰ型豆（PG13HT：3）　4. Ⅱ型豆（PG13HT：4）

① 洛阳市文物工作队：《洛阳东周王城战国陶窑遗址发掘报告》，《考古学报》2003 年第 4 期。

四 灰坑 H43 出土遗物

出土遗物包括建筑材料、日用陶器和石器。建筑材料有板瓦、筒瓦、瓦当残片。日用陶器多为泥质灰陶，少量为泥质红陶；可辨器形有瓮、罐、盆、豆等。

（1）建筑材料

板瓦 8件。泥质灰陶。根据纹饰的不同及绳纹的粗细，可分为六型。

Ⅰ型：3件。瓦表面饰规则直粗绳纹和斜粗绳纹。H43：7，内里有绳纹痕迹。残长14.8厘米（图143-1）。

Ⅱ型：1件。瓦表面饰粗斜绳纹。H43：8，内里有粗绳纹痕迹。残长11.6厘米（图143-2）。

Ⅲ型：1件。瓦表面饰中直绳纹和斜绳纹。H43：9，内里素面。残长8厘米（图143-3）。

Ⅳ型：1件。瓦表面饰不规则交错细直绳纹与细斜绳纹。H43：10，内里素面。残长6.8厘米（图143-5）。

Ⅴ型：1件。瓦头部饰有三道凹弦纹和未抹平的绳纹痕迹，下饰中斜绳纹。H43：11，内里抹平。残长13.2厘米（图143-4）。

Ⅵ型：1件。瓦头部有一道凹弦纹和未抹平的绳纹痕迹，下饰粗直绳纹。H43：12，内里有粗绳纹痕迹。残长8.8厘米（图143-6）。

筒瓦 8件。泥质灰陶。根据瓦头和纹饰等的不同，可分为六型。

Ⅰ型：1件。瓦唇卷曲前伸，瓦头表面饰五道凹弦纹。H43：1，内里素面。残长7.2厘米（图143-7）。

Ⅱ型：1件。形状与Ⅰ型相同，瓦表面为素面。H43：2，内里素面。残长7.2厘米（图143-8）。

Ⅲ型：1件。形状与Ⅰ型相同，但前伸部分残缺，瓦表面饰中直绳纹。H43：3，瓦头部有未抹平的绳纹痕迹，内里有粗直绳纹痕迹。残长9.2厘米（图143-10）。

Ⅳ型：3件。瓦表面饰断续中斜绳纹，有抹痕，瓦头部抹平，上饰有两道凹弦纹。H43：4，内里素面，有刻划纹和泥条盘筑痕迹迹。残长26.8厘米（图143-11）。

Ⅴ型：1件。瓦表面饰细直绳纹，中间部分被抹平。H43：5，内里素面，有泥条盘筑痕迹。残长14.4厘米（图143-12）。

Ⅵ型：1件。表面有断续不规则分布的斜细绳纹。H43：6，内里有手捏痕迹。残长14厘米（图143-9）。

半瓦当 1件。中间有一凸棱将瓦当分为两半区，分区内纹饰相同，纹饰似眼的形状。H43：13，直径13.6厘米（图版40）。

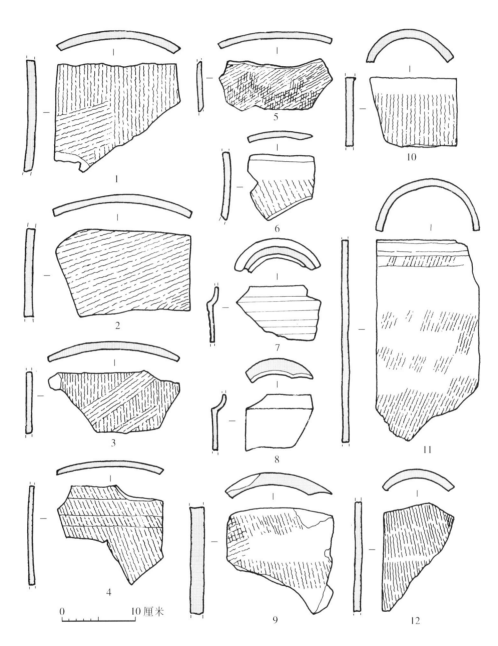

图 143　灰坑 H43 出土建筑材料

1. Ⅰ型板瓦（H43：7）　2. Ⅱ型板瓦（H43：8）　3. Ⅲ型板瓦（H43：9）　4. Ⅴ型板瓦（H43：11）
5. Ⅳ型板瓦（H43：10）　6. Ⅵ型板瓦（H43：12）　7. Ⅰ型筒瓦（H43：1）　8. Ⅱ型筒瓦（H43：2）
9. Ⅵ型筒瓦（H43：6）　10. Ⅲ型筒瓦（H43：3）　11. Ⅳ型筒瓦（H43：4）　12. Ⅴ型筒瓦（H43：5）

（2）日用陶器

瓮　1件。敛口，折沿，圆唇，转折处有凸棱，沿面外斜。H43：14，泥质红陶。肩部饰有瓦棱纹。残长 22.4 厘米（图 144－1）。

罐　4件。泥质灰陶。折沿，方唇，束颈。颈部有未抹平细绳纹痕迹，肩部饰有细直绳纹。根据沿面和唇部特征的不同，可分为二型。

Ⅰ型：2件。唇部微凹，沿面有凹槽。H43：15，口径 14 厘米（图 144－2）。

Ⅱ型：2件。沿面微凹，圆肩。H43：16，腹部饰有细直绳纹，腹上部饰一道抹平的宽弦纹。口径 13.2 厘米（图 144－7）。其特征略同于东周王城北部战国窑址的 B

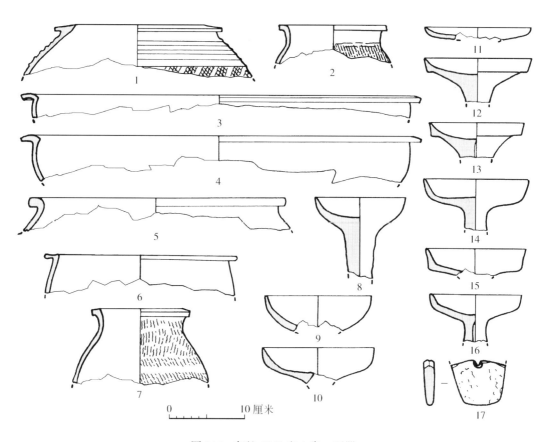

图 144　灰坑 H43 出土陶、石器

1. 陶瓮（H43：14）　2.Ⅰ型陶罐（H43：15）　3.Ⅰ型陶盆（H43：18）　4.Ⅱ型陶盆（H43：19）

5.Ⅳ型陶盆（H43：17）　6.Ⅲ型陶盆（H43：20）　7.Ⅱ型陶罐（H43：16）　8.Ⅰ型陶豆（H43：21）

9.Ⅱ型陶豆（H43：22）　10.Ⅲ型陶豆（H43：23）　11.Ⅳ型陶豆（H43：24）　12.Ⅴ型陶豆（H43：25）

13.Ⅵ型陶豆（H43：26）　14.Ⅶ型陶豆（H43：27）　15.Ⅷ型陶豆（H43：28）　16.Ⅸ型陶豆（H43：29）

17. 石器（H43：30）

型Ⅱ式罐①。

盆 7件。泥质灰陶。根据口沿和唇部等特征的不同，可分为四型。

Ⅰ型：3件。斜折沿，方唇，转折处有折棱，沿面微鼓。H43：18，口径52.8厘米（图144-3）。

Ⅱ型：1件。折沿，方唇，沿面平，转折处有凸棱明显。H43：19，口径52.8厘米（图144-4）。

Ⅲ型：2件。折沿，方唇，沿面有凹槽。H43：20，口径26厘米（图144-6）。其特征略同于《洛阳发掘报告》中Ⅰ式深腹盆。

Ⅳ型：1件。卷沿，圆唇，圆腹。H43：17，口径34厘米（图144-5）。

豆 13件。泥质灰陶。根据盘的深浅、口沿、唇部及盘腹等特征的不同，可分为九型。

Ⅰ型：1件。浅盘，圆唇，弧腹。H43：21，残，盘内底部有一周三角形暗纹，细柄。口径12厘米（图144-8）。

Ⅱ型：1件。盘较Ⅰ型深，圆唇，弧腹内折收，平底。H43：22，盘内底部饰有三周暗弦纹。口径14厘米（图144-9）。

Ⅲ型：2件。盘深，尖唇，弧腹内折收，平底，盘转折处明显。H43：23，口径14.8厘米（图144-10）。

Ⅳ型：3件。浅盘，圆唇，弧腹折收，平底。H43：24，盘内底部饰三角形暗纹。口径14厘米（图144-11）。

Ⅴ型：2件。浅盘，尖唇，斜腹折收，平底，折棱明显。H43：25，盘外底部有一周刻划弦纹。口径14厘米（图144-12）。

Ⅵ型：1件。口外侈，浅盘，圆唇，斜腹折收，平底。H43：26，盘腹折棱明显，盘内抹平。口径12.4厘米（图144-13）。

Ⅶ型：1件。口外侈，盘较深，圆唇，弧腹。H43：27，盘内底部饰有一周凹弦纹，弦纹内为三角形暗纹。盘底有两道刻划纹"＼"，细柄。口径14厘米（图144-14；图145）。

Ⅷ型：1件。口外侈，圆唇，斜腹折收，平底。H43：28，口径13.2厘米（图144-15）。

Ⅸ型：1件。浅盘，尖唇，弧腹内收，平底。H43：29，口径12厘米（图144-16）。

（3）其他

石器 1件。残存形状近长方形。H43：30，残边中间有一残

0 ⸺ 2厘米

图145 灰坑H43
出土陶豆（H43：27）
刻划符号拓本

① 洛阳市文物工作队：《洛阳东周王城战国陶窑遗址发掘报告》，《考古学报》2003年第4期。

圆孔。残长 5.6、宽 7.2 厘米（图 144 - 17）。

五　主要遗迹的时代判定

（1）地层堆积第③层时代的判定

出土建筑材料中的部分板瓦、筒瓦内里有布纹，时代在战国晚期至汉代；陶器虽有部分特征同于战国时期同类器，但多数与汉代的同类器特征相似，故Ⅲ区地层堆积第③层的时代为汉代。

（2）解剖沟 PG12 各遗迹时代的判定

灰坑 PG12H44 的出土物较少，陶盆如 PG12H44：2 同于战国晚期同类器，则 PG12H44 时代为战国晚期。

夯土 PG12HT1 的出土物，陶盆、陶罐、陶豆的特征略同于战国中晚期的同类器，故 PG12HT1 时代应该为战国中晚期。

夯土墙 PG12Q10 的出土物，有春秋时期的，但多为战国早中期的如陶罐、陶豆等，故 PG12Q10 时代应该为战国中晚期。

夯土 PG12HT2 的出土物，多数与战国早中期的同类器相近，如陶罐、陶盆、陶豆等，则 PG12HT2 时代应该为战国中晚期。

（3）解剖沟 PG13 各遗迹时代的判定

夯土 PG13HT 的出土物，多数与战国早中期的同类器相近，如陶罐、陶盆、陶豆等，故 PG13HT 时代应该为战国中晚期。

（4）灰坑 H43 时代的判定

灰坑 H43 的出土物，有春秋时期的，但多为战国早中期的如陶罐、陶豆等，故 H43 的时代应为战国中晚期。

第三节　Ⅳ区出土遗物

一　地层堆积第②层出土遗物

地层堆积第②层是唐代层，在Ⅰ、Ⅱ、Ⅲ区中均存在，但Ⅲ区内出土物较多。下面主要介绍Ⅲ区地层堆积第②层的遗物：建筑材料有板瓦、筒瓦、莲花纹瓦当等；日用陶器多为泥质灰陶；可辨器形有盆、罐等；另外，还出有瓷器罐、盏及铜钱等。

（1）建筑材料

板瓦　11 件。瓦表面为素面，内里有布纹。根据瓦头的不同，可分为二型。

Ⅰ型：2 件。瓦头部有一道凹槽。ⅣT2②：4，两边上均为波浪形小孔。残长 11.2 厘米（图 146）。

Ⅱ型：9件。齐口，均残甚。

筒瓦　1件。残。外磨光，内里有布纹。

圆瓦当　6件。有大小两种，根据纹饰的不同，可分为五型。

Ⅰ型：2件。大、小型各一件。双瓣莲花纹瓦当，中心一小圆内有乳钉纹组成的花蕊，小圆外周为双莲花瓣，花瓣外为一周乳钉纹。ⅣT1②:1，直径8.5厘米（图147-1，图版41）。ⅣT1②:2，直径11.8厘米（图147-4）。

Ⅱ型：1件。单瓣莲花纹瓦当，中心以乳钉纹为花蕊，周围为橄榄形花瓣，花瓣外周为小乳钉纹。ⅣT1②:3，残。直径12.5厘米（图147-5）。

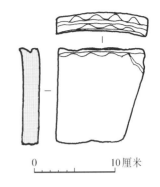

图146　Ⅳ区地层堆积第②层出土Ⅰ型板瓦（ⅣT2②:4）

Ⅲ型：1件。单瓣莲花纹瓦当，中心为乳钉纹花蕊，花蕊外为橄榄形花瓣，花瓣外为一圆，圆外为一周乳钉纹。ⅣT2②:1，残长6.6厘米（图147-2）。

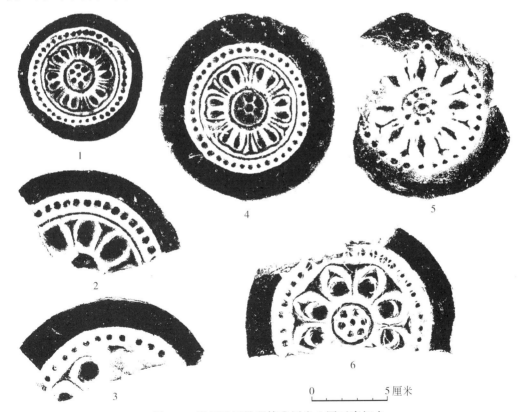

图147　Ⅳ区地层堆积第②层出土圆瓦当拓本
1. Ⅰ型（ⅣT1②:1）　2.Ⅲ型（ⅣT2②:1）　3.Ⅴ型（ⅣT2②:3）　4.Ⅰ型（ⅣT1②:2）
5.Ⅱ型（ⅣT1②:3）　6.Ⅳ型（ⅣT2②:2）

Ⅳ型：1件。单瓣莲花纹瓦当，中心为一小圆，小圆内为乳钉纹，圆外为花瓣，花瓣外周为一周乳钉纹。ⅣT2②：2，残。直径14.1厘米（图147-6）。

Ⅴ型：1件。花瓣为圆饼形，其外围为一周小乳钉纹。ⅣT2②：3，残。残长5.3厘米（图147-3）。

（2）日用陶器

豆　4件。泥质灰陶。细柄。根据盘的深浅和唇部特征的不同，可分为二型。

Ⅰ型：3件。浅盘，尖唇，盘外壁弧形。ⅣT1②：4，残。口径14厘米（图148-1）。

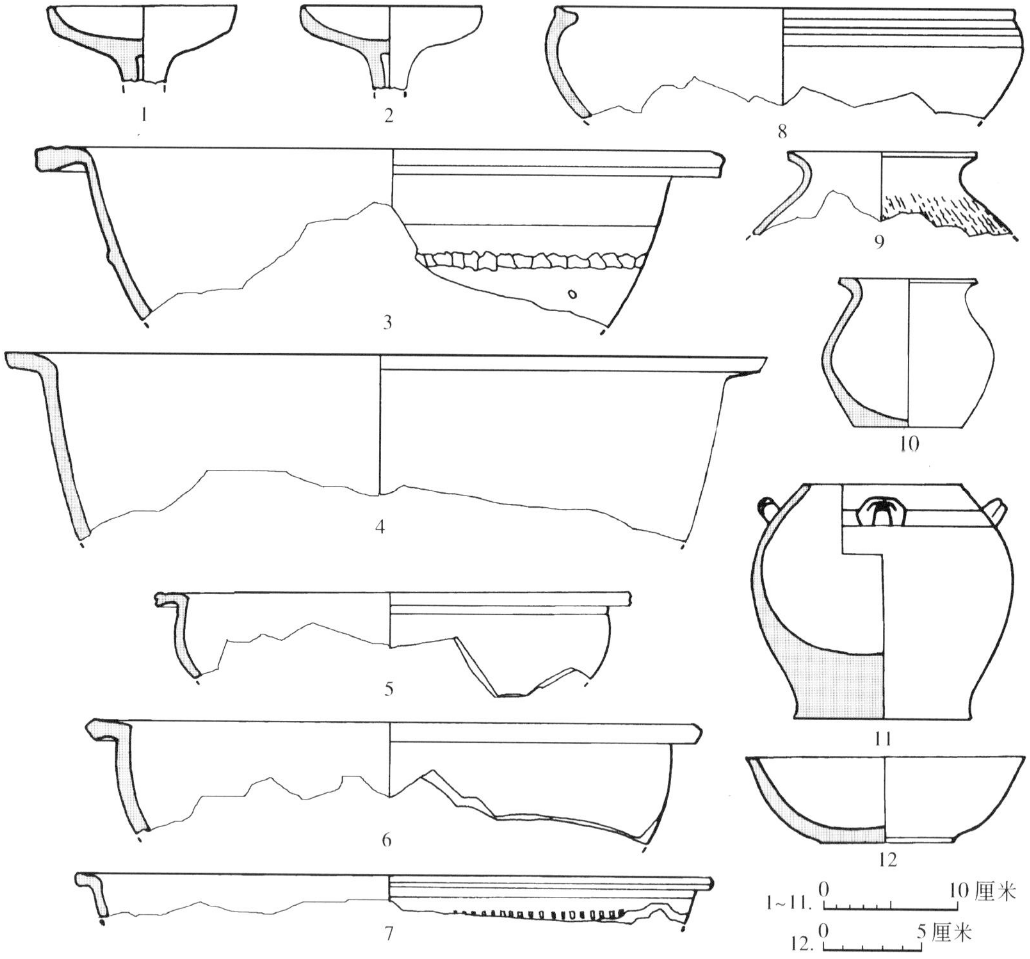

图148　Ⅳ区地层堆积第②层出土陶、瓷器

1. Ⅰ型陶豆（ⅣT1②：4）　　2. Ⅱ型陶豆（ⅣT1②：5）　　3. ⅠA型陶盆（ⅣT1②：6）　　4. ⅠB型陶盆（ⅣT1②：7）
5. ⅠC型陶盆（ⅣT1②：8）　　6. Ⅱ型陶盆（ⅣT2②：5）　　7. Ⅲ型陶盆（ⅣT1②：9）　　8. Ⅳ型陶盆（ⅣT1②：10）
9. Ⅰ型陶罐（ⅣT2②：6）　　10. Ⅱ型陶罐（ⅣT2②：7）　　11. 瓷四系罐（ⅣT2②：8）　　12. 瓷盏（采集品）

Ⅱ型：1件。较Ⅰ型盘深，圆唇，弧腹折收，平底，折痕不明显。ⅣT1②：5，残。口径13.6厘米（图148-2）。

盆　7件。泥质灰陶。折沿，方唇。根据口沿和唇部特征的不同，可分为四型。

Ⅰ型：4件。沿近平。根据沿面特征的细微差别，又可分为三亚型。

ⅠA型1件。沿面内斜，平沿上有一道凹槽，唇有凹槽。ⅣT1②：6，斜腹内收。腹部有附加堆纹，纹饰下有一个小圆孔。口径51.8厘米（图148-3）。

ⅠB型2件。方唇有凹槽，沿面内斜，并有一定的弧度，沿面上有一道凹槽。ⅣT1②：7，斜腹下收。腹部饰有宽凹弦纹。口径56厘米（图148-4）。

ⅠC型1件。敛口，方唇微凹，沿面内斜，沿面上有一道凹槽。ⅣT1②：8，鼓腹。口径36厘米（图148-5）。

Ⅱ型：1件。沿内斜，沿面上有一道凸棱。ⅣT2②：5，斜腹内收。口径46厘米（图148-6）。

Ⅲ型：1件。方圆唇，唇有凹槽，沿面内斜，沿面上有一道凹槽。ⅣT1②：9，斜腹内收，饰凹有三角形纹。口径48厘米（图148-7）。

Ⅳ型：1件。敛口，鼓腹。ⅣT1②：10，口沿处有一道凹弦纹。口径34.4厘米（图148-8）。

罐　2件。卷沿。根据唇部特征的不同，可分为二型。

Ⅰ型：1件。尖唇，广肩。ⅣT2②：6，夹砂红陶。肩部饰有绳纹。口径14厘米（图148-9）。

Ⅱ型：1件。方唇，束颈。ⅣT2②：7，泥质灰陶。鼓腹斜收，平底。口径10.4、腹径12.8、底径8、高10.8厘米（图148-10，图版42）。

（3）瓷器

瓷四系罐　1件。小口，圆肩，四系，假圈足。ⅣT2②：8，釉色为青色。口径12、腹径19.6、底径13.2、高17.2厘米（图148-11，图版43）。

瓷盏　1件。采集。残，敞口，平底。内施褐色釉。口径10.4、底径4.8、高3.2厘米（图148-12，图版44）。

（4）其他

铜钱　5枚。五铢钱2枚，货泉1枚，开元通宝2枚。ⅣT1②：11；开元通宝，直径2.5厘米。

二　解剖沟 PG14 诸遗迹出土遗物

1. 夯土 PG14HT5 出土遗物

出土遗物包括建筑材料和日用陶器。建筑材料有板瓦、筒瓦、瓦当等。日用陶器主要是泥质灰陶；多为素面；可辨器形有盆、豆等。

板瓦 4件。根据所饰绳纹的粗细，可分为三型。

Ⅰ型：1件。瓦表面饰斜粗绳纹。PG14HT5：1，内里有横绳纹和不明显的圆点纹。残长12厘米（图149－1）。

Ⅱ型：2件。表面饰有斜直交错绳纹。PG14HT5：2，内里凹凸不平，饰有弦纹。残长 11.3 厘米（图149－2）。

Ⅲ型：1件。表面饰中斜绳纹和断续直绳纹，有抹痕，直绳纹间有抹平的凹弦纹。PG14HT5：3，内里素面。残长13.3厘米（图149－3）。

图149 夯土 PG14HT5 出土建筑材料拓本
1.Ⅰ型板瓦（PG14HT5：1） 2.Ⅱ型板瓦（PG14HT5：2）
3.Ⅲ型板瓦（PG14HT5：3） 4.圆瓦当（PG14HT5：5）

筒瓦 2件。形制相同。表面为细直绳纹，内里素面。PG14HT5：4，泥质红陶。残长5.2厘米。

圆瓦当 1件。饰简化云纹。PG14HT5：5，残长7.4厘米（图149－3）。

陶盆 4件。泥质灰陶。折沿，方唇。根据沿面和唇部特征的细微差别，可分为四型。

Ⅰ型：1件。沿面内斜，唇外有凹痕，转折处有凸棱。PG14HT5：6，斜腹。口径52厘米（图150－1）。其特征略同于东周王城北部战国窑址的Ⅲ式浅腹盆①。

Ⅱ型：1件。沿面微鼓。PG14HT5：7，鼓腹。口径32厘米（图150－3）。其特征略同于《洛阳发掘报告》中的Ⅳ式深腹盆。

Ⅲ型：1件。沿面平，唇下垂。PG14HT5：8，口径48厘米（图150－2）。其特征略同于《洛阳发掘报告》中Ⅰ式深腹盆。

Ⅳ型：1件。沿面微凹。PG14HT5：9，鼓腹。口径32厘米（图150－4）。

陶豆 1件。浅盘，斜腹折收，平底。PG14HT5：10，泥质灰陶。口径11.6厘米。

---

① 洛阳市文物工作队：《洛阳东周王城战国陶窑遗址发掘报告》，《考古学报》2003年第4期。

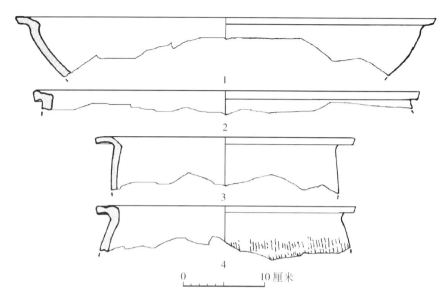

图150 夯土 PG14HT5 出土陶器

1. I型盆（PG14HT5：6） 2. Ⅲ型盆（PG14HT5：8） 3. Ⅱ型盆（PG14HT5：7） 4. Ⅳ型盆（PG14HT5：9）

2. 夯土 PG14HT6 出土遗物

出土遗物包括建筑材料和日用陶器。建筑材料有板瓦等。日用陶器主要是泥质灰陶；均为素面；可辨器形有盆、罐、豆等。

板瓦 3件。内里素面。根据所饰绳纹的粗细，可分为二型。

I型：1件。表面饰直绳纹与斜绳纹。PG14HT6：1，残长12.8厘米。

Ⅱ型：2件。表面饰斜粗绳纹。PG14HT6：2，残长8厘米。

陶瓮 2件。形制相同。折沿，方唇，唇下垂，广肩。PG14HT6：3，泥质灰陶。口径25.2厘米（图151-2）。其特征略同于东周王城北部战国窑址的I式瓮[①]。

陶盆 3件。泥质灰陶。根据口沿和唇部特征的不同，可分为二型。

I型：2件。折沿，方唇，沿面微鼓。PG14HT6：4，口径52厘米（图151-1）。其特征略同于《洛阳发掘报告》中的Ⅲ式深腹盆。

Ⅱ型：1件。卷沿，圆唇。PG14HT6：5，腹部有折棱。口径22厘米（图151-3）。其特征略同于《洛阳发掘报告》中的Ⅱ式折棱盆。

陶罐 2件。泥质灰陶。形制相同，敞口，折沿，方唇，沿面外斜，束颈，广肩。PG14HT6：6，口径15.2厘米（图151-4）。

陶豆 2件。泥质灰陶。浅盘。根据盘腹特征的不同，可分为二型。

---

① 洛阳市文物工作队：《洛阳东周王城战国陶窑遗址发掘报告》，《考古学报》2003年第4期。

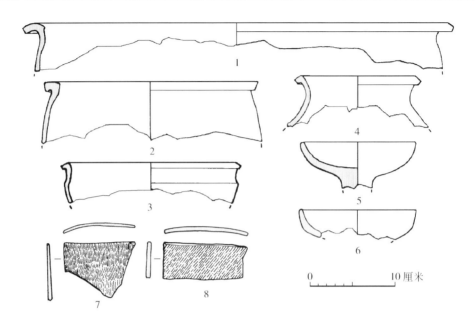

图 151　夯土 PG14HT6 出土陶器

1. Ⅰ型盆（PG14HT6∶4）　2. 瓮（PG14HT6∶3）　3. Ⅱ型盆（PG14HT6∶5）　4. 罐（PG14HT6∶6）

5. Ⅰ型豆（PG14HT6∶7）　6. Ⅱ型豆（PG14HT6∶8）

Ⅰ型：1件。圆唇，弧腹。PG14HT6∶7，口径 13.8 厘米（图 151-5）。

Ⅱ型：1件。盘外壁斜直，盘底折收成平底，折痕不明显。PG14HT6∶8，口径 14 厘米（图 151-6）。其特征略同于《洛阳发掘报告》中的Ⅳ式豆。

3. 夯土 PG14HT8 出土遗物

出土遗物包括建筑材料和日用陶器。建筑材料有板瓦、筒瓦、瓦当、空心砖残片。日用陶器均为泥质灰陶；多为素面，少量饰有绳纹；可辨器形有陶盆等。

板瓦　5件。根据所饰绳纹的粗细和斜直，可分为三型。

Ⅰ型：2件。瓦表面饰不甚规则斜细绳纹，有抹痕。PG14HT8∶1，内里素面。残长 13 厘米（图 152-1）。

Ⅱ型：1件。瓦表面饰斜粗绳纹。PG14HT8∶2，内里有横绳纹。残长 13.2 厘米（图152-4）。

Ⅲ型：2件。瓦表面饰直粗绳纹。PG14HT8∶3，内里有竖绳纹。残长 10 厘米（图 152-2）。

筒瓦　1件。瓦表面饰断续绳纹和弦纹。PG14HT8∶4，内里也有断续的绳纹。残长 14.8 厘米（图 152-5）。

圆瓦当　1件。PG14HT8∶5，残，为四个凸棱线形成的同心圆，两条竖凸棱线将

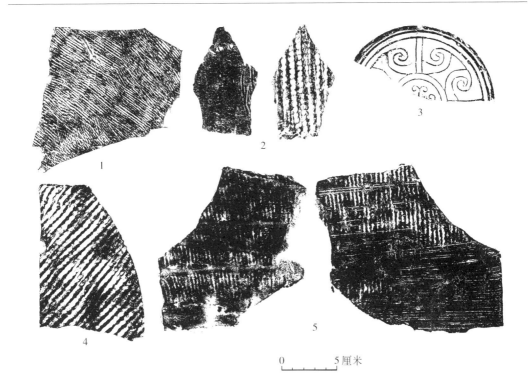

图 152　夯土 PG14HT8 出土建筑材料拓本

1. Ⅰ型板瓦（PG14HT8：1）　2.Ⅲ型板瓦（PG14HT8：3）　3. 圆瓦当（PG14HT8：5）　4.Ⅱ型
板瓦（PG14HT8：2）　5. 筒瓦（PG14HT8：4）

次圆环分为两区，内分饰有相同卷云纹，小圆内饰简化云纹。直径 13.5（图152－3）。

空心砖　1件。残。素面。残长为 32 厘米。

陶盆　4件。泥质灰陶。折沿，方唇。根据口沿、唇部及腹部特征的不同，可分为四型。

Ⅰ型：1件。沿面微鼓。PG14HT8：6，口径 44 厘米（图 153－1）。其特征略同于
《洛阳发掘报告》中的Ⅳ式深腹盆。

Ⅱ型：1件。沿面平。PG14HT8：7，口径 32 厘米（图 153－2）。其特征略同于
《洛阳发掘报告》中的Ⅲ式深腹盆。

Ⅲ型：1件。敛口，圆腹。PG14HT8：8，颈肩部有未抹平的细直绳纹痕迹。口径
18 厘米（图153－3）。其特征略同于《洛阳发掘报告》中的Ⅰ式圆腹小盆。

Ⅳ型：1件。敛口，沿面微凹，斜腹。PG14HT8：9，沿面下有一道宽凹弦纹，腹
饰有未抹平的直绳纹。口径 40 厘米（图153－4）。其特征略同于东周王城北部战国窑址
的Ⅰ式浅腹盆[1]。

_____

① 洛阳市文物工作队：《洛阳东周王城战国陶窑遗址发掘报告》，《考古学报》2003 年第 4 期。

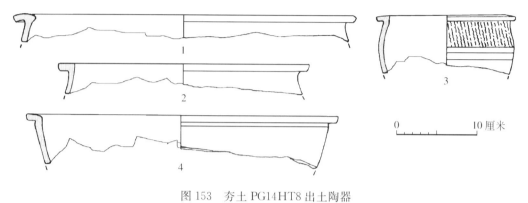

图153　夯土 PG14HT8 出土陶器

1. Ⅰ型盆（PG14HT8：6）　2. Ⅱ型盆（PG14HT8：7）　3. Ⅲ型盆（PG14HT8：8）　4. Ⅳ型盆（PG14HT8：9）

三　水井 SHJ1 出土遗物

出土遗物包括建筑材料、日用陶器和铁器。建筑材料有筒瓦及瓦当、砖、建筑构件等。日用陶均为泥质灰陶；均为素面；可辨器形有盆、带系罐等。铁器有泡钉、剪、犁、钩等。

（1）建筑材料

板瓦　2件。均为外素面、内里有布纹。

筒瓦　分为大型、中型、小型三种。均为外素面，内里有布纹。大型瓦，2件，残长20厘米；中型瓦，3件，长度约25.5厘米；小型，3件，长度在20～23厘米。

瓦当　3件。莲花纹。根据纹饰不同，可分为三型。

Ⅰ型：1件。单瓣莲花纹瓦当，外圈为小乳钉纹，椭圆状花瓣，中心小圆内为乳钉纹为

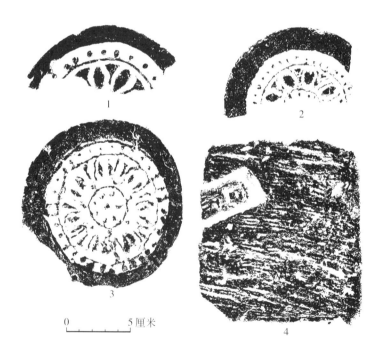

图154　水井 SHJ1 出土建筑材料拓本

1. Ⅱ型瓦当（SHJ1：2）　2. Ⅰ型瓦当（SHJ1：1）　3. Ⅲ型瓦当（SHJ1：3）
4. 砖（SHJ1：5）

花蕊。SHJ1：1，残长 5.5 厘米（图 154 - 2）。

Ⅱ型：1件。单瓣莲花纹瓦当，椭圆形花瓣，最外圈为一周小乳钉纹。SHJ1：2，残长 5 厘米（图 154 - 1）。

Ⅲ型：1件。双瓣莲花纹瓦当，中心小圆内为乳钉纹为花蕊，圆外为双莲花瓣，外圈为乳钉纹。SHJ1：3，直径 12.7 厘米（图 154 - 3，图版 45）。

砖　1件。长方形。SHJ1：5，残长 12.4、宽 13.7 厘米，一面有一戳"□（该字模糊不清）而"（图 154 - 4）。

（2）日用陶器

盆　1件。卷沿，圆唇，唇下垂，沿面鼓，圆腹。SHJ1：6，口径 24 厘米（图 155 - 1）。

带系罐　1件。小口，圆唇，带系，圆肩。SHJ1：7，口径 12 厘米（图 155 - 2）。

（3）铁器

泡钉　4件。为大、中、小型三种。形状相同。SHJ1：8，长 14 厘米（图156 - 1）。

剪　1件。SHJ1：9，残，仅存一侧。长 20 厘米（图 156 - 4）。

犁　1件。平面呈"V"字形。SHJ1：10，仅存下部。残长 11.2 厘米（图156 - 5）。

钩　1件。SHJ1：11，长 12 厘米（图 156 - 2）。

带扣　1件。平面呈长方形。SHJ1：12，头部空，一面平，另一面有一凸钉。残长 6.4 厘米（图 156 - 3）。

四　烧窑 Y2 出土遗物

出土遗物包括建筑材料和日用陶器。建筑材料有板瓦、筒瓦等。日用陶器多为泥质

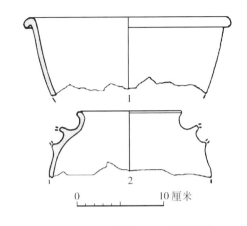

图 155　水井 SHJ1 出土陶器

1. 盆（SHJ1：6）　2. 带系罐（SHJ1：7）

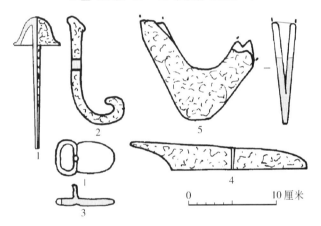

图 156　水井 SHJ1 出土铁器

1. 泡钉（SHJ1：8）　2. 钩（SHJ1：11）　3. 带扣（SHJ1：12）

4. 剪（SHJ1：9）　5. 犁（SHJ1：10）

灰陶；可辨器形有盆、罐等。

板瓦　15件。瓦身表面饰绳纹。根据绳纹粗细、斜直的不同，可分为四型。

Ⅰ型：1件。瓦表面为中粗斜绳纹，有被抹平的两道宽弦纹。Y2：2，内里头部为小的菱形纹，其他部分为方格纹。长31厘米（图157-1）。

图157　烧窑Y2出土建筑材料拓本

1. Ⅰ型板瓦（Y2：2）　2. Ⅱ型板瓦（Y2：3）　3. Ⅲ型板瓦（Y2：5）　4. Ⅱ型板瓦（Y2：10）

5. Ⅳ型板瓦（Y2：11）　6. Ⅱ型筒瓦（Y2：6）　7. Ⅰ型筒瓦（Y2：1）　8. Ⅲ型筒瓦（Y2：9）

Ⅱ型：4件。表面为斜粗绳纹。瓦头部有未抹平绳纹痕迹和抹平的一道凹弦纹，内里头部为凹圆点纹，其余部分为素面。Y2：3，长 23 厘米（图 157 - 2）。Y2：10，瓦头部微上翘。残长 17 厘米（图 157 - 4）。

Ⅲ型：7件。瓦表面头半部为中细斜绳纹，后部为中直绳纹。Y2：5，内里上半部为凸圆点纹，下部为清晰的布纹。残长 25 厘米（图 157 - 3）。

Ⅳ型：3件。表面饰直绳纹与交错的粗斜绳纹。Y2：11，内里有凸圆点纹。残长 18 厘米（图 157 - 5）。

筒瓦　12件。瓦身表面饰绳纹。根据瓦头和纹饰的不同，可分为三型。

Ⅰ型：4件。瓦头部卷曲状前伸，表面为中斜直绳纹。Y2：1，表面瓦尾处绳纹抹平，仍有绳纹痕迹，内里有粗短横绳纹。长 47 厘米（图 157 - 7）。

Ⅱ型：6件。瓦头部斜下前伸，表面饰斜中绳纹。Y2：6，表面瓦尾部表面抹平为素面，仍可见有绳纹痕迹，内里素面，凹凸不平。长 35.5 厘米（图 157 - 6）。

Ⅲ型：2件。瓦头部卷曲状前伸，表面为粗直绳纹有抹痕。Y2：9，内里有横粗绳纹。残长 16.9 厘米（图 157 - 8）。

陶盆　4件。泥质灰陶。折沿，方唇，唇微内凹，圆腹。根据口沿的不同，可分为二型。

Ⅰ型：2件。平沿，折棱处有向内凸棱。Y2：4，口径 34 厘米（图 158 - 2）。

Ⅱ型：2件。平折沿。Y2：7，腹部有一道凸弦纹。口径 44 厘米（图 158 - 1）。

陶罐　1件。敞口，折沿，方唇，沿面外斜，转折处有折棱。Y2：8，束颈，圆腹。肩腹饰细绳纹，腹上部有一周抹平宽弦纹。口径 12.4 厘米（图 158 - 3）。

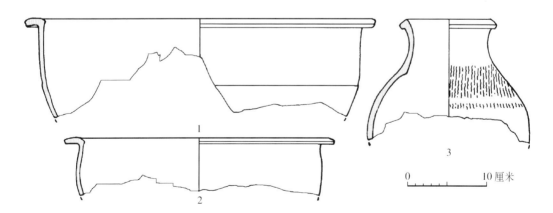

图 158　烧窑 Y2 出土陶器

1. Ⅱ型盆（Y2：7）　　2. Ⅰ型盆（Y2：4）　　3. 罐（Y2：8）

五　主要遗迹的时代判定

（1）地层堆积第②层的时代判定

Ⅳ区地层堆积第②层的出土遗物除有一部分属于汉代外，还有较多的唐代外磨光、内里有布纹的厚重板瓦、筒瓦及莲花纹瓦当，唐代的瓷器如瓷四系罐、瓷盏等以及开元通宝等钱币。故Ⅳ区地层堆积第②层的时代为唐代。

（2）解剖沟 PG14 诸遗迹的时代判定

夯土 PG14HT5 出土遗物中的陶盆，特征略同于战国晚期同类器，则 PG14HT5 的时代应该为战国晚期或更晚。

夯土 PG14HT6 出土遗物中的陶瓮、陶盆、陶豆等，特征略同于战国晚期同类器，故 PG14HT6 的时代应该为战国晚期或更晚。

夯土 PG14HT8 出土遗物中的陶盆特征略同于战国中晚期同类器，而且有空心砖等建筑材料，则 PG14HT8 的时代应该为战国晚期。

（3）水井 SHJ1 的时代判定

水井 SHJ1 的出土遗物中，建筑材料板瓦、筒瓦皆为厚重的外磨光、内里有布纹，莲花纹瓦当、砖等均为唐代遗物，故水井 SHJ1 的时代为唐代。

（4）烧窑 Y2 的时代判定

从窑室结构结合出土遗物分析，烧窑 Y2 时代为汉代。

第四节　重要遗迹分期

我们可以将以上诸重要遗迹进行初步的分期。

战国中晚期遗迹：夯土建筑基址 D1、D2、D3、D4、D5；夯土墙 Q1、Q2、Q3、Q4、Q6、Q8、Q10；大型水利设施水渠、池苑 CH1 以及灰坑 H43 等。

战国晚期遗迹：夯土建筑基址 D6，夯土 PG14HT5、PG14HT6 等；夯土墙 Q5、Q7；烧窑 Y1 等。

汉代遗迹：夯土建筑基址 PG2HT3；窖藏坑 J1、J2、J3；烧窑 Y2；灰坑 H42 等。

从以上的初步分析看，该遗址内的大型院落及其内的大型建筑群始建并使用于战国中晚期，至战国晚期废弃。如大型水利设施水渠、池苑 CH1 废弃于战国晚期；战国晚期灰坑 PG9H39 打破夯土墙 Q2，标志着夯土墙 Q2 废弃于战国晚期；战国中晚期灰沟 PG4G1、灰坑 PG4H29 打破与夯土建筑基址 D5 有关的夯土 PG4HT2，标志着夯土建筑基址 D5 当废弃于战国晚期；战国晚期夯土墙 Q7 打破夯土建筑基址 D4，标志着夯土建筑基址 D4 当废弃于战国晚期。以上打破或叠压关系说明大型院落及其内的大型建筑群废弃于战国晚期。

在战国晚期，该遗址仅有小型的夯土建筑基址如 PG2HT2、PG14HT5、PG14HT6 和夯土墙 Q7、Q5 及烧窑 Y1 等，从其规模看，已沦为一般民居。

汉代，此处尚有夯土建筑基址 PG2HT3，窖藏坑 J1、J2、J3，烧窑 Y2，灰坑 H42 等，也为一小型居住址。

第四章 墓 葬

该工地发掘墓葬近 200 座，包括西周、东周、汉代、西晋及唐代等。由于该工地重要遗迹为东周时期的大型夯土建筑群，故本报告仅收录与之有关的两周墓葬共 93 座予以报道，其中西周墓葬 20 座，东周墓葬 73 座。两周墓葬主要分布于东周大型夯土建筑群的西侧，在东周夯土建筑群分布范围内也有零星发现（图 159）。但夯土建筑基址范围内分布的两周墓葬，均叠压于夯土建筑基址之下，这些墓葬的时代从西周晚期延至战国早期，这些墓葬如西周晚期墓 C1M8618，春秋晚期墓 C1M8960、C1M8961，战国早期墓 C1M8963 等。

第一节 西周墓葬

一 概况

共 20 座。其中有 5 座墓葬被晚期墓葬或灰坑打破。墓室均为长方形竖穴土坑墓，长 2.5～3.3、宽 0.8～1.9、深 3.2～8.4 米。葬具除 3 座墓不明外，有 4 座墓为单椁单棺，其余 13 座墓为单棺。葬式为仰身直肢。其中有 18 座墓葬底部有圆角长方形腰坑，仅 1 座墓的腰坑内发现有动物骨骼。所发掘的这些墓葬，有 6 座未发现随葬品。其余 14 座墓发现的随葬品有陶鬲、豆、罐、鼎、簋，铜马镳，玉器，石器，海贝等。西周墓葬资料详见表 2。

二 分类详述

墓葬的分类按照葬具所反映的等级，自高至低全部予以介绍，分别是单椁单棺墓（4 座）、单棺墓（13 座）及葬具不明的墓（3 座）。

1. 单椁单棺墓

（1）C1M8618

长方形竖穴土坑墓，方向 53 度（图 160）。墓室长 2.5、宽 0.9 米，墓底距地表深 4.8 米。墓内填土为花土。葬具置于墓室中部，已朽，根据板灰痕迹测量，椁长 2.3、宽 0.81 米，棺长 1.9、宽 0.6 米。墓内人骨保存良好，单人仰身屈肢葬式，双手交叠放于盆骨处，头向东北，面向上。

北

20 米

0

CIM8618
CIM8959
CIM8963
CIM9131
CIM8617 CIM8961
CIM8960 CIM9132
CIM8964
CIM8965
CIM8615
CIM8962
CIM9126
CIM8616
CIM8620
CIM8625 CIM8898
CIM8624 CIM9134
CIM9129 CIM8627
CIM8897
CIM8633 CIM9130 CIM8626
CIM9128 CIM8621 CIM8613 CIM8619
CIM9127
CIM8614 CIM9125
CIM9133 CIM9968
CIM8894
CIM8945
CIM8946
CIM8952 CIM8944
CIM8940 CIM8899
CIM8951 CIM8949 CIM8753 CIM8943
CIM8948 CIM8942 CIM8931
CIM8939 CIM8929 CIM8928
CIM8925 CIM8926 CIM8927 CIM8912
CIM9112
CIM8916 CIM9113 CIM9117
CIM8910 CIM8915 CIM9123
CIM8909 CIM8914 CIM8918 CIM9116 CIM9104
CIM8892 CIM8908 CIM8906 CIM8913 CIM8920 CIM9098 CIM9118 CIM9119
CIM8903 CIM8907 CIM8923 CIM9114 CIM9106
CIM8904 CIM8905 CIM8922 CIM9096
CIM8902 CIM8900 CIM9099 CIM9102
CIM9109 CIM9101 CIM9105 CIM9111
CIM9110

III

图 159　墓葬分布图

表 2　洛阳瞿家屯西周竖穴土坑墓统计表

(长度单位：米)

墓号	方向(度)	墓室、腰坑(长×宽−深)	椁棺(长×宽−深)	葬式	随葬器物	时代
C1M8618	53	墓室 2.5×0.9−4.8	椁 2.3×0.81−? 棺 1.9×0.6−?	仰身屈肢	陶鬲(1)	西周晚期
C1M8633	92	墓室 3.26×1.86−6.6 腰坑 0.7×0.4−0.15	椁 2.8×1.3−? 棺 2×0.8−?	不明	陶簋(7)、罐(15)、豆(2)、铜马镰(4)、盉铃(2)、戈(1)、镞(3)、玉饰片(1)、蚌鱼(5)	西周晚期
C1M8904*	5	墓室 2.7×1.2−5.7 腰坑 1×0.5−0.26	棺 2.1×0.5−?	仰身直肢		西周
C1M8905	270	墓室 2.6×0.9−4.3 腰坑 1×0.5−0.25	棺 2.1×0.5−?	仰身直肢	海贝(13)	西周
C1M8906	270	墓室 2.7×1.1−4.3 腰坑 1.15×0.6−0.25	棺 2×0.6−?	仰身直肢		西周
C1M8907*	350	墓室 2.8×1.1−4.2 腰坑 1×0.5−0.3	棺 1.95×0.5−?	仰身直肢	海贝(23)	西周
C1M8910	355	墓室 2.7×1.1−4.6 腰坑 0.95×0.5−0.3	棺 2×0.5−?	仰身直肢	海贝(18)	西周
C1M8912	260	墓室 2.6×0.8−4.6 腰坑 0.75×0.4−0.2	棺 2.05×0.4−?	仰身直肢		西周
C1M8914*	262	墓室 2.6×1−4.1 腰坑 残长 0.35×0.38−0.2	棺 残1.1×0.5−?	仰身直肢		

续表2

墓号	方向（度）	墓室、腰坑尺寸（长×宽－深）		椁棺尺寸（长×宽－深）	葬式	随葬器物	时代
C1M8915	350	墓室	2.6×1－4.2	棺 2.0×0.6－？	仰身直肢		西周
		腰坑	0.8×0.6－0.3				
C1M8916	270	墓室	2.4×1－4.6	棺 1.9×0.6－？	仰身直肢	海贝（12）	西周
		腰坑	0.9×0.4－0.25				
C1M8918*	260	墓室	残1.6×0.9－4.6	不明	仰身直肢		西周
		腰坑	0.8×0.4－0.26				
C1M8920	180	墓室	3.5×1.9－4.1	棺 2.2×0.6－？	仰身直肢	海贝（26）	西周
		腰坑	1×0.45－0.28				
C1M8922	355	墓室	3.3×1.6－4.7	棺 2.2×0.8－？	仰身直肢	海贝（30）	西周
		腰坑	0.9×0.45－0.25				
C1M8925	80	墓室	2.6×1.05－4.6	棺 2.1×0.75－？	仰身直肢	陶豆（4）、罐（1）、石珠（5）	西周晚期
		腰坑	1.05×0.5－0.3				
C1M8943	90	墓室	2.9×1.5－8.4	椁 2.5×0.88－？ 棺 1.85×0.6－？	不明	陶罐（6）、豆（6）、高（4）、玉石片（4）、坠（1）	西周晚期
		腰坑	0.64×0.4－0.2				
C1M8946	85	墓室	3.6×1.6－6.2	椁 2.4×1.05－？ 棺 1.9×0.59－？	不明	陶罐（8）、豆（6）、高（4）、玉石片（11）、蚌鱼（2）、铜鼎（1）	西周晚期
		腰坑	0.75×0.6－0.1				
C1M8952*	275	墓室	2.5×1－3.2	不明	不明	铜戈（1）、玉石片（1）	西周早期
		腰坑	1.1×0.3－0.2				
C1M9116*	270	墓室	2.3×1.06－2.1	棺 1.7×0.83－？	仰身直肢	陶高（2）、豆（4）、罐（1）、石圭（1）	西周晚期
		腰坑	0.82×0.32－0.2				
C1M9118	350	墓室	2.4×1.0－1.8	不明	不明	陶罐（1）、高（1）、玉玦（2）、串珠（19）	西周晚期

说明：带＊者为竖穴偏室墓。

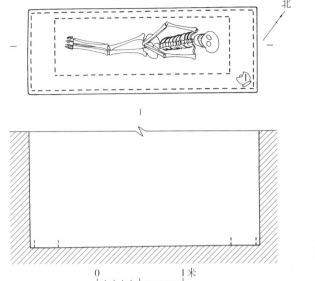

图 161 西周墓 C1M8618 出土
陶鬲 (C1M8618∶1)

图 160 西周墓 C1M8618 平、剖面图
1.陶鬲

随葬品1件，置于头前面的棺椁之间东南角。

陶鬲 1件。泥质灰陶。微敛口，折沿，圆唇，深弧腹，平裆，矮足。C1M8618∶
1，通体饰粗直绳纹。口沿下部饰一周凹弦纹，腹部饰三周凹弦纹。口径 14.8、高 11.2
厘米（图 161）。

墓中的陶鬲与《洛阳北窑西周墓》中的Ⅲ式平裆陶鬲相似，依此推断该墓的时代为
西周晚期。

（2）C1M8633

长方形竖穴土坑墓，方向 92 度（图 162）。墓室长 3.26、宽 1.86 米，墓底距地表
深 6.6 米。墓内填土为花土。葬具置于墓室中部，已朽，根据板灰痕迹测量，椁长
2.8、宽 1.3 米，棺长 2、宽 0.8 米。棺内人骨已朽，单人仰身直肢葬式，头向东，面
向不清，双手置于身体两侧。墓底中部偏南有一椭圆形腰坑，长约 0.7、宽约 0.4、深
约 0.15 米。腰坑内随葬一狗。

随葬品多置于头前面的棺椁之间，棺椁间西南角处也发现有随葬品，共 40 件
（套），包括铜器 10 件、陶器 24 件、玉饰片 1 件、蚌鱼 5 件。

铜马镳 4件。龙形。根据细部特征和纹饰的不同，可分为二式。

Ⅰ式：3件。长舌，突目，有角，尾部内钩，正面凸出。舌部及身上饰弦纹和
勾云纹，背面内凹，附二桥形纽。C1M8633∶28a，通长 11 厘米（图 163－1；彩
版 17）。

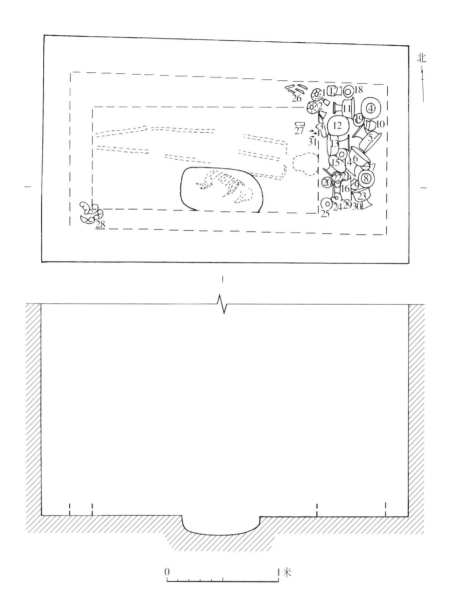

图 162　西周墓 C1M8633 平、剖面图
1、2.铜銮铃　3.铜戈　4、7～10、12、14、17～22、24、25.陶罐　5、6、11、13、15、16、23.陶簋
26.蚌鱼　27.玉饰片　28.铜马镳　29、30.陶豆　31.铜镞

　　Ⅱ式：1件。较Ⅰ式稍小，张口，长舌，突目。腹部卷曲，尾部卷成鱼尾状，正面凸出，头部及腹部各有一圆形孔。舌部饰重环纹，身上有象征性鳞纹。背面内凹，附二桥形纽。C1M8633：28b，通长 11 厘米（图 163－2；彩版 18）。

　　铜銮铃　2件。大小、形制基本相同。铃头为一中空球状体，铃周为一椭圆形环。铃头中心有一个对称的圆形穿孔，正面以圆孔为中心呈放射状有八个三角形孔，背面仅一圆孔。铃周为弧形孔。颈部细高。铃身为梯形。底部四面均有一圆形孔相互对称。C1M8633:1，铃身前后两面各有四个凸菱形纹饰和一个凹三角形纹饰相互对称；凸菱形纹饰间有三条平行的竖线。铃身两侧面顶部各有一凹三角形纹饰和一条竖线相互对称。通高19厘米（图164-1）。C1M8633:2，铃身四面均有相互对称的三条竖线，且无凹三角形纹饰，仅在前后两面有四个相互对称的凸菱形纹饰。通高19厘米（彩版20）。

图163 西周墓 C1M8633 出土铜马镳

1. I式（C1M8633:28a） 2. II式（C1M8633:28b）

铜戈 1件。长方形直内，尾端下部有一缺口，中胡二穿，援身无脊，援刃延伸至下阑末端。C1M8633:3，残长15.6厘米（图164-2；图版46）。

铜镞 3件。大小、形制相同。起脊，脊下接铤，有翼，圆铤。C1M8633:31，翼残。通长5.1厘米（图版47）。

陶簋 7件。泥质灰陶。大小、形制、纹饰基本相同。大敞口，尖唇，深直腹，平底，喇叭形高圈足外撇。腹部及圈足饰数周凹弦纹。C1M8633:6，口径17.2、高16厘米（图165-1）。C1M8633:15，口径16.2、高17.2厘米（图165-2；图版48）。

陶豆 2件。泥质灰陶。大小、形制相同。直口，浅斜盘，圜底，喇叭形圈足。盘腹及柄饰两周凹弦纹。C1M8633:30，口径13.2、高10厘米（图165-3；图版49）。

陶罐 15件。根据口沿、唇部及肩部特征的不同，可为分四式。

I式：2件。泥质灰陶。轮制。敞口，尖唇，短颈，斜平肩，折腹，平底。颈腹部各饰二周凹弦纹。C1M8633:21，口径4.8、腹径8.8、底径5.2、高8.8厘米（图165-4）。C1M8633:22，口径7、腹径13.6、底径5.6、高11.2厘米（图165-5；图版50）。

II式：11件。泥质灰陶。小直口，尖唇或圆唇，短颈，斜平肩，折腹，平底，形

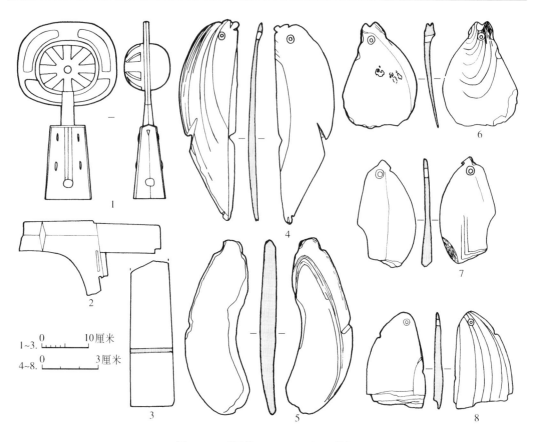

图 164　西周墓 C1M8633 出土器物

1.铜銮铃（C1M8633∶1）　2.铜戈（C1M8633∶3）　3.玉饰片（C1M8633∶27）　4.蚌鱼（C1M8633∶26b）

5.蚌鱼（C1M8633∶26c）　6.蚌鱼（C1M8633∶26a）　7.蚌鱼（C1M8633∶26d）　8.蚌鱼（C1M8633∶26e）

体较矮小。口部及肩、腹部饰凹弦纹。C1M8633∶7，口径 5.6、腹径 12、底径 7.2、高
8.4 厘米（图 165-6）。C1M8633∶4，口径 7.6、腹径 15.2、底径 6.4、高 12 厘米（图
165-7）。C1M8633∶8，口径 8.4、腹径 14.4、底径 6.8、高 12.2 厘米（图 165-8；图
版 51）。

Ⅲ式：1 件。夹砂灰陶。手制，制作粗糙。敞口，圆唇，束颈，折肩，直腹，平
底。腹饰细绳纹。C1M8633∶17，口径 8.4、腹径 8.2、底径 8.8、高 12.8 厘米（图
165-9；图版 52）。

Ⅳ式：1 件。泥质灰陶。敞口，尖唇，束颈，圆肩，微弧腹，圜底。口部以下
饰细绳纹。C1M8633∶12，口径 10.4、腹径 12.2、高 15.6 厘米（图 165-10；图
版 53）。

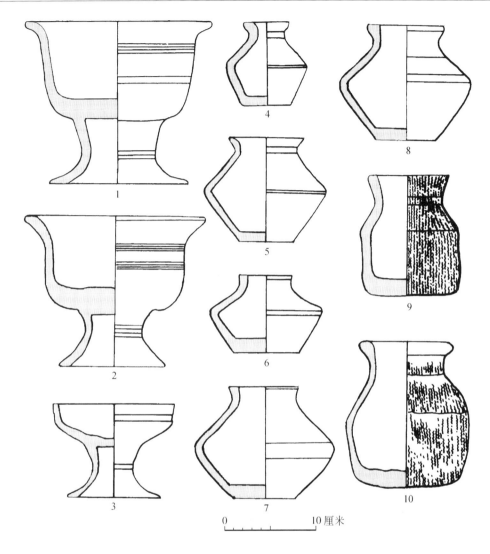

图 165 西周墓 C1M8633 出土陶器

1.簋（C1M8633：6） 2.簋（C1M8633：15） 3.豆（C1M8633：30） 4.I式罐（C1M8633：21） 5.I式罐

（C1M8633：22） 6.II式罐（C1M8633：7） 7.II式罐（C1M8633：4） 8.II式罐（C1M8633：8） 9.III式

罐（C1M8633：17） 10.IV式罐（C1M8633：12）

玉饰片 1件。C1M8633：27，残长 15.6、宽 4.6 厘米（图 164－3）。

蚌鱼 5件。大小不一。背部呈弧形，腹部基本平直（彩版 19）。头部有穿孔或无
穿孔。2件头部穿一孔，为鱼眼，口呈张开状，背腹有鳍。C1M8633：26a，尾部残。残
长 5.6 厘米（图 164－6）。C1M8633：26b，尾部尖。长 10.7 厘米（图 164－4）。1件头
部无穿孔，背部有鳍。C1M8633：26c，长 9.5 厘米（图 164－5）。2件头部穿孔为鱼眼，

闭口，背腹有鳍。C1M8633：26d，尾部残。残长 5.8 厘米（图 164 - 7）。C1M8633：26e，尾部残。残长 5.2 厘米（图 164 - 8）。

　　墓中的陶簋、陶豆、陶罐与和陕西张家坡西周晚期墓中出土的Ⅵ式陶簋、Ⅳ式陶豆、Ⅶ式和Ⅸ式陶罐相似[1]，也与白马寺的三座西周晚期墓中的 1 式陶簋、2 式陶豆、5 式陶罐相似[2]。该墓中出土的铜銮铃、铜马镳分别与洛阳北窑西周晚期墓葬出土的Ⅱ式铜銮铃和洛阳东郊西周墓出的铜镳相似[3]。因此推断该墓的年代应为西周晚期。

　　（3）C1M8943

　　长方形竖穴土坑墓，方向 90 度（图 166）。墓室长 2.9、宽 1.5 米，墓底距地表深为 8.4 米。墓内填土为花土。葬具置于墓室中部，已朽，根据板灰痕迹测量，椁长 2.5、宽 0.88 米；棺长 1.85、宽 0.6 米。墓内骨架已朽成粉末状，保存不完整，头向东，面向不清。墓底中部偏东有一个圆角长方形腰坑，长 0.64、宽 0.4、深 0.2 米。

　　随葬品多置于头前的棺椁之间，另在棺内东部及腰坑内也发现有随葬品，共 18 件，包括陶器 16 件，玉石器 2 件。

　　陶罐　6 件。泥质灰陶。大小、形制相同。敞口，卷沿，短束颈，斜肩，折腹，平底。C1M8943：1，肩腹部饰两周凹弦纹。口径 9.6、底径 8.8、腹径 15.2、高 12.4 厘米（图 167 - 1；彩版 21）。

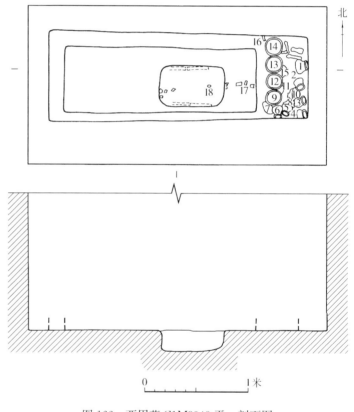

图 166　西周墓 C1M8943 平、剖面图

1～6.陶罐　7、8、10、11、15、16.陶豆　9、12～14.陶鬲　17.玉石片
18.玉坠

①　中国社科院考古所沣西发掘队：《1967 年长安张家坡西周墓葬的发掘》，《考古学报》1980 年第 4 期。
②　洛阳市文物工作队：《洛阳白马寺三座西周晚期墓》，《文物》1998 年第 10 期。
③　洛阳市文物工作队：《洛阳东郊西周墓》，《文物》1999 年第 9 期。

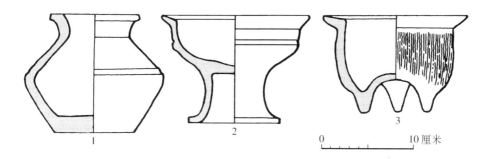

图 167 西周墓 C1M8943 出土陶器

1.罐（C1M8943：1） 2.豆（C1M8943：15） 3.鬲（C1M8943：13）

陶豆 6件。泥质灰陶。大小、形制相同。敞口，卷沿，圆唇，折腹，圜底，喇叭形圈足。盘腹部饰两周凹弦纹。C1M8943：15，口径16、高11.2厘米（图167-2；图版54）。

陶鬲 4件。泥质灰陶。大小、形制均相同。圆唇，折沿，弧腹，袋足下陷较深。身饰细绳纹。C1M8943：13，口径15.6、高10厘米（图167-3，图版55）。

玉石片 1件。青灰色。长方形。C1M8943：17，残长6.6、宽2.8厘米（图168-1）。

玉坠 1件。青灰色。尖椭圆形，一端有穿孔。C1M8943：18，正面稍鼓，背面中间有一条竖凹槽。长2.5厘米（图168-2；图版56）。

该墓中的豆与洛阳白马寺发掘的三座西周墓中的Ⅰ式豆相似[1]。鬲与洛阳东关发掘的五座西周墓中ⅡB鬲式相似[2]。故该墓时代应为西周晚期。

（4）C1M8946

长方形竖穴土坑墓，方向85度（图169；彩版23）。墓室长3.6、宽1.6米，墓底距地表深为6.2米。墓内填土为花土。葬具置于墓室中部，已朽，根据板灰痕迹测量，椁长2.4、宽1.05米；棺长1.9、宽0.59米。墓内骨架已朽成粉末状，保存不完整，头向东，面向不清。墓底中部有一个长方形腰坑，长0.75、宽0.6、深0.1米。腰坑内发现有动物骨骼。

随葬品多置于头前面的棺椁之间，在头部及腰坑内也发现有随葬品，共32件，包括铜器1件、陶器18件、

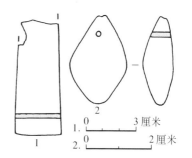

图 168 西周墓 C1M8943
出土玉石器

1.玉石片（C1M8943：17）

2.玉坠（C1M8943：18）

① 洛阳市文物工作队：《洛阳白马寺三座西周晚期墓》，《文物》1998年第10期。

② 洛阳市文物工作队：《洛阳东关五座西周墓的清理》，《中原文物》1984年第3期。

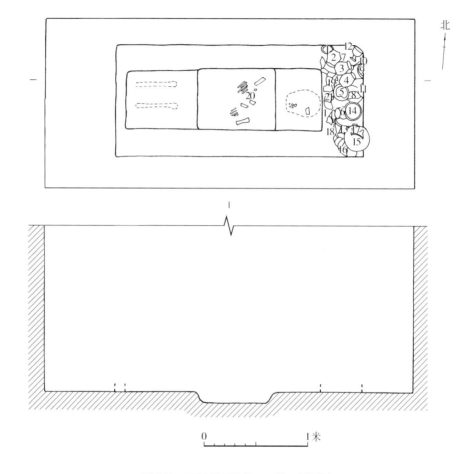

图 169　西周墓 C1M8946 平、剖面图

1～6、8、18.陶罐　7、10～13、16.陶豆　9、14、17、19.陶鬲　15.铜鼎　20.玉石片　21.蚌鱼（2 件）

玉石器 11 件、蚌鱼 2 件。

　　铜鼎　1 件。折沿，方唇，沿上有对称立耳，直口，弧腹，半球形底，三蹄形足。口沿下饰一周重环纹和一周凸弦纹。C1M8946：15，口径 21.4、高 22.8 厘米（图 170-1；彩版 24）。

　　陶罐　8 件。泥质灰陶。大小、形制均相同。敞口，小平沿，尖唇，短束颈，斜肩，折腹。C1M8946：1，肩腹部折痕不明显。肩部饰数周凹弦纹。口径 9.6、底径 6、腹径 13.6、高 14.8 厘米（图 170-2；图版 57）。

　　陶豆　6 件。泥质灰陶。大小、形制均相同。大敞口，尖唇，盘腹弧折收，平底，喇叭形圈足。盘腹饰两周凹弦纹。C1M8946：11，口径 15.6、高 12 厘米（图 170-3，图版 58）。

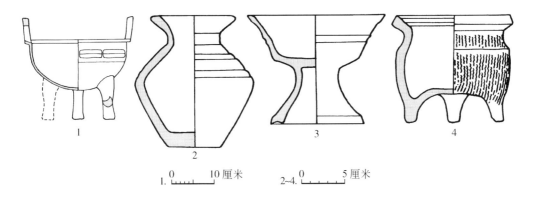

图 170 西周墓 C1M8946 出土器物

1. 铜鼎 (C1M8946：15) 2. 陶罐 (C1M8946：1) 3. 陶豆 (C1M8946：11) 4. 陶鬲 (C1M8946：14)

陶鬲 4 件。泥质灰陶。大小、形制均相同。口稍敛，卷沿，方唇，唇稍内凹似有短颈，微弧腹，袋足下陷较深，三个实心矮足。C1M8946：14，口沿面上饰三周凹弦纹，通体饰直粗绳纹。口径 13.2、高 12 厘米 （图 170 - 4；彩版 25）。

玉石片 3 件。C1M8946：20a，白色。一端残，长方形，上有一穿孔。残长 1.4、宽 2 厘米 （图 171 - 1）。C1M8946：20b，长条形。残长 4.7、宽 1 厘米 （图 171 - 3）。

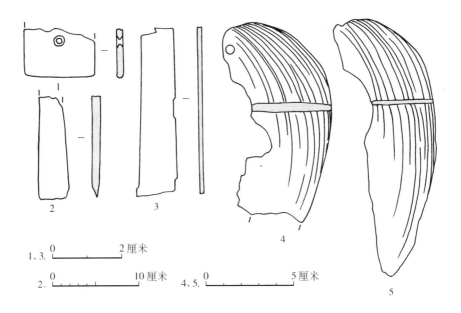

图 171 西周墓 C1M8946 出土器物

1.玉石片 （C1M8946：20a） 2.玉石片 （C1M8946：20c） 3.玉石片 （C1M8946：20b）
4.蚌鱼 （C1M8946：21b） 5.蚌鱼 （C1M8946：21a）

玉石片　8件。浅青灰色。梯形。C1M8946：20c，头部打磨较薄。长11.6、宽3.6厘米（图171-2）。

蚌鱼　2件。背部呈弧形，腹部平直，尾部尖，头部有的有一穿孔。C1M8946：21a，残长14.4厘米（图171-5）。C1M8946：21b，尾部残。残长11厘米（图171-4）。

墓中铜鼎与洛阳白马寺发掘的三座西周墓中的铜鼎相似①；陶鬲与《洛阳北窑西周墓》中Ⅲ式平裆鬲相似②（下同），所以该墓的时代应该为西周晚期。

2. 单棺墓

（1）C1M8904

长方形竖穴土坑墓。方向5度（图172）。墓室的东北角被C1M8903墓室打破。长2.7、宽1.2米，墓底距地表深为5.7米。墓内填土为花土。葬具位于墓室内中部，已朽，根据板灰痕迹测量，长2.1、宽0.5米。墓内骨架已朽成粉末状，根据残存状况看应为单人仰身直肢葬式，头向北，面向不清。墓底中部偏南有一个圆角长方形腰坑，长1、宽0.5、深为0.26米。

该墓未发现随葬品。

（2）C1M8905

长方形竖穴土坑墓，方向270

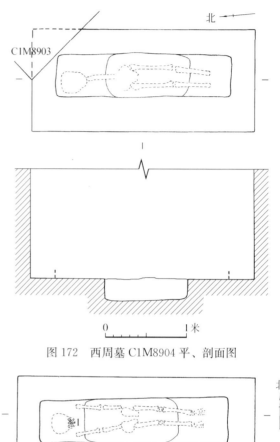

图172　西周墓C1M8904平、剖面图

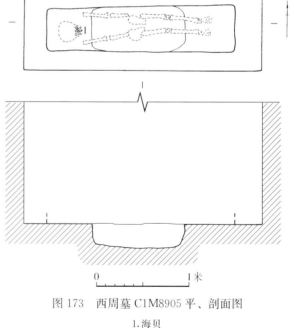

图173　西周墓C1M8905平、剖面图

1.海贝

---

① 　洛阳市文物工作队：《洛阳白马寺三座西周晚期墓》，《文物》1998年第10期。
② 　洛阳市文物工作队：《洛阳北窑西周墓》，文物出版社，1999年。

度（图 173）。墓室长 2.6、宽 0.9 米，墓底距地表深为 4.3 米。墓内填土为花土。葬具位于墓室内中部，已朽，根据板灰痕迹测量，长 2.1、宽 0.5 米。墓内人骨已朽，保存不完整，应为单人仰身直肢葬式，头向西，面向上。墓底中部有一个圆角长方形腰坑，长 1、宽 0.5、深 0.25 米。

在人骨口部发现海贝 13 枚。

（3）C1M8906

长方形竖穴土坑墓，方向 270 度（图 174）。墓室长 2.7、宽 1.1 米，墓底距地表深为 4.3 米。墓内填土为花土。葬具位于墓室内中部，已朽，根据板灰痕迹测量，长 2、宽 0.6 米。墓内人骨已朽，单人仰身直肢葬式，头向西，面向不清。墓底中部有一个圆角长方形腰坑，长 1.15、宽 0.6、深 0.25 米。

该墓未发现随葬品。

（4）C1M8907

长方形竖穴土坑墓，方向 350 度（图 175）。该墓室的北部被 C1M8892 墓室打破。墓室长 2.8、宽 1.1 米，墓底距地表深为 4.2 米。墓内填土为花土。葬具位于墓室内中部，已朽，根据板灰痕迹测量，长 1.95、宽 0.5 米。墓内骨架已朽成粉末状，根据残存状况看应为单人仰身直肢葬式，头向北，面向上。墓底中部有一个圆角长方形腰坑，长 1、宽 0.5、深 0.3 米。

在人骨头部下颚处发现海贝 23 枚。

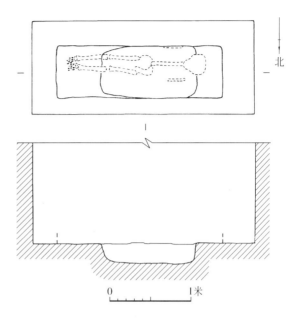

图 174　西周墓 C1M8906 平、剖面图

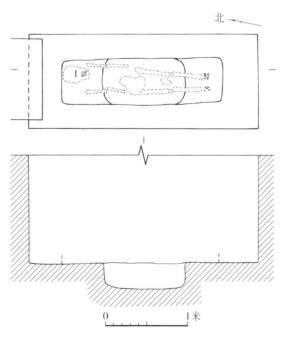

图 175　西周墓 C1M8907 平、剖面图

1.海贝

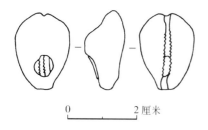

0　　　　　2 厘米

图 176　西周墓 C1M8907 出土海
贝（C1M8907∶1）

海贝　23 枚。有大中小三
种，形制均相似，头部有一较大
穿孔。大型的长约 2.4、中型的
约长 2、小型的约长 1.6 厘米。
C1M8907∶1，长约 2.2 厘米
（图 176）。

（5）C1M8910

长方形竖穴土坑墓，方向
355 度（图 177）。由于该墓室下
有一座汉代土洞墓墓室坍塌，该
墓南部大部分下陷。墓室长
2.7、宽 1.1 米，墓底距地表深
为 4.6 米。墓内填土为花土。葬
具位于墓室内中部，已朽，根据
板灰痕迹测量，长 2、宽 0.5
米。墓内骨架已朽成粉末状，保
存不完整，头向南，面向上。墓
底中部有一个圆角长方形腰坑，
长 0.95、宽 0.5、深 0.3 米。

在人骨口部发现海贝 18 件。

（6）C1M8912

长方形竖穴土坑墓，方向
260 度（图 178）。墓室长 2.6、
宽 0.8 米，墓底距地表深为 4.6
米。墓内填土为花土。葬具位于

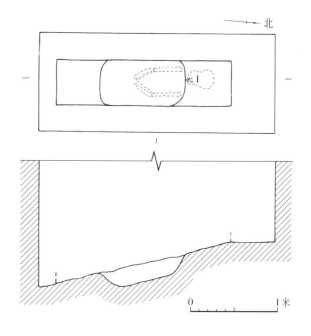

图 177　西周墓 C1M8910 平、剖面图
1.海贝

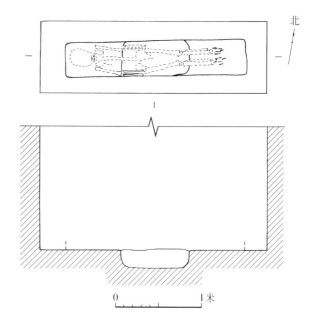

图 178　西周墓 C1M8912 平、剖面图

墓室内中部，已朽，根据板灰痕迹测量，长 2.05、宽 0.4 米。墓内人骨已朽，单人仰身直肢葬式，头向西，面向不清，双手置于身体两侧。墓底中部有一个圆角长方形腰坑，长 0.75、宽 0.4、深 0.2 米。

该墓未发现随葬品。

（7）C1M8914

该墓为长方形竖穴土坑墓。方向 82 度（图 179）。该墓室的中西部被 C1M8911（钻编 M28）墓道所打破。墓室长 2.6、宽 1 米，墓底距地表深为 4.1 米。墓内填土为花土。葬具位于墓室内中部偏南，已朽，棺西半部被墓道破坏，根据板灰痕迹测量，残长 1.1、宽 0.5 米。墓内人骨上半部被破坏，单人仰身直肢葬式。墓底中部偏南有一个圆角长方形腰坑，残长 0.35、宽 0.38、深 0.2 米。

该墓内未发现随葬品。

（8）C1M8915

长方形竖穴土坑墓，方向 350 度（图 180）。墓室长 2.6、宽 1 米，墓底距地表深为 4.2 米。墓内填土为花土。葬具位于墓室内中部，已朽，根据板灰痕迹测量，长 2、宽 0.6 米。墓内骨架已朽成粉末状，根据残存状况看为单人仰身直肢葬式，头向北，面向不清。墓底中部偏北有一个圆角长方形腰坑，长 0.8、宽 0.6、深为 0.3 米。

该墓内未发现随葬品。

（9）C1M8916

长方形竖穴土坑墓，方向 270 度（图 181）。墓室长 2.4、宽 1 米，墓底

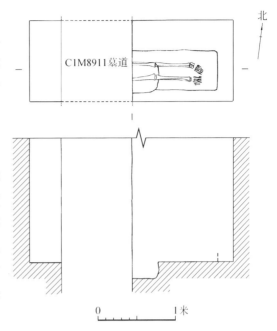

图 179 西周墓 C1M8914 平、剖面图

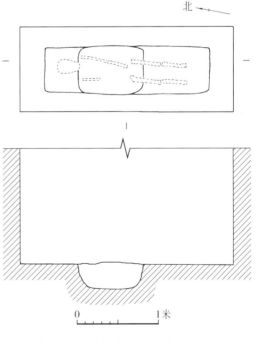

图 180 西周墓 C1M8915 平、剖面图

距地表深为 4.6 米。墓内填土为花土。葬
具位于墓室内中部，已朽，根据板灰痕迹
测量，长 1.9、宽 0.6 米。墓内骨架已朽
成粉末状，保存不完整，头向西，面向上。
墓底中部有一个圆角长方形腰坑，长 0.9、
宽 0.4、深 0.25 米。

在人骨口部发现海贝 12 枚。

（10）C1M8920

长方形竖穴土坑墓，方向 180 度（图
182）。墓室长 3.5、宽 1.9 米，墓底距地
表深为 4.1 米。墓内填土为花土。葬具位
于墓室内中部，已朽，根据板灰痕迹测量，
长 2.2、宽 0.6 米。墓内骨架已朽成粉末
状，保存不完整，头向南，面向上。墓底
中部有一个圆角长方形腰坑，
长 1、宽 0.45、深 0.28 米。

在人骨口部发现海贝
26 枚。

（11）C1M8922

长方形竖穴土坑墓，方
向 355 度（图 183）。墓室长
3.3、宽 1.6 米，墓底距地表
深为 4.7 米。墓内填土为花
土。葬具位于墓室内中部偏
南，已朽，根据板灰痕迹测
量，长 2.2、宽 0.8 米。墓内
骨架已朽成粉末状，保存不
完整，头向北，面向上。墓
底中部有一个圆角长方形腰
坑，长 0.9、宽 0.45、深
0.25 米。

在人骨口部发现海贝
30 枚。

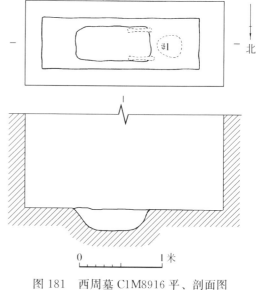

图 181　西周墓 C1M8916 平、剖面图

1.海贝

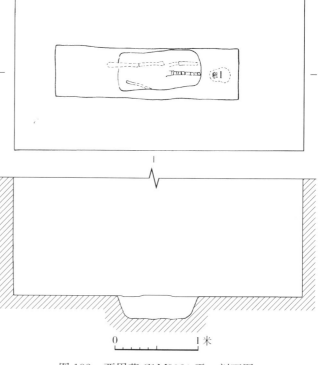

图 182　西周墓 C1M8920 平、剖面图

1.海贝

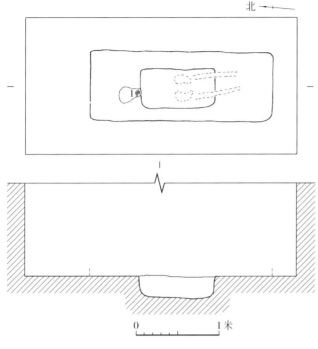

图 183 西周墓 C1M8922 平、剖面图

1.海贝

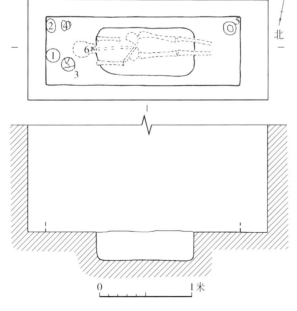

图 185 西周墓 C1M8925 平、剖面图

1～4.陶豆 5.陶罐 6.石珠

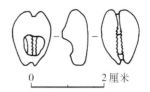

图 184 西周墓 C1M8922 出土
海贝（C1M8922：1）

海贝 30 件。有大中小三种，形制均相似，头部有一较大穿孔。C1M8922：1，长约 1.5厘米（图 184）。

(12) C1M8925

长方形竖穴土坑墓，方向80 度（图 185）。墓室长 2.6、宽 1.05 米，墓底距地表深为4.6 米。墓内填土为花土。葬具位于墓室内中部，已朽，根据板灰痕迹测量，长 2.1、宽 0.75米。墓内骨架已朽成粉末状，头向东，面向不清。墓底中部有一个圆角长方形腰坑，长 1.05、宽 0.5、深 0.3 米。

随葬品置于棺内的头部前面和脚部西南角。

陶豆 4 件。泥质灰陶。大小、形制均相同。微敛口，圆唇，盘直腹折收，短柄，柄中间有一周凸棱，喇叭形圈足。C1M8925：2，盘腹部饰两周凹弦纹。口径15.2、高 13 厘米（图 186－1）。

陶罐 1 件。泥质灰陶。敞口，卷沿，尖圆唇，束颈，斜肩，弧腹，平底，肩腹转折处不明显。C1M8925：5，颈部饰一周凸棱纹和一周凹弦纹，肩部及腹部共饰有三周凹弦纹。口径 11.6、底径 9.2、高 17 厘米（图186-2）。

石珠　5 件。浅青色。圆形，无穿孔。C1M8925：6a，直径 1.1 厘米（图 187-1）。C1M8925：6b，直径 1.2厘米（图 187-2）。

墓中出土的陶豆和陶罐分别与洛阳白马寺发掘的三座西周墓中的 2 式豆与 4 式罐相似①，所以该墓的时代应为西周晚期。

（13）C1M9116

长方形竖穴土坑墓，方向 270 度（图 188）。墓室的东北部被灰坑打破。墓室长 2.3、宽 1.06 米，墓底距地表深为 2.1 米。墓内填土为花土。葬具位于墓室内中部偏北，已朽，根据板灰痕迹测量，长 1.7、宽 0.83 米。墓内骨架已朽，保存不完整，头向西，面向不清。墓底中部有一个圆角长方形腰坑，长 0.82、宽 0.32、深 0.2 米。

由于东北部被灰坑打破，随葬品位置显得较乱。共出有随葬品 8 件，包括 7 件陶器和 1 件石器。陶器除 1件为夹砂灰陶外，其余均为泥质灰陶；轮制；器物纹饰多为凹弦纹，有的饰以绳纹。

陶鬲　2 件。折沿，圆唇，微敛口，平裆，足的形状略有不同。根据口沿的变化，可分为二式。

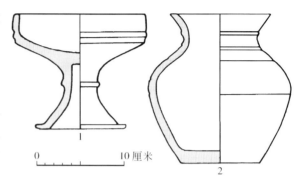

图 186　西周墓 C1M8925 出土陶器
1. 豆（C1M8925：2）　2. 罐（C1M8925：5）

图 187　西周墓 C1M8925
出土石珠
1. C1M8925：6a　2. C1M8925：6b

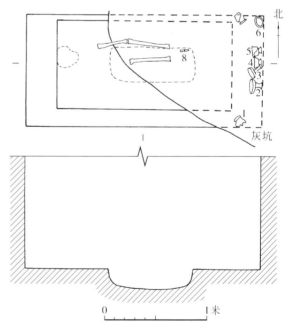

图 188　西周墓 C1M9116 平、剖面图
1、6. 陶鬲　2～5. 陶豆　7. 陶罐　8. 石圭

────────────────

① 洛阳市文物工作队：《洛阳白马寺三座西周晚期墓》，《文物》1998 年第 10 期。

Ⅰ式：1件。夹砂灰陶。C1M9116：1，口沿转折处无折棱，尖状矮足。沿面上饰四周凹弦纹。口沿以下通体饰绳纹。口径12.4、高10.4厘米（图189-1；图版59）。

Ⅱ式：1件。泥质灰陶。C1M9116：6，口沿转折处折棱明显，柱状足。腹部饰未抹平的细绳纹和一周凹弦纹，足上部分别饰附加堆纹。口径13.6、高10厘米（图189-2；图版60）。

陶豆　4件。泥质灰陶。圆唇，短柄，喇叭形圈足。盘腹部饰两周凹弦纹。根据口沿及盘腹特征的不同，可分为二式。

Ⅰ式：2件。敛口，盘腹折收，唯口部稍有不同。柄部有一周凸棱。C1M9116：2，敛口。口径15.2、高13厘米（图189-3；图版61）。C1M9116：3，直口。口径16、高12.5厘米（图189-4）。

Ⅱ式：2件。敞口，盘腹稍不同。C1M9116：4，柄部以下残缺，直腹折收。口径16、残高10厘米（图189-6）。C1M9116：5，微斜腹。口径17.2、残高9.6厘米

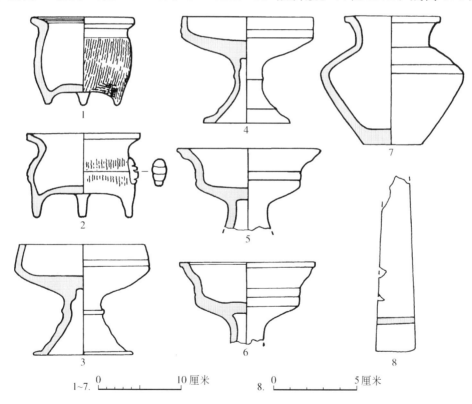

图189　西周墓C1M9116出土器物

1. Ⅰ式陶鬲（C1M9116：1）　　2. Ⅱ式陶鬲（C1M9116：6）　　3. Ⅰ式陶豆（C1M9116：2）

4. Ⅰ式陶豆（C1M9116：3）　　5. Ⅱ式陶豆（C1M9116：5）　　6. Ⅱ式陶豆（C1M9116：4）

7. 陶罐（C1M9116：7）　　8. 石圭（C1M9116：8）

（图189－5；图版62）。

　　陶罐　1件。敞口，卷沿，尖唇，束颈，斜肩，折腹，平底。C1M9116：7，泥质灰陶。肩部饰一周弦纹，腹部饰二周凹弦纹。口径11.6、腹径15.6、底径7.2、高15厘米（图189－7；图版63）。

　　石圭　1件。白色。头部残，呈长方形。C1M9116：8，残长10.4、宽2.4厘米（图189－8）。

　　墓中的陶鬲与《洛阳北窑西周墓》中的Ⅲ式平裆陶鬲相似。所以该墓的时代应该为西周晚期。

3. 葬具不明的墓

　　（1）C1M8918

　　长方形竖穴土坑墓，方向260度（图190）。该墓室的西部被C1M8917墓道打破。墓室残长1.6、宽0.9米，墓底距地表深为4.6米。墓内填土为花土。墓内骨架已朽，根据残朽状况看为单人仰身直肢葬式，头向西。墓底中部有一个圆角长方形腰坑，残长0.8、宽0.4、深0.26米。

　　该墓内未发现随葬品。

　　（2）C1M8952

　　长方形竖穴土坑墓，方向275度（图191）。墓室的南部被灰坑打破。墓室长2.5、宽1米，墓底距地表深为3.2米。墓内填土为花土。墓内人骨仅存头部，头向西。墓底中部有一个近长方形腰坑，长1.1、宽0.3、深0.2米。

　　随葬品2件，分别位于腰坑内西部和腰坑东部外。

　　铜戈　1件。无胡，援身稍宽，有脊，援后部出戈内，内前部中空，内末平齐。C1M8952：1，援内通长21厘米（图192－1；图版64）。

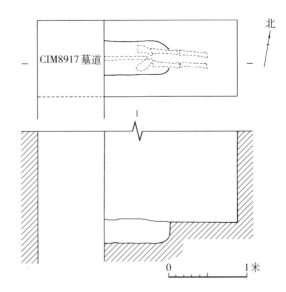

图190　西周墓C1M8918平、剖面图

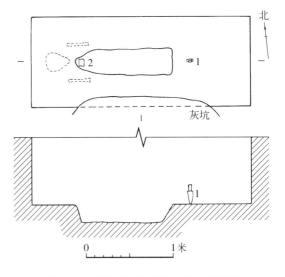

图191　西周墓C1M8952平、剖面图
1.铜戈　2.玉石片

玉石片 1件。褐色。两端均残，残存形状近长方形。C1M8952:2，两边均打磨有刃。残长 7.2、宽 4.4 厘米（图 192-2）。

墓中的铜戈与《洛阳北窑西周墓》中早期无胡铜戈相似，所以该墓的时代有可能为西周早期。

（3）C1M9118

长方形竖穴土坑墓，方向 350 度（图 193）。墓室长 2.4、宽 1.0 米，墓底距地表深为 1.8 米。墓内填土为花土。墓内人骨已朽成粉末状，头向北，面向不清。

随葬品位于墓室北侧，共计 4 件（套），为陶器和玉器。

陶罐 1件。泥质灰陶。敞口，束颈，折肩，折腹斜收，平底。C1M9118:1，肩上部饰数周凹弦纹。口径 11.2、腹径 18、底径 9.2、高 15 厘米（图 194-1；图版 65）。

陶鬲 1件。夹砂灰陶。折沿，方唇，沿面内斜，微敛口，平裆，三尖状

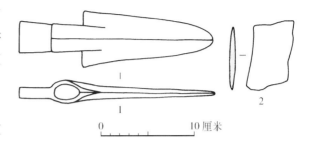

图 192 西周墓 C1M8952 出土器物
1.铜戈（C1M8952:1） 2.玉石片（C1M8952:2）

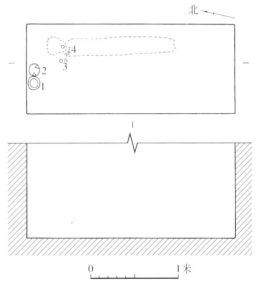

图 193 西周墓 C1M9118 平、剖面图
1.陶罐 2.陶鬲 3.玉玦（2件） 4.玉串珠（19件）

实足。C1M9118:2，沿面上饰两周凸棱纹，器身饰细绳纹，腹部饰附加堆纹。口径 15.2、高 10 厘米（图 194-2；图版 66）。

玉玦 2件。青绿色。大小、形制相同。C1M9118:3，外径 2.8、内径 1 厘米（图 195-1；彩版 22）。

玉串珠 1套19件。其中仅 1 件为方形，其余均为中有穿孔的圆柱形（图版 67）。12 件浅黄色。C1M9118:4a，长 1.6、直径 0.7、孔径 0.2 厘米（图 195-2）。C1M9118:4b，长 0.6、直径 0.7、孔径 0.25 厘米（图 195-5）。C1M9118:4c，长 1.4、两端孔径 0.6、中间孔径 0.15 厘米（图 195-3）。2 件红玛瑙。C19118:4d，长 1、直径 0.6、两端孔径 0.3、中间孔径 0.1 厘米（图 195-6）。C19118:4e，长 1、直径 0.6、孔径 0.3 厘米（图 195-7）。4 件浅蓝色，质酥。C1M9118:4f，长 1.6、孔径 0.35 厘米（图 195-4）。正方形的 1 件为乳白色。中间一穿孔。C1M9118:4g，边长 2.3、厚 0.5、两端孔径 0.3、中心孔径 0.15 厘米（图 195-8）。

墓中的陶鬲与《洛阳北窑西
周墓》中Ⅲ式平裆鬲相似，陶罐
与洛阳白马寺发掘的三座西周墓
中5式陶罐相似①。所以该墓的
时代应该为西周晚期。

4. 小结

从以往的发掘资料看，洛阳
市区涧河一带在 20 世纪 50 年代
曾发掘西周墓葬 10 座②，此次发
掘区域内发现约 20 座西周时期的
墓葬，为研究西周时期墓葬的分
布等提供了新的材料。该批西周
墓均为中小型墓，墓室长度超过
3 米的仅 4 座，可视为中型墓。
随葬青铜器的 3 座墓中 2 座墓室
长度超过 3 米，另 1 座墓室长度
也近 3 米。其余墓葬墓室长度多
2 米余。这些墓葬多有腰坑。随
葬品基本组合为鬲、豆、罐及玉
石器，另有部分墓葬仅以海贝为
随葬品。一个非常有趣的现象是，
西周墓中有一部分两两成对排列，
墓葬大小、葬式、方向等几乎一
致，如同后期的隔山葬。

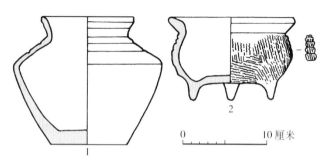

图 194　西周墓 C1M9118 出土陶器

1. 罐（C1M9118∶1）　2. 鬲（C1M9118∶2）

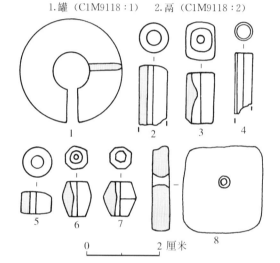

图 195　西周墓 C1M9118 出土器物

1. 玉玦（C1M9118∶3）　2. 玉串珠（C1M9118∶4a）

3. 玉串珠（C1M9118∶4c）　4. 玉串珠（C1M9118∶4f）

5. 玉串珠（C1M9118∶4b）　6. 红玛瑙珠（C1M9118∶4d）

7. 红玛瑙珠（C1M9118∶4e）　8. 玉串珠（C1M9118∶4g）

另外，可以以随葬品组合及器物特征确定时代的西周墓中，绝大部分为西周晚期
墓。据刘富良先生的研究，位于瀍河两岸的成周城无论从文献，还是从考古发现上看，
它兴盛于西周早、中期，到西周晚期已经衰落。与之相反，涧河两岸和今汉魏洛阳故城
一带的西周遗存在西周晚期却开始丰富起来③。这应与西周晚期统治中心的转移及与之
有关的洛阳地区西周居民的迁徙有关。而此次发现的西周墓的分布印证了这一认识。

---

① 　洛阳市文物工作队：《洛阳白马寺三座西周晚期墓》，《文物》1998 年第 10 期。

② 　中国科学院考古研究所：《洛阳中州路（西工段）》，科学出版社，1959 年。

③ 　刘富良：《洛阳西周陶器墓研究》，《考古与文物》1998 年第 3 期。

第二节 东周墓葬

一 概况

共 73 座。其中 11 座墓葬无葬具、骨架及随葬品，25 座墓葬有葬具或骨架而无随葬品，37 座墓葬有随葬品，墓室除一座为竖穴偏室外，其余均为长方形竖穴土坑，墓室长 1.6～3.4，宽 0.7～2.1，深 0.8～8.8 米。葬具多为单棺或单椁单棺，葬式多为仰身屈肢。其中有 6 座墓北壁或南壁距墓底约 0.8 米处有长方形壁龛。随葬品有铜器、陶器、玉器等。东周墓葬资料详见表 3。

二 分类详述

墓葬的分类同于西周墓葬，按照葬具所反映的等级，自高至低予以介绍，分别是单椁单棺墓（26 座）、单棺墓（29 座）、无葬具墓（7 座）及空墓。由于洛阳地区的东周墓葬资料公布较多，因此在分类介绍时，无随葬品墓仅选取 1 座作为代表予以公布，有随葬品者则全部予以公布。

1. 单椁单棺墓

26 座。无随葬品墓 6 座，以 C1M8898 为例予以介绍。有随葬品墓 20 座，全部予以介绍。

（1）C1M8898

长方形竖穴土坑墓，方向 2 度（图 196；彩版 28）。墓室长 3、宽 1.6 米，墓底距地表深为 2 米。墓内填土为花土。葬具置于墓室中部，已朽，根据板灰痕迹测量，椁长 2.6、宽 1.4；棺长 2、宽 0.67 米。墓内人骨保存较好，仰身屈肢葬式，双手交叉放于盆骨处，头向北，面向上。

（2）C1M8613

长方形竖穴土坑墓，方向 15 度（图 197）。墓室长 2.6、宽 1.6

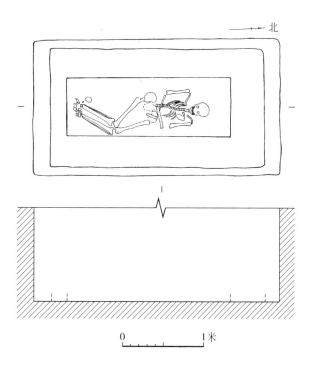

图 196 东周墓 C1M8898 平、剖面图

表3　洛阳瞿家屯东周竖穴土坑墓统计表

（长度单位：米）

墓号	方向（度）	墓室（长×宽—深）	椁棺（长×宽—深）	葬式	随葬器物	时代
C1M8613	15	2.6×1.6—6.6 北壁龛 0.7×0.3—0.38	椁 2.5×1.3—? 棺 1.96×0.75—?	仰身直肢	陶鼎（1）、豆（2）、罐（2）、盘（1）、玉石片（16）、绿松石（1）	战国中期
C1M8614	32	2.3×1.18—5.8 北壁龛 0.6×0.3—0.4	椁 2.2×1.0—? 棺 1.85×0.66—?	侧身屈肢	陶甬（1）、罐（2）、豆（3）、石圭（1）	春秋中晚期
C1M8615▲	270	3.1×2.1—7.6	不明	不明	陶鼎（1）、豆（2）、铜带钩（1）、水晶环（2）、石圭（1）、玉石片（1）	战国中晚期
C1M8616	8	2.52×1.42—5.4	椁 2.02×1.05—? 棺 1.95×0.95—?	仰身直肢	铜剑（1）	
C1M8617	80	2.6×1.3—4.8	棺 2.1×0.9—?	仰身直肢	陶罐（1）、玉石片（10）	战国中晚期
C1M8619	5	2.4×1.46—6.6	不明	不明	陶罐（2）、豆（2）	
C1M8620▲	0	3.1×2—5.7	棺 2.7×1.3—?	直肢	陶盆（2）、铜镞（10）、带钩（10）、剑（1）	战国晚期
C1M8621	5	2.5×1.18—6.6	椁 2.4×1.08—? 棺 1.9×0.52—?	仰身直肢	蚌饰（1）、玉玦（2）	战国晚期
C1M8624	1	2.6×1.5—8.2	椁 2.2×1.1—? 棺 2.05×0.7—?	仰身直肢	陶罐（1）、豆（2）、蚌饰（1）	春秋中晚期
C1M8625	10	2.56×1.32—7.7	椁 2.4×1.1—? 棺 1.8×0.57—?	仰身直肢	蚌饰（2）	
C1M8626	2	3.3×1.7—6.6	不明	不明		
C1M8627	270	2.5×1.7—6.2	椁 1.8×1.2—? 棺 1.58×0.52—?	仰身屈肢	陶鼎（1）、盆（2）、蚌饰（1）	战国中期

续表3

墓号	方向(度)	墓室(长×宽—深)	椁棺(长×宽—深)	葬式	随葬器物	时代
C1M8753	355	2.1×1—6.8				
C1M8892	5	2.6×1.4—7.8	棺 2.4×1.02—?	不明	陶鼎(1)、豆(2)、壶(1)	战国中期
C1M8894	0	3.2×2—5.2	椁 2.5×1.55—? 棺 1.6×0.7—?	仰身直肢	陶鼎(1)、豆(2)、罐(2)	战国初期
C1M8897	0	2.3×1—5	棺 1.8×0.8—?	仰身直肢		
C1M8898	2	3×1.6—2	椁 2.6×1.4—? 棺 2×0.67—?	仰身屈肢		
C1M8899	0	2.4×1.3—8.2	棺 2.0×0.9—?	仰身屈肢		
C1M8900	0	3.2×1.8—8.6	椁 2.35×1.3—? 棺 1.9×0.8—?	不明		
C1M8902	0	2.1×1.2—5.6	棺 19×0.7—?	不明		
C1M8903	180	2.4×1.2—6.2	椁 2.2×0.8—? 棺 1.9×0.6—?	仰身直肢	石圭(1)	
C1M8908	185	2.5×1.0—4.7	椁 2.4×0.85—? 棺 2.1×0.7—?	仰身直肢	石圭(3)	
C1M8909	90	2.2×1.1—4.3	棺 1.8×0.7—?	仰身屈肢		
C1M8913▲	90	残长 18×14—6.6	棺 残长1.05×0.6—?	仰身屈肢		
C1M8923	0	2.7×1.4—8.8	不明	仰身屈肢		
C1M8926	0	2.0×1.0—4.3		仰身屈肢		
C1M8927	0	2.8×1.6—8.2	椁 2.1×1.1—? 棺 1.8×0.65—?	仰身屈肢	陶鼎(1)、豆(1)、壶(1)、盘(1)、玉石片(10)、璧(1)、石圭(1)	战国中期

续表3

墓号	方向（度）	墓室（长×宽-深）	椁棺（长×宽-深）	葬式	随葬器物	时代
C1M8928	0	2.2×1.2-4	椁 2.1×1.16-?　棺 1.8×0.6-?	仰身直肢		
C1M8929	0	2.1×1.4-6.4　北壁龛 1×0.3-0.4	棺 1.8×0.65-?	仰身屈肢	陶鼎（1）、豆（1）、壶（1）	战国中期
C1M8931	180	2.3×1-6.2	棺 2.1×0.6-?	仰身屈肢	石圭（2）	
C1M8939	0	2×1.1-6.6	棺 1.6×0.7-?	仰身屈肢		
C1M8940	3	2.4×1.1-5.8　北壁龛 0.4×0.3-0.4	棺 2×0.7-?	仰身直肢	陶罐（1）、石圭（1）	
C1M8942	0	2×0.8-5.7		仰身屈肢		
C1M8944	0	1.7×1-4.6	棺 1.45×0.6-?	仰身屈肢	骨簪（1）	
C1M8945	5	3.0×2-8.4	椁 2.4×1.35-?　棺 18×0.95-?	仰身屈肢		
C1M8948	350	2.5×1.3-6.4	椁 2.05×1-?　棺 1.75×0.7-?	侧身屈肢	石圭（1）、铅器（2）	
C1M8949	354	2.4×1.4-7.4	椁 2.3×1.25-?　棺 1.7×0.82-?	仰身屈肢	石圭（1）	
C1M8951▲	345	2.0×1.2-5.6	棺 1.7×0.62-?	仰身屈肢		
C1M8959	200	2.4×0.7-3.8		仰身直肢	石圭（1）	
C1M8960	0	2.5×1.5-3.8	棺 1.85×0.75-?	仰身屈肢	陶罐（1）、豆（2）、铜剑（1）	春秋晚期
C1M8961	0	2.2×1.2-3.8　北壁龛 0.4×0.2-0.2	椁 2.1×1-?　棺 1.8×0.65-?	侧身屈肢	陶鼎（1）、豆（1）、罐（1）	春秋晚期

续表3

墓号	方向（度）	墓室（长×宽-深）	椁棺（长×宽-深）	葬式	随葬器物	时代
C1M8962	10	3.06×1.7-7.0	椁 2.6×1.42-？ 棺 1.65×0.6-？	仰身屈肢		
C1M8963	4	3.4×2.0-6.7	椁 2.95×1.41-？ 棺 2×0.61-？	仰身直肢	陶鼎（1）、豆（1）、罐（1）	战国初期
C1M8964	0	2.3×1.2-3.6				
C1M8965	0	1.9×0.7-3.6	棺 1.66×0.5-？	仰身屈肢		
C1M8968	245	2.7×1.25-4.6	棺·尺寸不明	不明		春秋晚期
C1M9095	350	2.5×1.25-5.6	不明	不明	陶鼎（1）、豆（1）、罐（1）	春秋晚期
C1M9096	180	3×1.9-7.3 南壁龛 1.05×0.3-0.45	椁 2.4×1.45-？ 棺 1.65×0.63-？	不明	陶鼎（1）、豆（2）、壶（2）、铜剑（1）、石圭（3）	战国中期
C1M9098*	5	墓道 2×1-1.3 墓室 2×0.6-0.8		仰身屈肢		
C1M9099▲	0	2.1×1.04-1.0	棺 1.8×0.52-？	不明		
C1M9101	0	2.5×1.4-3.6	棺 1.95×0.95-？	不明	陶鼎（1）、敦（2）	战国晚期
C1M9102	10	2.1×1.15-2.8	棺 1.7×0.74-？	仰身屈肢		
C1M9104	350	2.6×1.2-2.8	棺 1.92×0.65-？	仰身屈肢	陶鼎（1）、壶（1）、敦（1）、盘（2）、石圭（2）、盆（1）	战国中期
C1M9106	10	3.1×1.86-3.8	椁 2.6×1.25-？ 棺 2×0.95-？	仰身屈肢	陶鼎（1）、豆（2）、罐（2）	春秋晚期
C1M9109	0	2.8×1.5-2.2	棺 2.1×1.2-？	不明	陶罐（1）、豆（1）	春秋晚期

续表3

墓号	方向(度)	墓室 (长×宽-深)	椁棺 (长×宽-深)	葬式	随葬器物	时代
C1M9110	0	2.4×1.4-2.3	椁 2.25×1.1-? 棺 1.45×0.48-?	侧身屈肢	陶罐(1)、鬲(1)	春秋中晚期
C1M9111	355	2.6×1.4-6.2	棺 1.75×0.6-?	仰身直肢	陶罐(1)、豆(1)	春秋晚期
C1M9112	0	2.06×0.7-0.8	椁 2.01×0.6-? 棺 1.8×0.5-?	仰身屈肢		
C1M9113	350	2.1×1.2-0.8	棺 1.5×0.6-?	仰身屈肢		
C1M9114	180	2.9×1.7-7.7	椁 2.3×1.05-? 棺 1.62×0.6-?	侧身屈肢	玉石片(4)、石圭(1)	
C1M9117	3	1.84×1.06-1.8	不明	屈肢		
C1M9119	15	2.6×1.5-2.3	棺 1.95×0.9-?	仰身屈肢	铜铃(1)	
C1M9123	355	2.25×1.3-2.3 北壁龛 1×0.3-0.4	椁 1.97×1-? 棺 1.6×0.6-?	仰身屈肢	陶鼎(1)、壶(1)、盘(1)、匝(1)、豆(2)、石圭(1)	战国中期
C1M9125	0	2.55×1.2-6.2				
C1M9126	5	2.3×1.1-4.2				
C1M9127	0	3.0×2-3.2				
C1M9128	15	1.9×0.8-3.25	棺 1.7×0.6-?	仰身屈肢		
C1M9129	350	1.6×0.9-2.6				
C1M9130	0	2.0×1.0-2.6				
C1M9131	8	2.1×0.9-3.8	棺 1.7×0.6-?	仰身屈肢		
C1M9132	10	2.7×1.6-7.1				
C1M9133	0	2.4×0.8-4.8				
C1M9134	5	1.9×0.8-2.7	棺 1.5×0.5-?	仰身屈肢		

说明：带▲者表示已被扰乱，带＊者为竖穴偏室墓。

米，墓底距地表深为 6.6 米。墓内填土为花土。葬具置于墓室中部，已朽，发现有椁板痕迹，根据板灰痕迹测量，椁长 2.5、宽 1.3、椁板宽 0.2 米；棺长 1.96、宽 0.75 米。墓内人骨已朽，仰身直肢葬式，双手置于身体两侧，头向北，面向上。墓室北壁距墓底 0.8 米处有一长方形壁龛，壁龛长 0.7、进深 0.3、高 0.38 米。

壁龛内随葬 2 件随葬品，其他随葬品置于头前的棺椁之间、椁外西侧和棺内。

陶鼎　1 件。泥质灰陶。覆盘形盖，上置三半圆形纽。子口，两侧立方形耳，稍外撇，圆腹，圜底，三削制蹄形足外撇。C1M8613∶1，腹饰一周凹弦纹。口径 24、高 20.4 厘米（图 198-1；图版 68）。

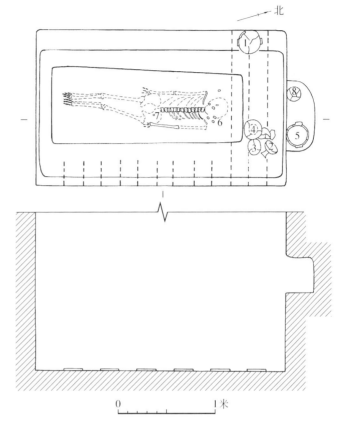

图 197　东周墓 C1M8613 平、剖面图
1. 陶鼎　2、3. 陶豆　4、8. 陶罐　5. 陶盘　6. 玉石片　7. 绿松石

陶豆　2 件。泥质灰陶。大小、形制相同。盖缺失，子口，深弧腹，圜底，喇叭形高圈足。C1M8613∶2，口径 16.4、高 16 厘米（图 198-2；图版 69）。

陶罐　2 件。泥质灰陶。大小、形制相同。口微敞，折沿方唇，短径，斜肩，肩腹部转折，折痕不明显，平底。颈部饰一周凹弦纹。C1M8613∶4，口径 14.2、腹径 20.8、底径 11.2、高 17.6 厘米（图版 198-3；图版 70）。

陶盘　1 件。泥质灰陶。敞口，沿面外折，沿面上两侧附两方形横耳，盘弧腹折收，圜底，三削制柱形足。盘腹饰二周弦纹。C1M8613∶5，口径 24.8、高 6.5 厘米（图 198-4；图版 71）。

玉石片　16 件。浅青色。有椭圆形、长方形、不规则形等。有的上面有纹饰。均有一到两个穿孔（彩版 26）。C1M8613∶6，近长方形。长 2.8、宽 2.5 厘米（图 199-5）。C1M8613∶6a，椭圆形。长轴 2.6、短轴 2.1 厘米（图 199-1）。C1M8613∶6b，椭圆形。

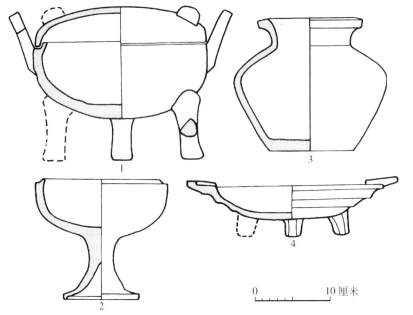

图 198　东周墓
C1M8613 出土陶器

1.鼎（C1M8613：1）

2.豆（C1M8613：2）

3.罐（C1M8613：4）

4.盘（C1M8613：5）

长轴 2.8、短轴 2.2 厘米（图 199 - 2）。
C1M8613：6c，形状不规则。长 3 厘米
（图 199 - 3）。C1M8613：6d，椭圆形，
中有一穿孔。长轴 2.67、短轴 2 厘米
（图 199 - 4）。

绿松石　1 件。平面为圆角长方形，
剖面为扁圆形，侧面有一穿孔。
C1M8613：7，天青色夹杂有天蓝色。长
0.6、宽 0.4 厘米（图 199 - 6；彩版 26）。

墓中陶器组合为鼎、豆、罐、盘，
分别与《洛阳中州路（西工段）》[①]（下
同）中的 ⅣA 式陶鼎、Ⅰ 式陶豆
（M234）和 Ⅰ 式陶盘相似，所以该墓
的时代应该为战国中期。

（3）C1M8614

长方形竖穴土坑墓，方向 32 度
（图 200）。墓室长 2.3、宽 1.18 米，

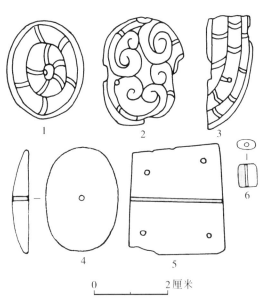

图 199　东周墓 C1M8613 出土器物

1.玉石片（C1M8613：6a）　　2.玉石片（C1M8613：6b）

3.玉石片（C1M8613：6c）　　4.玉石片（C1M8613：6d）

5.玉石片（C1M8613：6）　　6.绿松石（C1M8613：7）

---

① 中国科学院考古研究所：《洛阳中州路（西工段）》，科学出版社，1959 年。

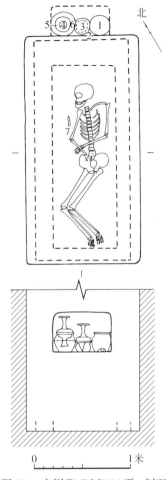

图 200 东周墓 C1M8614 平、剖面图

1.陶鬲 2、6.陶罐 3～5.陶豆

7.石圭

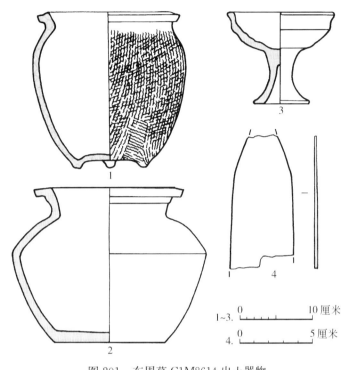

图 201 东周墓 C1M8614 出土器物

1.陶鬲（C1M8614∶1） 2.陶罐（C1M8614∶6） 3.陶豆

（C1M8614∶3） 4.石圭（C1M8614∶7）

墓底距地表深为 5.8 米。墓内填土为花土。葬具置于墓室中部，已朽，根据板灰痕迹测量，椁长 2.2、宽 1.0 米；棺长 1.85、宽 0.66 米。墓内人骨保存较好，侧身屈肢葬式，双手交叉放于盆骨处，头向北，面向西。墓室北壁距墓底 0.8 米处有一长方形壁龛，长 0.6、进深 0.3、高 0.4 米。

壁龛内随葬 6 件随葬品，另有 1 件石圭随葬在人骨右臂右侧。

陶鬲 1 件。夹砂灰陶。折沿，方唇，沿面外斜，深弧腹，短颈，不分裆，三实心矮足。C1M8614∶1，身饰粗绳纹。口径 19.2、高 21.2 厘米（图 201-1）。

陶罐 2 件。泥质灰陶。形制相同。卷沿，方唇，束颈，斜折肩，鼓腹斜收，平底。C1M8614∶6，口径 20、腹径 26.4、底径 15.2、高 20.4 厘米（图 201-2）。

陶豆 3 件。泥质灰陶。大小、形制均相同。敞口，圆唇，盘斜腹折收，喇叭形圈足。腹部饰一周凹弦纹。C1M8614∶3，盘内底部有轮制痕迹。口径 14.8、高 12 厘米（图 201-3）。

石圭 1 件。C1M8614∶7，红褐色。残长 4.5 厘米（图 201-4）。

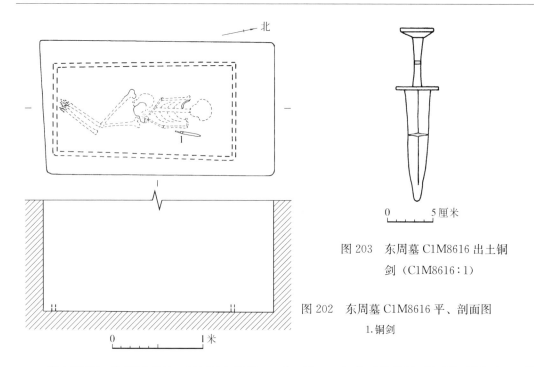

图 203　东周墓 C1M8616 出土铜
　　　　剑（C1M8616：1）

图 202　东周墓 C1M8616 平、剖面图
　　　　1.铜剑

墓中陶鬲、陶罐分别与《洛阳中州路（西工段）》中 Ⅱ 式陶鬲与 Ⅴ 式陶罐相似，所以该墓为春秋中晚期。

（4）C1M8616

长方形竖穴土坑墓，方向 8 度（图 202）。墓室长 2.52、宽 1.42 米，墓底距地表深为 5.4 米。墓内填土为花土。葬具置于墓室中部，已朽，根据板灰痕迹测量，椁长 2.02、宽 1.05 米；棺长 1.95、宽 0.95 米。墓内人骨已朽成粉末状，仰身屈肢葬式，双手交叉置于盆骨处，头向北，面向不清。

随葬品置于人骨左臂部东侧。

铜剑　1 件。剑身扁平，较轻薄，平面为三角形状，平脊，锋尖，茎呈扁条状，剑首为圆形，似喇叭口状。C1M8616：1，通长 18.4 厘米（图 203；彩版 27）。

墓中铜剑与《洛阳中州路（西工段）》中的 Ⅴ 式铜剑相似。

（5）C1M8621

长方形竖穴土坑墓，方向 5 度（图 204）。墓室长 2.5、宽 1.18 米，墓底距地表深为 6.6 米。墓内填土为花土。葬具置于墓室中部，已朽，根据板灰痕迹测量，椁长 2.4、宽 1.08 米；棺长 1.9、宽 0.52 米。墓内人骨已朽成粉末状，仰身直肢葬式，头向北，面向不清。

随葬品置于人骨头部和胸部。

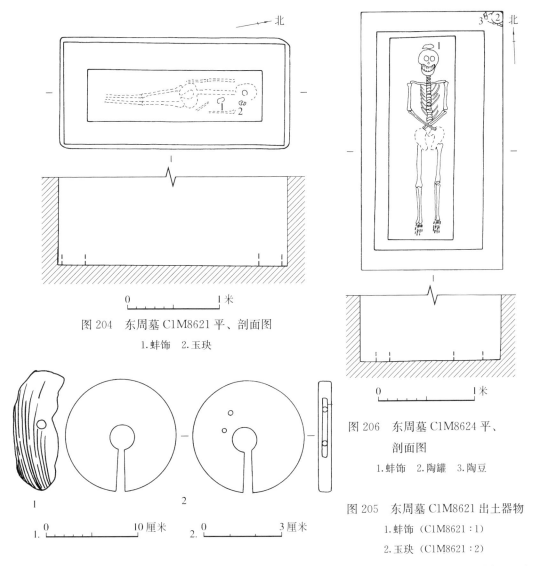

图 204 东周墓 C1M8621 平、剖面图

1.蚌饰 2.玉玦

图 206 东周墓 C1M8624 平、剖面图

1.蚌饰 2.陶罐 3.陶豆

图 205 东周墓 C1M8621 出土器物

1.蚌饰（C1M8621：1）

2.玉玦（C1M8621：2）

　　蚌饰　1件。白色。长条形，中有穿孔。C1M8621：1，长 12.4、宽 4.8 厘米（图 205－1）。

　　玉玦　2件。其中一面和边侧均有两个相通的穿孔。一件残。C1M8621：2，乳白色。玉质较差。外径 4.3、内径 0.9、厚 0.5 厘米（图205－2）。

　　（6）C1M8624

　　长方形竖穴土坑墓，方向 1 度（图 206）。墓室长 2.6、宽 1.5 米，墓底距地表深为 8.2 米。墓内填土为花土。葬具置于墓室中部，已朽，根据板灰痕迹测量，椁长 2.2、宽 1.1 米；棺长 2.05、宽 0.7 米。墓内人骨保存较好，仰身直肢葬式，双手交叉置于盆骨处，头向北，面向上。

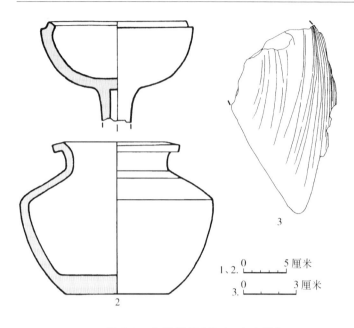

图 207　东周墓 C1M8624 出土器物

1.陶豆（C1M8624∶3）　2.陶罐（C1M8624∶2）　3.蚌饰（C1M8624∶1）

墓中出土陶罐与《洛阳中州路》（西工段）中的Ⅲ式陶罐相似，所以该墓的时代可能为春秋中晚期。

（7）C1M8625

长方形竖穴土坑墓，方向 10 度（图 208）。墓室长 2.56、宽 1.32 米，墓底距地表深为 7.7 米。墓内填土为花土。葬具置于墓室中部，已朽，根据板灰痕迹测量，椁长 2.4、宽 1.1米；棺长 1.8、宽 0.57 米。墓内人骨已朽，仰身直肢葬式，双手交叉于盆骨上部，头向北，面向上。

随葬品置于棺内头骨东侧及盆骨处。

蚌饰　2 件。有穿孔。C1M8625∶1，残长 8 厘米（图 209）。

（8）C1M8627

长方形竖穴土坑墓，方向 270 度

随葬品置于人头骨上方和墓室东北角处。

陶罐　1 件。泥质灰陶。折沿，方唇，沿面外斜，束颈，斜肩，折腹，平底。C1M8624∶2，肩部及肩腹部各饰一周凹弦纹。口径 14.8、腹径 22.4、底径 12、高 17 厘米（图 207－2）。

陶豆　1 件。泥质灰陶。子口，深弧腹，圜底，柄部以下残缺。C1M8624∶3，口径 16、残高 11.2 厘米（图 207－1）。

蚌饰　1 件。形状不规则。C1M8624∶1，残长 10.2厘米（图 207－3）。

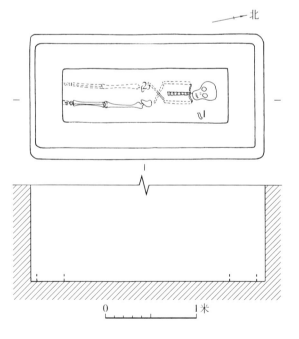

图 208　东周墓 C1M8625 平、剖面图

1、2.蚌饰

图 209　东周墓 C1M8625
出土蚌饰（C1M8625：1）

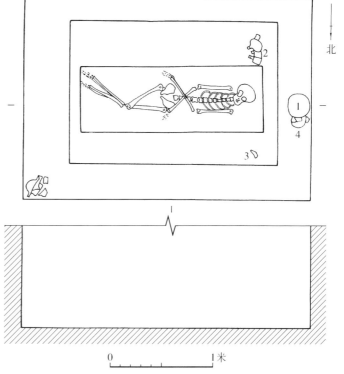

图 210　东周墓 C1M8627 平、剖面图
1、4.陶盆　2.陶鼎　3.蚌饰

（图 210）。墓室长 2.5、宽 1.7 米，墓底距地表深为 6.2 米。墓内填土为花土。葬具置于墓室中部，已朽，根据板灰痕迹测量，椁长 1.8、宽 1.2 米；棺长 1.58、宽 0.52 米。墓内人骨保存较好，仰身屈肢葬式，头向西，面向上。

随葬品位于墓室西部和东北角以及棺椁间西北、西南角处。

陶鼎　1件。泥质灰陶。盖缺失，子口，深弧腹，圜底，两侧有两半环形横耳，三柱形足。C1M8627：2，腹饰两周凹弦纹，底饰粗绳纹。口径 14、高 13.6 厘米（图 211-1；图版 72）。

陶盆　2件。泥质灰陶。微敛口，折沿，方唇，沿面微外斜，转折处折棱明显，平

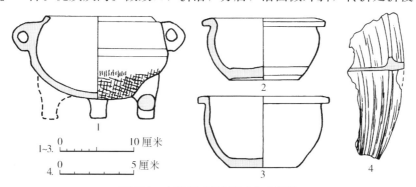

图 211　东周墓 C1M8627 出土器物
1.陶鼎（C1M8627：2）　　2.Ⅰ型陶盆（C1M8627：1）　　3.Ⅱ型陶盆（C1M8627：4）　　4.蚌饰（C1M8627：3）

底。根据腹部的深浅等，可分为二型。

Ⅰ型：1件。浅弧腹，腹部有不太明显的折痕。近底部有两周弦纹。C1M8627：1，口径16.8、底径9.2、高8厘米（图211-2；图版73）。

Ⅱ型：1件。深弧腹。C1M8627：4，口径17.6、底径9.2、高9.2厘米（图211-3；图版74）。

蚌饰 1件。C1M8627：3，残长9.6厘米（图211-4）。

墓中的Ⅰ型陶盆、Ⅱ型陶盆、陶鼎分别与《洛阳中州路》（西工段）中ⅠA式陶盆、Ⅱ式陶盆、Ⅶ式陶鼎相似，所以该墓时代应该为战国中期。

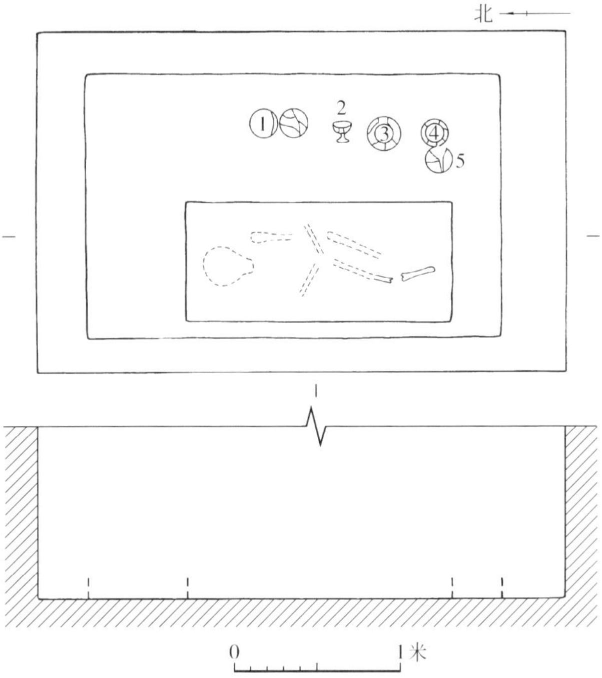

（9）C1M8894

图212 东周墓C1M8894平、剖面图
1.陶鼎 2、5.陶豆 3、4.陶罐

长方形竖穴土坑墓，方向0度（图212）。墓室长3.2、宽2米，墓底距地表深为5.2米。墓内填土为花土。葬具置于墓室中部，已朽，根据板灰痕迹测量，椁长2.5、宽1.55米；棺位于椁中部偏西，棺长1.6、宽0.7米。墓内人骨已朽成粉末状，仰身屈肢葬式，头向北，面向不清。

随葬品置于棺东侧的棺椁之间。

陶鼎 1件。泥质灰陶。盖为覆盘形，侈口。子口，两侧立方形耳稍外撇，深弧腹，圜底，三柱形足微外撇。C1M8894：1，口径18、通高16.8厘米（图213-1）。

陶豆 2件。泥质灰陶。形制相同。盖为覆盘形，侈口。子口，深弧腹，圜底，喇叭形高圈足。腹部饰一周凹弦纹。C1M8894：2，泥质灰陶。口径16.5、高16.6厘米（图213-2）。

陶罐 2件。泥质灰陶。敞口，卷沿，圆唇，束颈，斜肩，圆腹，平底。C1M8894：3，口径12.4、腹径17、底径9.4、高14.2厘米（图213-4）。C1M8894：4，敞口，卷沿，方唇，沿面上有一道不太明显的折痕，斜肩，圆腹，平底。口径12.8、腹径18.4、底径10.4、通高14厘米（图213-3）。

墓中陶器为鼎、豆、罐的组合，分别与《洛阳中州路（西工段）》中的Ⅱ式陶鼎、Ⅰ式陶豆（M234：2）、Ⅴ式陶罐相似，该墓时代应为战国初期。

（10）C1M8903

长方形竖穴土坑墓，方向 180 度（图 214）。墓室长 2.4、宽 1.2 米，墓底距地表深为 6.2 米。墓内填土为花土。葬具置于墓室中部，已朽，根据板灰痕迹测量，椁长 2.2、宽 0.8 米；棺长 1.9、宽 0.6 米。墓内人骨保存较好，仰身直肢，双手交叉于盆骨处，头向南，面向上。

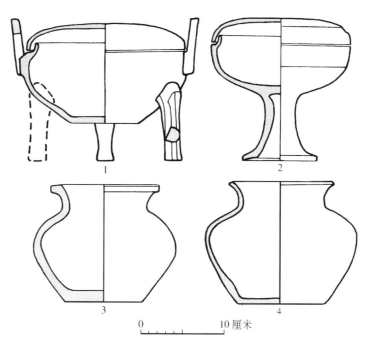

图 213 东周墓 C1M8894 出土陶器

1. 鼎（C1M8894：1） 2. 豆（C1M8894：2） 3. 罐（C1M8894：4）

4. 罐（C1M8894：3）

随葬品位于盆骨下侧。

石圭 1 件。C1M8903：1，红褐色。残长 5 厘米（图 215）。

（11）C1M8908

长方形竖穴土坑墓，方向 185 度（图 216）。墓室长 2.5、宽 1.0 米，墓底距地表深为 4.7 米。墓内填土为花土。葬具置于墓室中部，已朽，根据板灰痕迹测量，椁长 2.4、宽 0.85 米；棺长 2.1、宽 0.7 米。墓内人骨保存较好，头部朽，仰身直肢葬式，头向南，面向不清。

随葬品位于人头骨下部。

石圭 3 件。红褐色。C1M8908：1a，长 6.6 厘米（图 217－1）。C1M8908：1b，长 9 厘米（图 217－2）。

图 214 东周墓 C1M8903 平、剖面图

1. 石圭

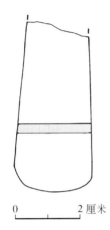

图 215　东周墓 C1M8903 出土

石圭（C1M8903∶1）

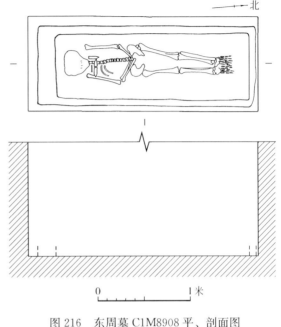

图 216　东周墓 C1M8908 平、剖面图

1.石圭

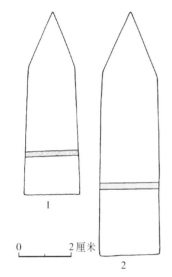

图 217　东周墓 C1M8908 出土石圭

1.C1M8908∶1a　2.C1M8908∶1b

（12）C1M8927

长方形竖穴土坑墓，方向 0 度
（图 218；图版 75）。墓室长 2.8、
宽 1.6 米，墓底距地表深为 8.2 米。
墓内填土为花土。葬具置于墓室中
部，已朽，根据板灰痕迹测量，椁
长 2.1、宽 1.1 米；棺长 1.8、宽

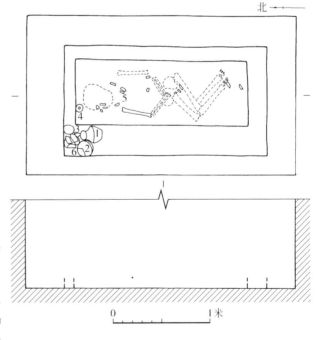

图 218　东周墓 C1M8927 平、剖面图

1.陶壶　2.陶鼎　3.陶豆　4.玉石璧　5.石圭及玉石片　6.陶盘

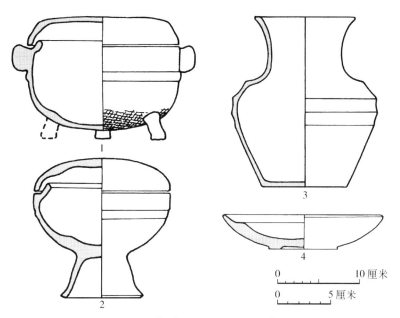

图 219　东周墓 C1M8927 出土陶器

1.鼎（C1M8927：2）　2.豆（C1M8927：3）　3.壶（C1M8927：1）　4.盘（C1M8927：6）

0.65 米。墓内人骨已朽，仰身屈肢葬式，双手交叉置于盆骨处，头向北，面向不清。

随葬品置于人头骨右上侧和棺椁之间的西北角。

陶鼎　1 件。泥质灰陶。盘形盖，子口，浅弧腹，圜底，两侧有半环状横耳，耳无穿，三个矮柱形足外撇。C1M8927：2，器底有未抹平的绳纹。口径 18、通高 14 厘米（图 219-1；图版 78）。

陶豆　1 件。泥质灰陶。覆盘形盖，子口，弧腹，圜底，无柄，喇叭形圈足。C1M8927：3，弧腹饰两周凹弦纹。口径 16、通高 16 厘米（图 219-2；图版 79）。

陶壶　1 件。泥质灰陶。敞口，方唇，鼓腹，平底。C1M8927：1，泥质灰陶。腹部饰三周凸棱纹。口径 12、腹径 17.6、底径 10.4、高 20 厘米（图 219-3；图版 80）。

陶盘　1 件。泥质灰陶。敞口，斜腹，平底。C1M8927：6，口径 14.8、高 6 厘米（图 219-4；图版 76）。

玉石璧　1 件。青灰色。C1M8927：4，肉径 3、好径 0.8 厘米（图 220-1；图版 77）。

玉石片　10 件。形状不规则。C1M8927：5a，长 4.2、厚 0.2 厘米（图 220-2）。CM8927：5b，长 3.5、宽 2.5、厚 0.2 厘米（图 220-3）。C1M8927：5c，残长 4.4、厚 0.3 厘米（图 220-4）。C1M9827：5d，长 3.1、宽 1.7、厚 0.2 厘米（图 220-5）。C1M8927：5e，长 4、厚 0.25 厘米（图 220-6）。C1M8927：5f，青灰色。长 4.5 厘米（图 220-8）。

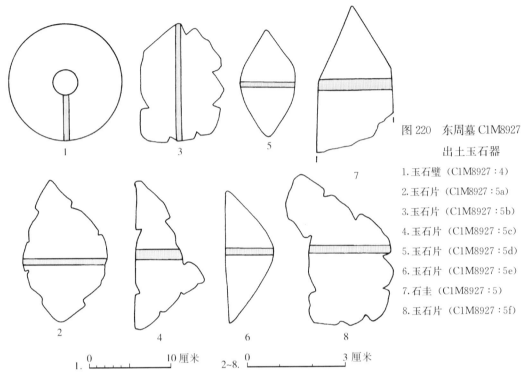

图 220　东周墓 C1M8927
出土玉石器
1.玉石璧（C1M8927：4）
2.玉石片（C1M8927：5a）
3.玉石片（C1M8927：5b）
4.玉石片（C1M8927：5c）
5.玉石片（C1M8927：5d）
6.玉石片（C1M8927：5e）
7.石圭（C1M8927：5）
8.玉石片（C1M8927：5f）

石圭　1 件。红褐色。C1M8927：
5，仅存头部。残长 4.2 厘米（图
143 - 7）。

墓中陶器鼎、豆、壶分别与
《洛阳中州路（西工段）》Ⅶ式陶鼎、
Ⅲ式陶豆、ⅢA 式陶壶相似，所以
该墓时代应为战国中期。

（13）C1M8948

长方形竖穴土坑墓，方向 350 度
（图 221）。墓室长 2.5、宽 1.3 米，
墓底距地表深为 6.4 米。墓内填土
为花土。葬具置于墓室中部，已朽，
根据板灰痕迹测量，椁长 2.05、宽
1 米；棺长 1.75、宽 0.7 米。墓内
人骨保存较好，侧身屈肢葬式，双
手交叉于盆骨处，头向北，面向东。

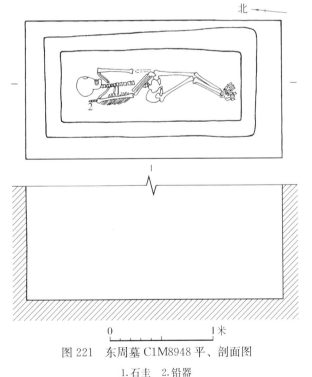

图 221　东周墓 C1M8948 平、剖面图
1.石圭　2.铅器

随葬品位于人头骨右侧和胸骨上。

石圭　1件。浅青色。标本C1M8948：1，残长4厘米（图222-1）。

铅器　2件。平面呈铲形。标本C1M8948：2，长5.2、宽2.8厘米（图222-2）。

（14）C1M8949

长方形竖穴土坑墓，方向354度（图223）。墓室长2.4、宽1.4米，墓底距地表深为7.4米。墓内填土为花土。葬具置于墓室中部，已朽，根据板灰痕迹测量，椁长2.3、宽1.25米；棺长1.7、宽0.82米。墓内人骨保存一般，仰身屈肢葬式，双手交叉于胸前，头向北，面向不清。

随葬品位于人骨左臂左侧。

石圭　1件。红褐色。C1M8949：1，头部稍残。长7.6厘米（图224）。

（15）C1M8961

长方形竖穴土坑墓，方向0度（图225）。墓室长2.2、宽1.2米，墓底距地表深为3.8米。墓内填土为花土。葬具置于墓室中部，已朽，根据板灰痕迹测量，椁长2.1、宽1米；棺长1.8、宽0.65米。墓内人骨保存不太完整，侧身屈肢葬式，头向北，面向西。

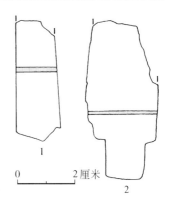

图222　东周墓C1M8948
出土器物

1.石圭（C1M8948：1）
2.铅器（C1M8948：2）

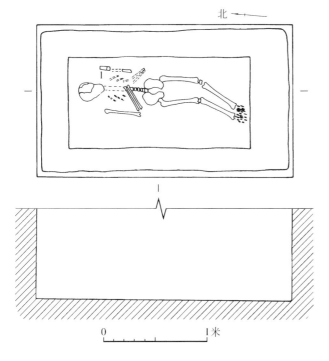

图223　东周墓C1M8949平、剖面图

1.石圭

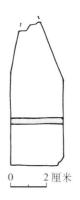

图224　东周墓C1M8949出土
石圭（C1M8949：1）

墓室北壁距墓底 0.8 米处有一长方形壁
龛，长 0.4、进深 0.2、高 0.2 米。

随葬品置于壁龛内。

陶鼎　1 件。泥质灰陶。敞口，折
沿，方唇，沿面内斜，弧腹，圜底，三矮
足。C1M8961:1，口径 15.6、高 11.2 厘
米（图 226-1；图版 81）。

陶豆　1 件。泥质灰陶。盖缺失，子
口，深弧腹，圜底，喇叭形圈足。C1M8961:
2，口径 11.2、高 13.2 厘米（图 226-2；
图版 82）。

陶罐　1 件。泥质灰陶。折沿，方
唇，束颈，斜肩。肩腹部饰两周凹弦纹。
C1M8961:3，口径 14、高 14.8 厘米（图
226-3；图版 83）。

墓中陶豆与《洛阳中州路（西工段）》
中的Ⅱ式陶豆相似，该墓的时代可能为春
秋晚期。

（16）C1M8963

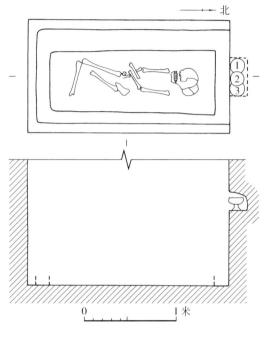

图 225　东周墓 C1M8961 平、剖面图
1.陶鼎　2.陶豆　3.陶罐

长方形竖穴土坑墓，方向 4 度（图 227）。墓室长 3.4、宽 2.0 米，墓底距地表深为
6.7 米。墓内填土为花土。葬具置于墓室中部，已朽，根据板灰痕迹测量，椁长 2.95、
宽 1.41 米；棺长 2、宽 0.61 米。墓内人骨保存较好，仰身直肢葬式，双手交叉于胸
前，头向北，面向不清。

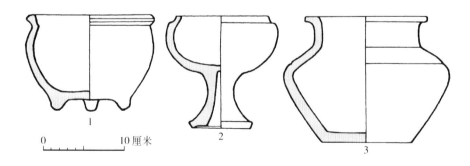

图 226　东周墓 C1M8961 出土陶器
1.鼎（C1M8961:1）　2.豆（C1M8961:2）　3.罐（C1M8961:3）

随葬品置于棺椁之间的东北角。

陶豆　1件。泥质灰陶。子口，浅弧腹，圜底，喇叭形高圈足。C1M8963：1，口径14.4、高12.8厘米（图228-1）。

陶鼎　1件。泥质灰陶。子口，浅弧腹，圜底，两耳缺失，三柱形足。C1M8963：2，口径18.6、高12.4厘米（图228-2）。

陶罐　1件。泥质灰陶。口残缺，肩平斜，折腹，平底。C1M8963：3，底径8.4、残高9.6厘米（图228-3）。

墓中陶豆与陶鼎分别与《洛阳中州路》（西工段）中的Ⅰ式（M234：2）

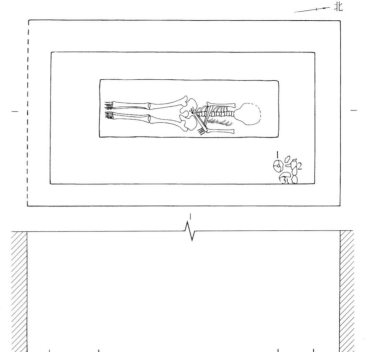

图227　东周墓C1M8963平、剖面图

1.陶豆　2.陶鼎　3.陶罐

陶豆和Ⅱ式陶鼎相似，所以该墓的时代应该为战国初期。

（17）C1M9096

长方形竖穴土坑墓，方向180度（图229）。墓室长3、宽1.9米，墓底距地表深为7.3米。墓内填土为花土。葬具置于墓室中部，已朽，根据板灰痕迹测量，椁长

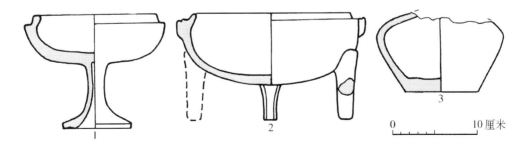

图228　东周墓C1M8963出土陶器

1.豆（C1M8963：1）　2.鼎（C1M8963：2）　3.罐（C1M8963：3）

2.4、宽 1.45 米；棺长 1.65、宽 0.63 米。墓内骨架已朽为粉末状，头向与面向均不清。墓室南壁距墓底 1 米处有一长方形壁龛，长 1.05、进深 0.3、高 0.45 米。

壁龛内有 5 件随葬品，另在棺内南部和棺外东侧也有随葬品。

铜剑　1 件。剑首残缺，剑身为柳叶形，隆脊，无棱，剑茎剖面为扁圆形。C1M9096:6，通长 30.1 厘米（图 230-4；图版 84）。

陶鼎　1 件。泥质灰陶。盘形盖，盖上有三钮。子口，弧腹，圜底，两侧立外撇方耳，三蹄形矮足稍外撇。C1M9096:5，腹部饰三周凹弦纹。口径 20、高 19.2 厘米（图 230-1；图版 85）。

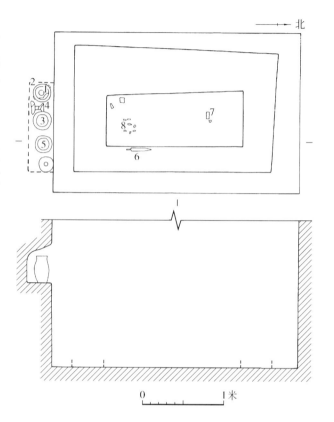

图 229　东周墓 C1M9096 平、剖面图

1、4.陶豆　2、3.陶壶　5.陶鼎　6.铜剑　7.石圭　8.玉石片

陶豆　2 件。泥质灰陶。大小、形制均同。盘形盖，短捉手，子口，弧腹，圜底，喇叭形圈足。C1M9096:1，口径 18、高 22 厘米（图 230-2）。

陶壶　2 件。泥质灰陶。大小形制相同。敞口，圆唇，折肩，弧腹，平底。肩腹部饰一周凹弦纹。C1M9096:3，口径 14.5、腹径 20、底径 12、高 32.8 厘米（图 230-3；图版 86）。

石圭　3 件。C1M9096:7a，残长 9 厘米（图 230-5）。C1M9096:7b，残长 9 厘米（图 230-6）。

墓中陶器为鼎、豆、壶的组合，分别与《洛阳中州路（西工段）》中的ⅢA式陶鼎、Ⅱ式（M2411）陶豆、ⅢB式陶壶相似，所以该墓的时代应为战国中期。

（18）C1M9106

长方形竖穴土坑墓，方向 10 度（图 231）。墓室长 3.1、宽 1.86 米，墓底距地表深为 3.8 米。墓内填土为花土。葬具置于墓室中部，已朽，根据板灰痕迹测量，椁长 2.6、

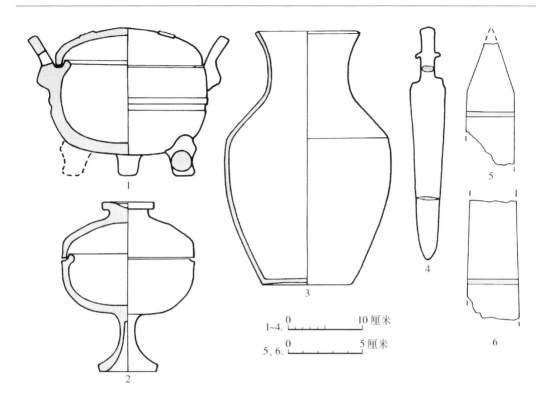

图 230　东周墓 C1M9096 出土器物

1.陶鼎（C1M9096：5）　2.陶豆（C1M9096：1）　3.陶壶（C1M9096：3）　4.铜剑（C1M9096：6）

5.石圭（C1M9096：7a）　6.石圭（C1M9096：7b）

宽 1.25 米；棺长 2、宽 0.95 米。墓内人骨保存较好，仰身屈肢葬式，双手交叉于盆骨处，头向北，面向上。

随葬品置于棺椁间东北角。均为陶器，皆泥质灰陶。

陶豆　2 件。形制相同。豆盖为覆盘形，子口，深弧腹，圜底，喇叭形高圈足。C1M9106：1，口径 15.4、高 18 厘米（图 232-1）。

陶罐　2 件。平折沿，方唇，束颈，圆肩，平底。颈部饰

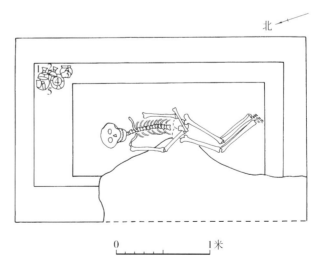

图 231　东周墓 C1M9106 平面图

1、2.陶豆　3、4.陶罐　5.陶鼎

一周凹弦纹。C1M9106：3，口径
11.2、底径 7.2、腹径 16.4、高
14.8 厘米（图 232 - 2）。

陶鼎　1件。残甚，不能复原。

墓中的陶罐与《洛阳中州路
（西工段）》中的Ⅳ式罐相似，所以
该墓的时代可能为春秋晚期。

（19）C1M9110

长方形竖穴土坑墓，方向 0 度
（图 233；图版 87）。墓室长 2.4、
宽 1.4 米，墓底距地表深为 2.3
米。墓内填土为花土。葬具置于墓
室中部，已朽，根据板灰痕迹测
量，椁长 2.25、宽 1.1 米；棺长
1.45、宽 0.48 米。墓内人骨保存
较好，侧身屈肢葬式，双手交叉放
于盆骨处，头向北，面向东。

随葬品位于棺椁间北侧。

陶鬲　1件。夹砂灰陶。折沿，
方唇，沿面外斜，短颈，深弧腹，
不分裆，三实矮足。C1M9110：1，
身饰粗绳纹，颈部抹平。口径
22.8、高 22 厘米（图 234 - 1；图
版 88）。

陶罐　1件。泥质灰陶。折沿，
方唇，沿面外斜，束颈，颈部较长，
斜肩，折腹，平底。C1M9110：2，
肩上部饰一周弦纹，肩部及腹下部
饰短绳纹。口径 12、腹径 19.6、
底径 6.8、高 19 厘米（图 234 - 2；图版 89）。

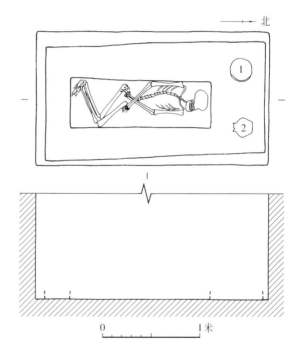

图 232　东周墓 C1M9106 出土陶器
1. 豆（C1M9106：1）　2. 罐（C1M9106：3）

图 233　东周墓 C1M9110 平、剖面图
1. 陶鬲　2. 陶罐

墓中陶鬲、陶罐分别与《洛阳中州路（西工段）》中的Ⅱ式陶鬲与Ⅴ式陶罐相似，
所以该墓的时代应该为春秋中晚期。

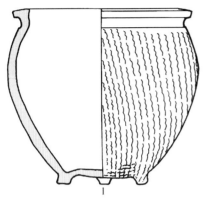
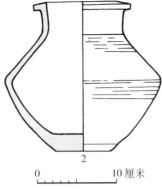

图 234 东周墓 C1M9110
出土陶器

1.鬲（C1M9110：1）

2.罐（C1M9110：2）

0   10 厘米

（20）C1M9114

长方形竖穴土坑墓，方向 180 度（图 235）。墓室长 2.9、宽 1.7 米，墓底距地表深为 7.7 米。墓内填土为花土。葬具置于墓室中部，已朽，根据板灰痕迹测量，椁长 2.3、宽 1.05 米；棺长 1.62、宽 0.6 米。墓内人骨保存一般，侧身屈肢葬式，头向南，面向东。

随葬品位于人头骨上和胸骨左侧。

石圭 1 件。C1M9114：1，红褐色。头部残。残长 11.2 厘米（图 236-1）。

玉石片 4 片。形状不规则，有穿孔。C1M9114：2，青灰色。C19114：2a，长 2.7、宽 2.4 厘米

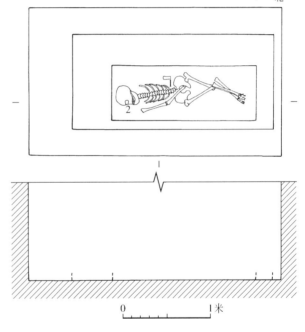

图 235 东周墓 C1M9114 平、剖面图

1.石圭 2.玉石片

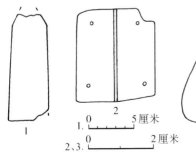
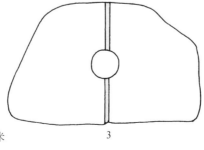

图 236 东周墓 C1M9114
出土器物

1.石圭（C1M9114：1）

2.玉石片（C1M9114：2a）

3.玉石片（C1M9114：2b）

（图 236 - 2）。C19114：2b，长 3、宽 6.7 厘米（图 236 - 3）。

（21）C1M9123

长方形竖穴土坑墓，方向 355 度（图 237）。墓室长
2.25、宽 1.3 米，墓底距地表深为 2.3 米。墓内填土为
花土。葬具置于墓室中部，已朽，根据板灰痕迹测量，
椁长 1.97、宽 1 米；棺长 1.6、宽 0.6 米。墓内人骨保
存较好，仰身屈肢葬式，头向北，面向西。墓室北壁距
墓底 0.73 米处有一长方形壁龛，长 1、进深 0.3、高
0.4 米。

壁龛内有 6 件随葬品，另有 2 件石圭随葬在棺椁间
东部偏北处。

陶鼎　1 件。泥质灰陶。覆盘形盖，口微敞。子口，
深弧腹，两方形立耳，耳壁略曲，上端向外撇，平底，
三蹄状足。C1M9123：1，盖上有三近半环形纽。盖上饰
两周凸棱纹组成的同心圆，小圆内饰五周波浪形暗纹，
圆环内饰菱形暗纹，腹部饰两周凸棱。口径 25.6、高
24.8 厘米（图 238 - 1；彩版 29）。

陶盘　1 件。泥质灰陶。侈口，平折沿，方唇，浅
折腹，平底。C1M9123：2，口径 22.8、底径 15.6、高
4.4 厘米（图 238 - 2；图版 90）。

陶豆　2 件。泥质灰陶。大小、形制基本相同。覆
盘形盖，微敞口。喇叭形捉手。子口，深弧腹，圜底，
短柄，圈足缺失。C1M9123：4，腹中部和腹底部各有一
周凸棱。口径 20、残高 23.6 厘米（图 238 - 4；图
版 93）。

陶壶　1 件。泥质灰陶。带器盖。敞口，平沿，束颈，圆腹，假圈足。C1M9123：
3，口径 12、腹径 22.4、底径 11.6、高 33.2 厘米（图 238 - 3；图版 91）。

陶匜　1 件。泥质黑陶。直口，平沿，微鼓腹，口沿附有短流，平底。C1M9123：6，
口径 10.8、底径 6.8、高 6 厘米（图 238 - 5；图版 94）。

石圭　2 件。红褐色。C1M9123：7a，尾部残。残长 9.4、宽 5 厘米（图 238 - 6）。
C1M9123：7b，头部残。残长 14、宽 4.2 厘米。

墓中出土的陶器鼎、盘、豆、壶分别与《洛阳中州路（西工段）》中的ⅣA 式陶鼎、
Ⅱ式陶盘、ⅣA 陶豆、ⅡB 陶壶相似，所以该墓时代应该为战国中期。

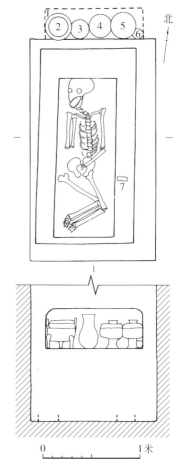

图 237　东周墓 C1M9123 平、
剖面图

1.陶鼎　2.陶盘　3.陶壶

4、5.陶豆　6.陶匜　7.石圭

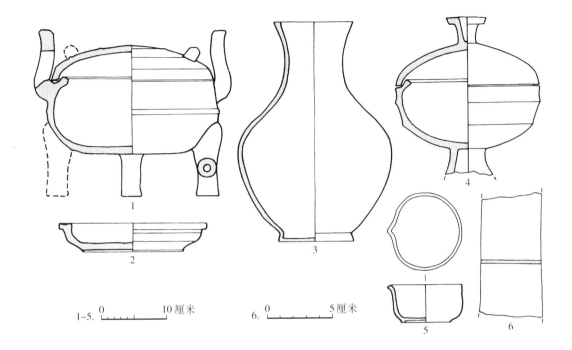

图 238 东周墓 C1M9123 出土器物

1.陶鼎（C1M9123：1） 2.陶盘（C1M9123：2） 3.陶壶（C1M9123：3） 4.陶豆（C1M9123：4）

5.陶匜（C1M9123：6） 6.石圭（C1M9123：7a）

2. 单棺墓

28 座。其中无随葬品墓 15 座，以 C1M8897 为例予以介绍。有随葬品墓 13 座，全部予以介绍。

（1）C1M8897

长方形竖穴土坑墓，方向 0 度（图 239）。墓室长 2.3、宽 1 米，墓底距地表深为 5 米。墓内填土为花土。葬具置于墓室中部偏北，已朽，根据板灰痕迹测量，棺长 1.8、宽 0.8 米。墓内人骨上身已朽成粉末状，下身保存一般，仰身直肢葬式，头向北，面向不清。

（2）C1M8617

长方形竖穴土坑墓，方向 80 度（图

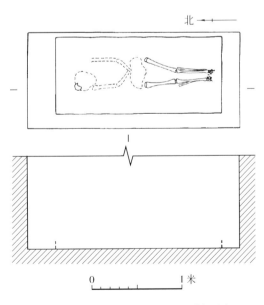

图 239 东周墓 C1M8897 平、剖面图

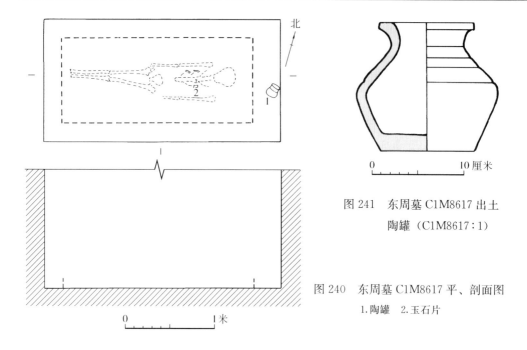

图 241　东周墓 C1M8617 出土
陶罐（C1M8617：1）

图 240　东周墓 C1M8617 平、剖面图
1.陶罐　2.玉石片

240）。墓室长 2.6、宽 1.3 米，墓底距地表深为 4.8 米。墓内填土为花土。葬具置于墓室中部，已朽，根据板灰痕迹测量，棺长 2.1、宽 0.9 米。墓内人骨已朽为粉末状，仰身直肢葬式，头向东，面向不清。

在棺外墓室东部和人骨胸骨处放置随葬品。

陶罐　1 件。泥质灰陶。敞口，圆唇，束颈，斜肩，肩腹部转折不明显，折腹，平底。C1M8617：1，肩部及腹部饰四周凹弦纹。口径 10、腹径 15.2、底径 10、高 13.6 厘米（图 241）。

玉石片　10 件。青灰色。大小不同，平面形状多为长条形或梯形。C1M8617：2，残长 8 厘米。

墓中陶罐与《洛阳中州路（西工段）》中的 I 式陶罐相似。

（3）C1M8620

长方形竖穴土坑墓，方向 0 度（图 242）。墓室的东北角和西部各有一个盗洞。墓室长 3.1、宽 2 米，墓底距地表深为 5.7 米。墓内填土为花土。葬具置于墓室中部，已朽，根据板灰痕迹测量，棺长 2.7、宽 1.3 米。墓内人骨保存不完整，仅发现盆骨与腿骨，直肢，头向与面向不清。

随葬品置于人腿骨两侧。

铜镞　10 件（彩版 30）。根据形状的不同，可分为五式。

I 式：6 件。短锋，双刃，中间有脊，刃末有倒刺，圆铤。C1M8620：2a，通长

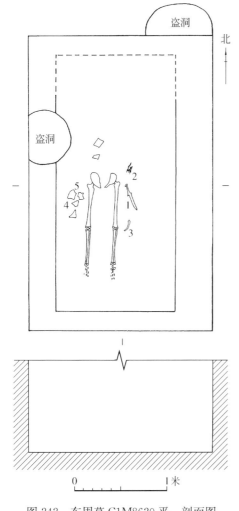

图 242 东周墓 C1M8620 平、剖面图

1.铜剑 2.铜镞 3.铜带钩 4、5.陶盆

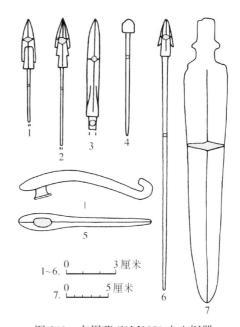

图 243 东周墓 C1M8620 出土铜器

1.Ⅰ式镞（C1M8620：2a） 2.Ⅱ式镞（C1M8620：2c）

3.Ⅲ式镞（C1M8620：2d） 4.Ⅴ式镞（C1M8620：2b）

5.带钩（C1M8620：3） 6.Ⅳ式镞（C1M8620：2e）

7.剑（C1M8620：1）

6.1、锋长 3、铤长 3.1 厘米（图 243－1）。

Ⅱ式：1件。短锋，三棱形刃向前聚成前锋，刃末有双倒刺，剖面为三角形的长铤。C1M8620：2c，镞身有朽木痕迹。通长 7.6、锋长 3、铤长 4.6 厘米（图 243－2）。

Ⅲ式：1件。长锋，三棱形刃向前聚成前锋，圆铤。C1M8620：2d，锋部及铤上有木痕。通长 7、锋长 5.4、铤残长 1.6 厘米（图 243－3）。

Ⅳ式：1件。短锋，三棱形刃向前聚成前锋，圆形长铤。C1M8620：2e，通长 16、锋长 2.1、铤长 13.9 厘米（图 243－6）。

Ⅴ式：1件。无翼，圆顶，钝尖，短脊，长铤。C1M8620：2b，通长 6.8 厘米（图 243－4）。

铜带钩 1件。细长条形，一端椭圆，一端外折成钩，剖面为扁平状。C1M8620：3，素面。长 8 厘米（图 243－5；图版 92）。

铜剑 1件。剑身为柳叶形，隆脊。剑首残缺，茎剖面呈扁圆状。C1M8620：1，残长 33.6 厘米（图 243 - 7；图版 95）。

陶盆　2 件。泥质灰陶。折沿，方唇，深圆腹，平底，唯唇部稍不同。C1M8620：4，唇部微内凹，口径 16、底径 8、高 8.4 厘米（图 244 - 1；图版 96）。C1M8620：5，口沿转折处折痕不明显。口径 16.8、底径 8.4、高 10 厘米（图 244 - 2；图版 97）。

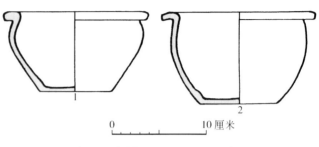

图 244　东周墓 C1M8620 出土陶盆

1.C1M8620：4　2.C1M8620：5

墓中陶盆与《洛阳中州路（西工段）》中的 II 式陶盆相似；III 式铜镞、IV 式铜镞分别与洛阳市中州中路发掘的东周墓中 2 式铜镞、1 式铜镞相似[①]，所以该墓的时代应该为战国晚期。

（4）C1M8892

长方形竖穴土坑墓，方向 5 度（图 245）。墓室长 2.6、宽 1.4 米，墓底距地表深为 7.8 米。墓内填土为花土。葬具置于墓室中部，已朽。根据板灰痕迹测量，棺长 2.4、宽 1.02 米。墓内人骨保存不完整，仅发现头部，已朽成粉末状，头向北，面向不清。

随葬品置于棺内偏东部。

陶鼎　1 件。盘形盖，子口，深弧腹，圜底，两侧立外撇椭圆形耳，三柱形足稍外撇。C1M8892：1，泥质灰陶。腹部饰两周凹弦纹。口径 20、高 19.2 厘米（图 246 - 1；彩版 32）。

陶豆　2 件。泥质灰陶。形制相同。覆盘形盖，短捉手，子口，弧腹，圜底，喇叭形圈足。腹部有凸棱。C1M8892：2，口径 16.4、高 21 厘米（图 246 - 2；图版 98）。

陶壶　1 件。泥质灰陶。敞口，圆腹，平底。C1M8892：3，颈下部饰三

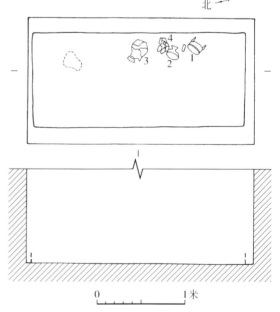

图 245　东周墓 C1M8892 平、剖面图

1.陶鼎　2、4.陶豆　3.陶壶

①　洛阳市文物工作队：《洛阳市中州中路东周墓》，《文物》1995 年第 8 期。

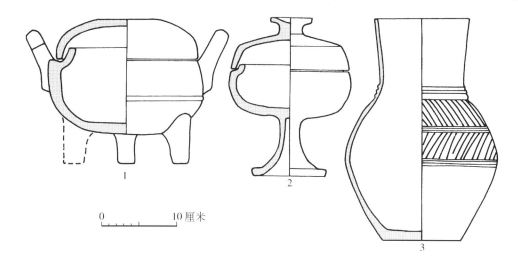

图 246　东周墓 C1M8892 出土陶器

1.鼎（C1M8892∶1）　2.豆（C1M8892∶2）　3.壶（C1M8892∶3）

周凸棱纹，腹上部饰数周弦纹及未抹平的细绳纹。口径12.8、腹径20.8、底径10.8、高29.6厘米（图246-3；图版99）。

墓中陶器鼎、豆、壶分别与《洛阳中州路（西工段）》中的Ⅵ式鼎、Ⅱ式（M2411）豆、ⅠA式壶相似，所以该墓的时代应为战国中期。

（5）C1M8929

长方形竖穴土坑墓，方向0度（图247）。墓室长2.1、宽1.4米，墓底距地表深为6.4米。墓内填土为花土。葬具置于墓室中部，已朽，根据板灰痕迹测量，棺长1.8、宽0.65米。墓内人骨保存一般，上部已朽。仰身屈肢葬式，双手交叉置于盆骨处，头向北，面向上。墓室北壁中间距墓底约0.8米处有一长方形壁龛，壁龛长1、进深0.3、高0.4米。

壁龛内随葬3件随葬品。

陶鼎　1件。泥质灰陶。覆盘形盖，口微侈。子口，浅弧腹，圜底，两侧立微外撇方耳，无穿孔，三柱形足。C1M8929∶2，口径19.2、高15.2厘米（图248-1）。

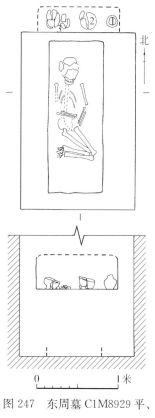

图 247　东周墓 C1M8929 平、剖面图

1.陶壶　2.陶鼎　3.陶豆

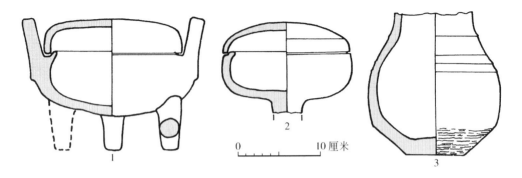

图 248　东周墓 C1M8929 出土陶器

1.鼎（C1M8929：2）　　2.豆（C1M8929：3）　　3.壶（C1M8929：1）

陶壶　1件。泥质灰陶。口与颈部残缺，弧腹斜收，小平底。C1M8929：1，底部周围有绳纹痕迹。腹径 16、底径 7.2、残高 16.8 厘米（图248－3）。

陶豆　1件。泥质灰陶。盘形盖，子口，弧腹斜收，圜底，柄部以下残缺。C1M8929：3，口径 15.8、残高 10.8 厘米（图248－2）。

墓中出土的陶器鼎、豆、壶分别与《洛阳中州路（西工段）》中的Ⅴ式鼎、Ⅰ式豆和ⅢA式壶相似，所以该墓的时代应该为战国中期。

（6）C1M8931

长方形竖穴土坑墓，方向 180 度（图249；图版100）。墓室长 2.3、宽 1 米，墓底距地表深为 6.2 米。墓内填土为花土。葬具置于墓室中部，已朽，根据板灰痕迹测量，棺长 2.1、宽 0.6 米。墓内人骨保存一般，头部朽，仰身屈肢葬式，头向南，面向不清。

随葬品位于盆骨右侧。

石圭　2件。红褐色。C1M8931：1a，长 7.3 厘米（图 250－1）。C1M8931：1b，头部残。残长 7.8 厘米（图 250－2）。

（7）C1M8940

长方形竖穴土坑墓，方向 3 度（图251）。墓室长 2.4、宽 1.1 米，墓底距地表深为 5.8 米。墓内填土为花土。葬具置于墓室中部，已朽，根据板灰痕迹测量，棺长 2、宽 0.7 米。墓内人骨保存较

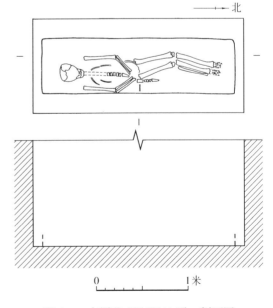

图 249　东周墓 C1M8931 平、剖面图

1.石圭

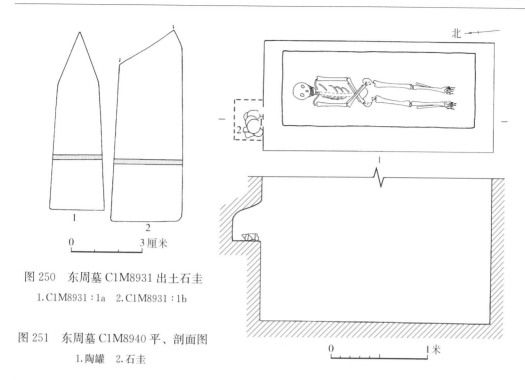

图 250 东周墓 C1M8931 出土石圭
1. C1M8931：1a 2. C1M8931：1b

图 251 东周墓 C1M8940 平、剖面图
1. 陶罐 2. 石圭

好，仰身直肢葬式，双手交叉置于盆骨处，头向北，面向上。墓室北壁偏西距墓底 0.8 米处有一长方形壁龛，长 0.4、进深 0.3、高 0.4 米。

壁龛内有 2 件随葬品。

陶罐 1 件。泥质灰陶。口微敞，平折沿，方唇，斜肩，折腹，平底。C1M8940：1，颈肩部各饰一周宽凹弦纹。口径 15.2、腹径 24.8、底径 12.8、高 17.2 厘米（图 252-1）。

石圭 1 件。红褐色。C1M8940：2，残长 6 厘米（图 252-2）。

墓中陶罐与《洛阳中州路（西工段）》中的Ⅳ式陶罐相似，故该墓的时代约为春秋晚期。

（8）C1M8944

长方形竖穴土坑墓，方向 0 度（图 253）。墓室长 1.7、宽 1 米，墓底距地表深为 4.6 米。墓内填土为花土。葬具置于墓室中部，已朽，根据板灰痕迹测量，棺长 1.45、宽 0.6 米。墓内人骨已朽，仰身屈肢葬式，

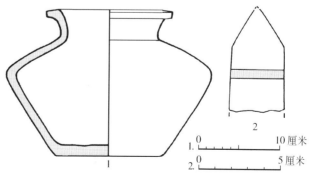

图 252 东周墓 C1M8940 出土器物
1. 陶罐（C1M8940：1） 2. 石圭（C1M8940：2）

双手置于盆骨处,头向北,
面向不清。

　随葬品位于右肋骨下侧。

　骨簪　1件。乳白色。
C1M8944:1,长 14.4 厘米
(图 254)。

　(9) C1M8960

　长方形竖穴土坑墓,方
向 0 度 (图 255)。墓室长
2.5、宽 1.5 米,墓底距地表
深为 3.8 米。墓内填土为花
土。葬具置于墓室中部,已
朽,根据板灰痕迹测量,棺
长 1.85、宽 0.75 米。墓内人
骨保存一般,为仰身屈肢葬

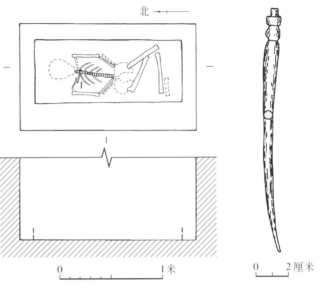

图 253　东周墓 C1M8944 平、剖面图　　图 254　东周墓 C1M8944
1.骨簪　　　　　　　　　　　　　出土骨簪 (C1M8944:1)

式,双手交叉置于盆骨处,头向北,面部不清。

　随葬品置于棺外北侧和棺内西部。

　铜剑　1件。剑身为柳叶形,中起
脊,剑茎及首残缺。C1M8960:4,通长
24.6 厘米 (图 256 - 1)。

　陶豆　2件。泥质灰陶。子口,浅弧
腹,圜底,短捉手,喇叭形高圈足。唯器
盖不同。C1M8960:1,覆盘形盖,腹部饰
一周凹弦纹。口径 12.8、高 17.6 厘米
(图 256 - 2)。C1M8960:2,盖较前者盘较
浅。口径 14、高 17.2 厘米 (图256 - 3)。

　陶罐　1件。泥质红陶。平折沿,方
唇,束颈,鼓腹,平底。颈部饰一周凹弦
纹。C1M8960:3,口径 10.8、腹径 14.4、
底径 8.4、高 14.4 厘米 (图256 - 4)。

　墓中的陶豆、陶罐分别与《洛阳中
州路 (西工段)》中的 I 式陶豆、IV 式陶

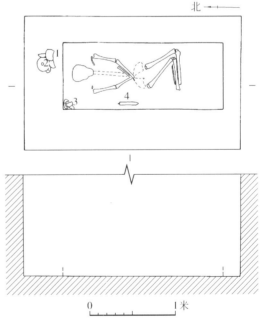

图 255　东周墓 C1M8960 平、剖面图
1、2.陶豆　3.陶罐　4.铜剑

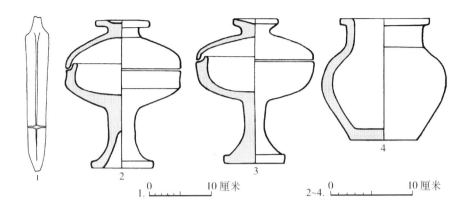

图 256　东周墓 C1M8960 出土器物

1.铜剑（C1M8960∶4）　2.陶豆（C1M8960∶1）　3.陶豆（C1M8960∶2）　4.陶罐（C1M8960∶3）

罐相似，故该墓的时代可能为春秋晚期。

（10）C1M9101

长方形竖穴土坑墓，方向 0 度（图 257）。墓室长 2.5、宽 1.4 米，墓底距地表深为 3.6 米。墓内填土为花土。葬具置于墓室中部，已朽，根据板灰痕迹测量，棺长 1.95、宽 0.95 米。墓内人骨保存不完整，仅存盆骨和两截腿骨，头向与面向均不清。

随葬品置于棺内西侧。

陶鼎　1 件。泥质灰陶。覆盘形盖，口微侈。子口，弧腹，平底，两侧为半圆形横耳，无穿。C1M9101∶1，足缺失。弧腹部饰一周凸棱纹。口径 18、高 14.2 厘米（图258-1）。

陶敦　2 件。泥质灰陶。大小、形制相同。盖缺失。子口，深腹，弧腹斜收，平底。C1M9101∶2，口径 15.2、底径 13.1、高 10 厘米（图 258-2）。

墓中的陶鼎、陶敦分别与《洛阳中州路（西工段）》中的Ⅶ式陶鼎、Ⅱ式陶敦相似，所以该墓的时代应该为战国晚期。

（11）C1M9104

长方形竖穴土坑墓，方向 350 度

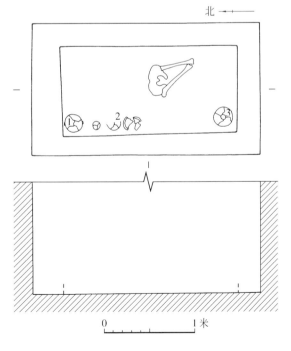

图 257　东周墓 C1M9101 平、剖面图

1.陶鼎　2、3.陶敦

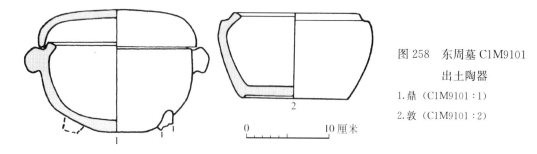

图 258　东周墓 C1M9101
出土陶器
1. 鼎（C1M9101：1）
2. 敦（C1M9101：2）

（图 259）。墓室长 2.6、宽 1.2 米，墓底距地表深为 2.8 米。墓内填土为花土。葬具置于墓室中部偏东，已朽，根据板灰痕迹测量，棺长 1.92、宽 0.65 米。墓内人骨保存较好，仰身屈肢葬式，双手交叉于盆骨处。头向北，面向上。

随葬品置于棺外墓室内北侧和人骨左侧。

陶器 6 件（套）。多为泥质灰陶，少数为泥质黑陶。多为素面，纹饰有凹弦纹和绳纹。

陶鼎　1 件。泥质灰陶。盘形盖，口微侈。子口，深腹，平底，两侧有半环状横耳，三个矮柱形足。C1M9104：1，腹部饰两周凹弦纹。口径 24、通高 17.2 厘米（图 260 - 2）。

陶壶　1 件。泥质灰陶。敞口，椭圆腹，平底。C1M9104：2，颈部有未抹平的绳纹痕迹，腹上部饰四周瓦棱纹，腹下部饰粗短绳纹。口径 12、腹径 20.4、底径 8、通高 29.6 厘米（图 260 - 1）。

陶敦　1 件。泥质灰陶。盖缺失，子口。弧腹，平底。C1M9104：4，口径 15.2、底径 7.2、高 10 厘米（图 260 - 3）。

陶盆　1 件。泥质灰陶。折沿，尖唇，弧腹，平底。C1M9104：3，口径 16.8、底径 8.5、高 9.2 厘米（图 260 - 4）。

陶盘　2 件。方唇，平底。根据口沿特征的不同，可分为二型。

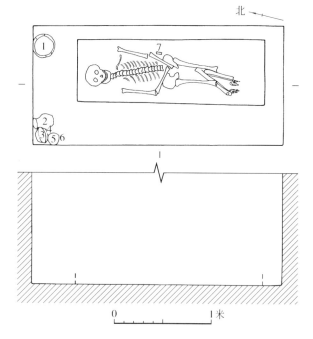

图 259　东周墓 C1M9104 平、剖面图
1. 陶鼎　2. 陶壶　3. 陶盆　4. 陶敦　5、6. 陶盘　7. 石圭

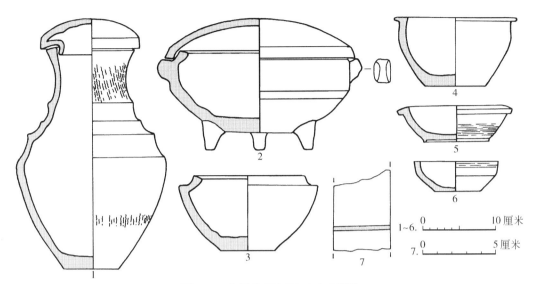

图 260　东周墓 C1M9104 出土器物

1.陶壶（C1M9104：2）　　2.陶鼎（C1M9104：1）　　3.陶敦（C1M9104：4）　　4.陶盆（C1M9104：3）

5.Ⅰ型陶盘（C1M9104：5）　　6.Ⅱ型陶盘（C1M9104：6）　　7.石圭（C1M9104：7）

Ⅰ型：1件。泥质黑陶。斜折沿内卷，斜腹。腹部饰绳纹。C1M9104：5，口径 15.2、底径 8、高 5.2 厘米（图 260-5）。

Ⅱ型：1件。泥质灰陶。直口，弧腹斜收，底部似为豆柄去掉后形成。C1M9104：6，口径 11.5、底径 5.4、高 4 厘米（图 260-6）。

石圭　2件。灰褐色。C1M9104：7，残长 5.4、宽 4 厘米（图 260-7）。

墓中的陶器鼎、壶、盆、Ⅰ型盘、Ⅱ型盘分别与《洛阳中州路（西工段）》中的Ⅷ式陶鼎、ⅠA 式陶壶、ⅠB 式陶盆、Ⅱ式陶盘、Ⅲ式陶盘相似，所以该墓的时代应为战国中期。

（12）C1M9109

长方形竖穴土坑墓，方向 0 度（图 261）。墓室长 2.8、宽 1.5 米，墓底距地表深 2.2 米。墓内填土为花土。葬具置于墓室中部，已朽，根据板灰痕迹

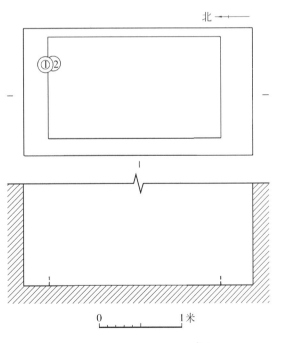

图 261　东周墓 C1M9109 平、剖面图

1.陶罐　2.陶豆

测量，棺长 2.1、宽 1.2 米。棺
内未发现人骨。

随葬品位于棺北侧。均为泥
质灰陶。

陶罐　1 件。敞口，折沿方
唇，短束颈，斜肩，折腹，平底。
C1M9109：1，口径 11.6、腹径
17.6、底径 8.8、高 16.2 厘米
（图 262－1）。

陶豆　1 件。盖残，子口，
浅弧腹，圜底，柄部以下残缺。
C1M9109：2，口径 14、残高
11.8 厘米（图 262－2）。

墓内的陶罐、陶豆分别与
《洛阳中州路（西工段）》中的Ⅳ
式陶罐、Ⅰ 式（M234：2）陶豆
相似，所以该墓的时代应该为春
秋晚期。

（13）C1M9111

长方形竖穴土坑墓，方向 355
度（图 263）。墓室长 2.6、宽 1.4
米，墓底距地表深为 6.2 米。墓内
填土为花土。葬具置于墓室中部，
已朽，根据板灰痕迹测量，棺长
1.75、宽 0.6 米。墓内人骨保存较
好，仰身直肢葬式，双手交叉放
于盆骨处，头向北，面向上。

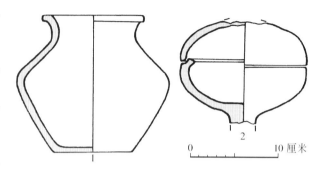

图 262　东周墓 C1M9109 出土陶器
1.罐（C1M9109：1）　2.豆（C1M9109：2）

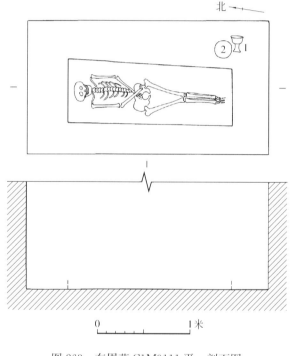

图 263　东周墓 C1M9111 平、剖面图
1.陶豆　2.陶罐

随葬品置于棺外东南部。均为泥质灰陶。

陶豆　1 件（套）。浅覆盘形盖，微敞口。子口，浅弧腹，圜底，喇叭形圈足。
C1M9111：1，口径 16.4、高 17.2 厘米（图 264－1）。

陶罐　1 件。口部残，束颈，斜肩，折腹，平底。C1M9111：2，腹径 16.8、底径
8.4、残高 12.8 厘米（图 264－2）。

墓内的陶豆、陶罐分别与《洛阳中州路（西工段）》中的 Ⅰ 式（M234:2）陶豆、Ⅰ 式

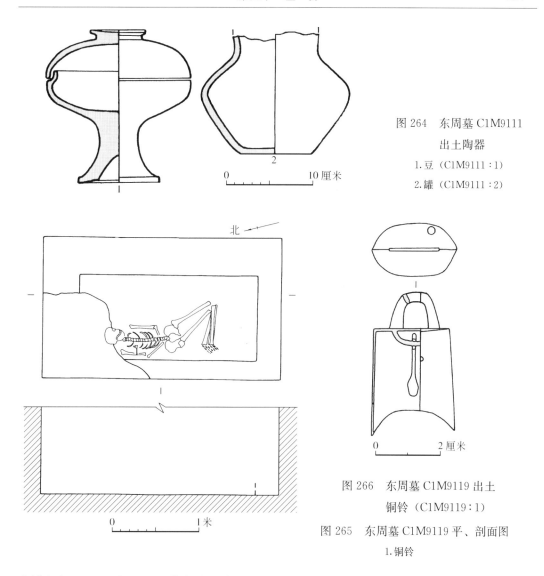

图 264 东周墓 C1M9111
出土陶器
1.豆（C1M9111：1）
2.罐（C1M9111：2）

图 266 东周墓 C1M9119 出土
铜铃（C1M9119：1）

图 265 东周墓 C1M9119 平、剖面图
1.铜铃

陶罐相似，所以该墓的时代应该为春秋晚期。

（14）C1M9119

长方形竖穴土坑墓，方向15度（图265）。该墓下有一汉代墓葬墓室，造成该墓西
北部塌陷。墓室长2.6、宽1.5米，墓底距地表深为2.3米。墓内填土为花土。葬具置
于墓室中部，已朽，根据板灰痕迹测量，棺长1.95、宽0.9米。墓内人骨保存较好，
仰身屈肢葬式，双手置于盆骨上部，头向北，面向东。

随葬品位于胸骨处。

铜铃 1件。弓形纽，折肩，口部弧度较大，舌缺失，铃身顶部和一侧均有一小穿
孔。C1M9119：1，通高4.2厘米（图266；图版101）。

3. 无葬具墓

8座。其中无随葬品墓4座，以C1M9098为例加以叙述。有随葬品墓4座，全部予以介绍。

（1）C1M9098

长方形竖穴偏室墓，方向5度（图267）。墓道为长方形竖穴土坑，长2、宽1米，距地表深为1.3米。墓道内填土为花土。墓室位于墓道的东侧，长方形，长2、宽0.6、高0.8米。墓内人骨保存一般，仰身屈肢葬式，头向北，面向上。

（2）C1M8615

长方形竖穴土坑墓，方向270度（图268）。墓室的东北角和北部靠中间位置各有一个盗洞。墓室长3.1、宽2.1米，墓底距地表深为7.6米。墓内填土为花土。未发现葬具和人骨。

随葬品分布于墓室的西部和中东部。

铜带钩　1件。残朽，形状不清楚。

陶鼎　1件。仅存两方耳。耳残长6.2厘米。

陶豆　2件。泥质灰陶。根据是否为子母口，可分为二型。

Ⅰ型：1件。口微外侈，方唇，盘斜腹折收，平底。C1M8615:6，柄部残缺。口径13.6、残高3.4厘米（图269-1）。

Ⅱ型：1件。子母口。盖为覆盘形，侈口，短捉手。子口，浅弧腹，圜底，喇叭形圈足。C1M8615:9，盘底饰四周凹弦纹。口径18、高19.2厘米（图269-2）。

水晶环　2件。大小各一件。C1M8615:1，浅青色。大型，剖面为

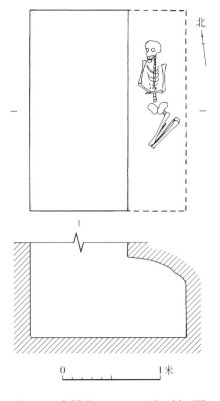

图267　东周墓C1M9098平、剖面图

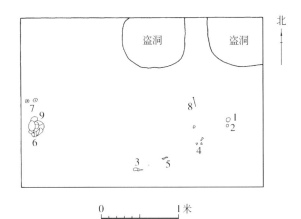

图268　东周墓C1M8615平面图
1、2.水晶环　3.石圭　4.玉石片　5.铜带钩
6、9.陶豆　7.陶鼎　8.骨簪

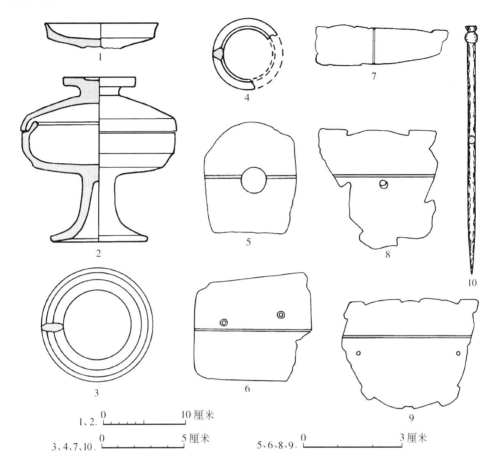

图 269　东周墓 C1M8615 出土器物

1. I 型陶豆（C1M8615：6）　　2. II 型陶豆（C1M8615：9）　　3. 水晶环（C1M8615：1）　　4. 水晶环
（C1M8615：2）　　5. 玉石片（C1M8615：4b）　　6. 玉石片（C1M8615：4c）　　7. 玉石片（C1M8615：4a）
8. 玉石片（C1M8615：4e）　　9. 玉石片（C1M8615：4d）　　10. 骨簪（C1M8615：8）

扁平状。直径 6.8 厘米（图 269 - 3；彩版 31）。C1M8615：2，天青色。小型，剖面近圆形。直径 4 厘米（图 269 - 4）。

　　石圭　1 件。残。

　　玉石片　10 件。青灰色。形状不规则，多数残，无或有一个或两个穿孔。素面（图版 102）。C1M8615：4a，长 8、宽 2 厘米（图 269 - 7）。C1M8615：4b，长 3.4、宽 2.7 厘米（图 269 - 5）。C1M8615：4c，长 3.2、宽约 3 厘米（图 269 - 6）。C1M8615：4d，长 3.3、宽约 3.5 厘米（图 269 - 9）。C1M8615：4e，长 3.6、宽 3.4 厘米（图 269 - 8）。

　　骨簪　1 件。褐黄色。剖面为圆形，头部呈葫芦状，尖端似针状。C1M8615：8，长 14.4 厘米（图 269 - 10；图版 103）。

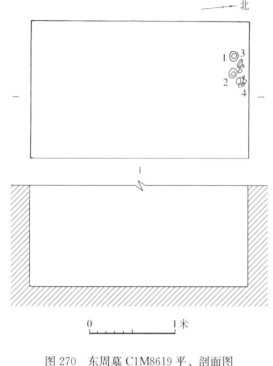

图 270　东周墓 C1M8619 平、剖面图
1、2.陶罐　3、4.陶豆

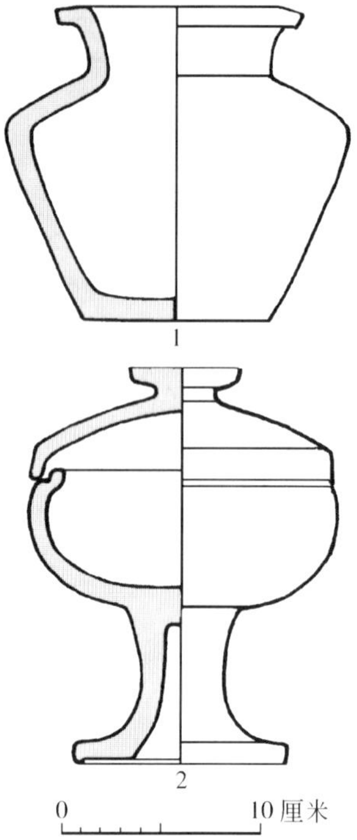

图 271　东周墓 C1M8619 出土陶器
1.罐（C1M8619：1）　2.豆（C1M8619：3）

　　墓中出土的Ⅰ型陶豆、Ⅱ型陶豆分别与《洛阳中州路（西工段）》中的Ⅱ式无盖陶豆、Ⅱ式（M2411）陶豆相似，所以该墓的时代应为战国中晚期。

　　（3）C1M8619

　　长方形竖穴土坑墓，方向 5 度（图 270）。墓室长 2.4、宽 1.46 米，墓底距地表深为 6.6 米。墓内填土为花土。未发现葬具和人骨。

　　随葬品分布于墓室的北部。

　　陶罐　2 件。泥质灰陶。大小、形制相同。敞口，折沿，方唇，束颈，斜肩，肩腹处转折，折腹，平底。颈部饰一周凹弦纹。C1M8619：1，口径 12.4、腹径 17.2、底径 9.2、高 15.2 厘米（图 271-1）。

　　陶豆　2 件。泥质灰陶。大小、形制相同。盖为覆盘形，侈口，短捉手。子口，深弧腹，圜底，喇叭形圈足。C1M8619：3，口径 14.8、通高 19.2 厘米（图 271-2）。

　　墓中陶罐、陶豆分别与《洛阳中州路（西工段）》中的Ⅳ（M451：1）陶罐、Ⅰ式陶豆相似，所以该墓的时代可能为战国中期。

　　（4）C1M9095

　　长方形竖穴土坑墓，方向 350 度（图 272）。墓室长 2.5、宽 1.25 米，墓底距地表深为 5.6 米。墓内填土为花土。墓室内未发现葬具及人骨。

随葬品位于墓室内北部。均为泥质灰陶。

陶豆 1件。覆盘形盖，盖上有捉手。子口，深弧腹，圜底，喇叭形圈足。C1M9095：1，口径17.6、通高20.8厘米（图273-1）。

陶鼎 1件。覆盘形盖，盖上有一周凸棱和三半环形钮。子口，深弧腹，圜底，两立耳外撇。三蹄状足外撇。C1M9095：2，腹中部有一周凸棱，腹底饰数周凹纹和刻划弦纹。口径17.2、高17.6厘米（图273-3）。

陶罐 1件。平折沿，方唇，短颈，深弧腹，平底。C1M9095：3，口径10.4、腹径13.6、底径5.2、高16.8厘米（图273-2）。

墓内陶鼎、陶罐分别与《洛阳中州路（西工段）》中的Ⅱ式陶鼎、Ⅳ式陶罐相似，所以该墓时代应该为春秋晚期。

（5）C1M8959

长方形竖穴土坑墓，方向200度（图274）。墓室长2.4、宽0.7米，墓底距地表深为3.8米。墓内填土为花土。墓内骨架保存较好，仰身直肢葬式，头向南，面向上。

在人骨左臂下方放置随葬品。

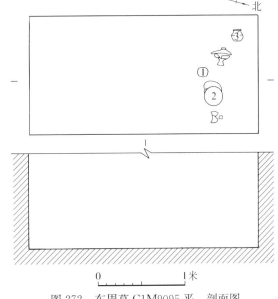

图272 东周墓 C1M9095 平、剖面图

1.陶豆 2.陶鼎 3.陶罐

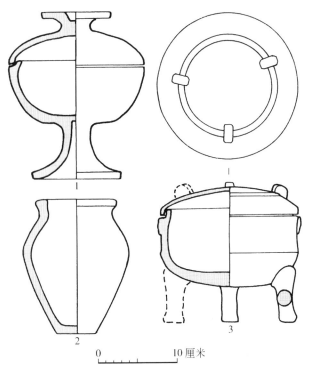

图273 东周墓 C1M9095 出土陶器

1.豆（C1M9095：1） 2.罐（C1M9095：3） 3.鼎（C1M9095：2）

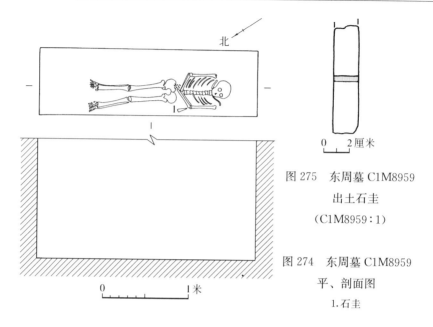

图 275　东周墓 C1M8959
出土石圭
(C1M8959:1)

图 274　东周墓 C1M8959
平、剖面图
1.石圭

石圭　1件。青灰色。长方形，头部有刃。C1M8959：1，长 11.8、宽 2.4 厘米（图 275）。

4. 空墓

11 座。所谓的空墓，指既无葬具、人骨，也无随葬品的墓葬。均为长方形竖穴土坑墓，长多 2 米余，宽约 1 米，方向多近 0 度，墓内填土为花土。以 C1M8964 为例加以叙述。

C1M8964

长方形竖穴土坑墓，方向 0 度（图 276）。墓室长 2.3、宽 1.2 米；墓底距地表深为 3.6 米。墓内填土为花土。

5. 小结

该区域内发现的东周墓葬除一座为竖穴

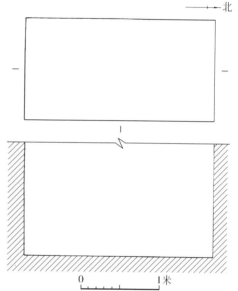

图 276　东周墓 C1M8964 平、剖面图

偏室外，余皆为长方形竖穴土坑墓。头向多指向北部，少量南部及东西向。墓室长度多在 2 米余，少量超过 3 米或更短在 2 米以下，皆为小型墓葬。葬具多为单棺或单椁单棺，葬式多为仰身屈肢，少量墓有壁龛。随葬品主要有陶器、玉石蚌器及少量铜器如剑等。其器物组合与器物演变规律符合《洛阳中州路（西工段）》东周墓葬的一般规律，

如春秋时期的鬲、罐、豆组合到鼎、罐、豆组合；战国时期的鼎、豆、罐组合到鼎、豆、壶组合到鼎、敦、壶组合。

该遗址内出现了较多的所谓空墓，既没有发现盗扰痕迹，也无葬具、人骨和随葬品。此次发现的这些空墓墓形规整，墓壁光滑，而洛阳地区先秦时期的墓葬除极少数规格较高者有墓道外，绝大多数是长方形竖穴土坑墓，据此我们认为这些长方形竖穴土坑应是墓。为什么是空的，不外乎以下两种可能：其一是挖好之后由于事出有因而未使用，如安阳殷墟西北岗的 M1567 "假大墓"，实际是一座未修好的墓，有研究者认为它是商纣王的墓，由于武王伐纣，纣遭遇牧野之战而自焚，未埋入原计划修建的陵墓内[①]。其二是迁葬。迁葬之风始于何时无从可考，但近现代仍有孑遗。迁葬原因有合葬、客死他乡后迁回家乡及从非家族墓地迁至家族墓地等几种。该遗址内的空墓属哪种情况还需要继续探讨。

该区域内的东周墓葬多为春秋中晚期及战国中晚期特别是战国中期的墓葬，可与考古发现的遗迹及文献记载的相关史料相对照。春秋时期，该区域是东周王城宫殿区的一部分，属宫殿区南部边缘靠近洛河的一部分，所以会有一些小型墓葬分布于此。并且我们从附近区域内发现的与作坊遗址有关的信息判断，这些墓葬可能与作坊工人有关。而且在该区域发现有大面积的早于战国时期的沟状堆积，我们认为是《国语·周语》所载"灵王二十二年，谷、洛斗，将毁王宫"这一事件的反映。到战国中期，该区域兴建了包括特大型院落遗址在内的一系列建筑，战国中期的墓葬较多可能与此事件有关。而考古发现证实在东周时期绝大部分墓葬均分布于城内，这可能与当时的战乱及城内有较多的空地有关。

---

① 杨锡璋：《商代的墓地制度》，《考古》1983 年第 10 期。

第五章 洛阳瞿家屯东周大型
夯土基址的相关研究

从解剖沟的地层包含物来看，PG1⑤层的时代略同于洛阳王湾第一期；PG2⑤层的时代约为仰韶文化第一期，相当于洛阳王湾第一期；PG4⑤层的时代约为王湾一期。则第⑤层的时代约为王湾一期。涧河旁在西干沟、同乐寨曾发现有仰韶文化遗址[①]，另在中州路邻近涧河的地段也发现有仰韶文化遗址[②]。说明史前涧河两岸就是适合人类居住的一个重要地区。

该区域还发现有一批西周墓葬，多两两并列分布，还有打破关系。除少许西周墓葬有较丰富的随葬品外，多没有随葬品或仅有贝币，且多有腰坑。在其临近的涧河两岸还发现有较多的西周祭祀遗存、西周灰坑和墓葬。根据《尚书·洛诰》"我乃卜涧水东瀍水西。惟洛食"的记载，该区域是西周时期的一个重要聚落遗址。

从解剖沟的地层包含物来看，PG2④层的时代初步定为春秋时期；PG3④层的时代约为春秋晚至战国早期。结合解剖沟的地层及遗迹之间的堆积情况来看，第④层的时代约为春秋晚至战国早期。根据《国语·周语》"灵王二十二年，谷、洛斗，将毁王宫"的记载，涧河东岸涧河入洛水处的瞿家屯村一带，也即我们所在的发掘区，应是东周王城的王宫所在地。此次发掘，在发掘区域内发现了大量的早于战国中期的冲积沟，即应是"谷、洛斗"这一事件的反映。这也从另一个侧面印证了"谷、洛斗"这一事件的真实性。

延至战国中期或略晚，该遗址内的大型院落及其内的大型建筑群始建并使用，至战国晚期废弃。从其内涵、规模、规格和功用及时代、分布区域、地理环境诸方面进行综合考虑，我们认为它极有可能是东周周赧王从东周成周城徙居王城的居住址。

在战国晚期，该遗址仅有小型的夯土建筑基址如夯土 PG2HT2 和夯土墙 PG2Q7、PG2Q5 等，从其规模看，已沦为一般民居。

汉代，此处尚有夯土建筑基址如 PG2HT3 和窖藏坑 J1、J2、J3 等，也为一居住址。

---

① 中国社会科学院考古研究所：《洛阳发掘报告》，北京燕山出版社，1989 年。
② 中国科学院考古研究所：《洛阳中州路（西工段）》，科学出版社，1959 年。

　　唐代，该区域应为唐上阳宫的一部分。《唐六典》卷一载："上阳宫在皇城之西南，苑之东垂也，南临洛水，西拒谷水，东面即皇城右掖门之南。"该区域正处于文献记载的唐上阳宫遗址范围内。高宗、武则天统治时期很多重要的事皆发生于此。上阳宫规模宏大，建筑雄伟，景色秀丽。曾经在洛阳市支建街考古发现东西长 50.5、南北最宽处为 17.5 米的遗址[①]。此次发掘，发现有大面积唐代的夯土基址、砖券水井等遗迹，为寻找上阳宫遗址又提供了重要线索。

　　该工地特别是战国中期大型建筑群夯土台基的发现，可以说是近年来洛阳东周王城考古乃至国内东周考古的重要发现，对东周王城的研究无疑具有非常重要的作用。东周王城的宫殿建筑基址由于没有大面积的揭露，其布局及建筑方式方法不明。此次发现的东周大型夯土台基为我们研究东周时期礼制建筑的布局及建筑特点提供了不可多得的资料，也为我们深入研究东周王城建造过程及复原这一时期的礼制建筑提供了极其珍贵的实物资料。同时，古文献对于东周王城修建的记载往往与考古发掘不相符合，也使许多研究者陷入困惑。随着东周王城考古发掘和研究的深入，使得我们有可能对东周王城的认识进行较为全面的反思。总之，瞿家屯东周大型夯土台基的发现，是东周考古的一个重大突破，必将进一步深化东周王城乃至东周考古的研究。

　　该遗址发掘后，随着整理资料的深入，也使我们对该遗址的布局、性质等诸问题有了进一步的了解，所以我们也曾对该遗址所涉及的一些问题进行了初步的探讨。有的认识可能并不成熟，现将这些初步的认识附于后，恳请方家予以指正。

---

① 洛阳市地方史志编纂委员会编：《洛阳市志》第十四卷《文物志》，中州古籍出版社，1995 年。

洛阳瞿家屯东周大型夯土基址的
发现及其意义

徐昭峰　　薛方

洛阳瞿家屯东周大型夯土建筑基址位于涧河（亦即谷水）东岸、洛河之北的台地上，其位置在瞿家屯村东南部、东周王城南城墙以南。发掘面积约 1 万平方米，发现有大型的成组夯土建筑基址、墙基、散水、排水给水设施、池苑、水井、水沟、陶窑等遗迹及大量的瓦当、瓦钉、板瓦、筒瓦、陶水管道、空心砖、鹅卵石、石块等建筑材料，另有少量的陶豆、陶盆、陶罐等器物残片。

主要的遗迹现象均出于一个特大型院落内，此院落由一条南北长达 200 米的西墙及东西长约 30 米的南墙围成，其东、北两侧均出发掘区。遗迹间有叠压、打破关系，根据遗迹之间的叠压、打破关系，建筑特点和包含物等，可以将院落内的这些夯土建筑基址分为三期四组。

第一期早段自南向北由池苑南侧的墙、池苑、中庭、第一组主体建筑（包括四阿重屋的主体殿堂、主体殿堂通向寝殿的廊庑及寝殿）组成。在廊庑西侧有以散水形成的西庭院，寝殿北侧偏西有一长方形散水形成的天井及天井北部的寝殿附属小型夯土建筑基址。

第一期略晚，在池苑西侧增建有独立的四合院性质的第二组建筑群。由石子铺就的散水形成中央部分的天井，南北对称的两处较大型夯土宫殿基址，西侧带火墙的廊庑及东侧的门道及散水，从其布局看，似为文献所言之"小寝"。

第二期，在主体殿堂的南北两侧各筑一道东西向的围墙，将整个院落分为四个相对封闭的单元。池苑、池苑西侧的第二组建筑、第一组建筑的主体殿堂、寝殿及其附属建筑继续沿用，第一组建筑连接主体殿堂和寝殿的廊庑被破坏而废弃。增建第三组建筑，及主体殿堂西侧的大型西厢建筑及与其一体的东侧散水。

第三期，除寝殿外的二期建筑继续沿用，寝殿规模急剧缩小，仅利用原寝殿的西部约三分之一大小及原寝殿的附属建筑，并用南北向的两道围墙形成一个封闭的单位，即第四组建筑。

从地层及遗迹内的包含物结合遗迹之间的叠压打破关系来看，这处大型的夯土建筑基址上限可至战国中期，而其下限则在战国晚期或延续至西汉早期。

从建筑的规模及特点来看，其规模大，石子铺就的散水、石块修砌的墙基、四通八达的排水给水系统、大型的石制柱础及四阿重屋的建筑均显示其规格非常之高，特别是具有轴线性质的建筑如池苑、主体殿堂、寝殿等更显示该处夯土建筑基址并非一般民居。遗址鲜有生活器物出现，而出土大量的建筑构件如板瓦、筒瓦、圆瓦当、半瓦当、瓦钉及大型空心砖、方砖等，这一现象与二里头遗址宫城内的宫殿基址和偃师商城宫城内的宫殿基址的发现情况基本相同。结合古文献及金文记述，笔者倾向于该处遗址为一处战国中晚期的大型礼制性的宫室建筑，属东周王城的一部分。这一大面积夯土基址的发现对东周王城的研究无疑具有非常重要的作用。

首先，东周王城的宫殿建筑基址由于没有大面积的揭露，其布局及建筑方式方法不明。此次发现的东周大型夯土建筑基址为我们研究东周时期礼制建筑的布局及建筑特点提供了不可多得的资料，也为我们深入研究东周王城建造过程及复原这一时期的礼制建筑提供了极其珍贵的实物资料。

其次，此次发掘也为我们研究东周王城早期的王宫所在地提供了重要的信息和资料。根据以往的考古勘探和发掘资料，在北起行署路、南至瞿家屯村，东起王城大道、西至涧河的这一区域内，发现了大面积的夯土建筑基址和粮仓遗存。据此，许多学者认为东周王城西南部的这一带应为王宫所在地。更有学者从《国语·周语》所载"灵王二十二年，谷洛斗，将毁王宫"这一事件结合东周王城所处的地理环境，认为"谷洛斗"处即在今瞿家屯村一带。故此，东周王城的王宫所在地位于今瞿家屯村一带，也即东周王城的西南部这一带。

此次发掘，在发掘区域内发现了大量的早于战国中期的冲积沟。从层位关系上来讲，此次的建筑基址多建于第④层及生土之上，也有一些建于冲积沟之上，如大型院落的西墙即建于一条冲积沟上；再如，第三组建筑的西墙也建于这条冲积沟上。同时，在大型院落的西侧约50米、南部偏西等区域内发现大面积的冲积沟。在修建该处夯土基址的过程中，将这些冲积沟均进行回填夯打，填土杂脏，包含大量的战国板瓦筒瓦及少量生活器皿残片，很明显不是该区域内的堆积，应是早期的王宫区域内的堆积。这些东周王城南部的形成于春秋时期的纵横交错的冲积沟应是"谷洛斗"这一事件的反映。这也从另一个侧面印证了"谷洛斗"这一事件的真实性，同时也再次有力论证了东周王城西南部为王宫所在地的事实。

第三，此次发掘发现了作坊遗址，为深入研究东周王城的布局及聚落形态也提供了难得的资料。在Ⅲ区偏南部，在发掘一座汉代墓葬时，发现了一座东周烧窑，留存有大量的个体大而厚重的板瓦。在Ⅱ区水渠（SHQ）与1号夯土墙（Q1）交接处的西南部，发现了一个应该与作坊有关的水池（小水池）遗迹。在大型院落西侧偏北部，发现了一座疑为烘范炉的陶窑，增强了该处作坊遗址的可能性。

第四，该处夯土基址的发现也为我们探讨东周王城东南部的缺失提供了一定的信息。在 20 世纪 50 年代对东周王城的勘探中，对东周王城东墙的南部及南墙的东部这一带存在缺失现象，学术界有不同的认识。多数学者认为是洛河冲毁造成的。此次的考古发掘证实了这一认识的正确性。从目前的考古发掘资料来看，东周王城的东墙向南可延至二十七中，再南则为九都路南侧之断崖。南墙则为 20 世纪 50 年代所探测的长度。

此次发掘的大型院落内的夯土基址，仅是此院落的不到二分之一的部分，其大部还在发掘区域的东部。此外，在大型院落的西部还发现有同期的大面积夯土基址，依对称原则，在大型院落发掘区域的东部应该也还有大面积的夯土基址。而发掘区东侧的区域据当地村民讲是一处低洼地带，夯土应已不存。另外据《洛阳发掘报告》，东周王城南墙残长仅 800 余米，其东部断裂处正对应此次发掘区，这也从另一个方面佐证了东周王城东南部一带被洛河冲毁的事实。

第五，此次发掘出土了一定数量的空心砖，依层位关系，其年代在战国中晚期。这一发现可以说明两个问题：其一，在战国时期已开始生产并使用空心砖；其二，空心砖首先应使用于地上建筑，其后在西汉时期才用于墓室的建造。

此外，此次考古发掘对我们先前的考古勘探发掘与研究具有一定的反思作用。根据以往的考古勘探与发掘结果，认为现今的这一区域位于东周王城的遗址区以外，从而忽视了对东周王城城墙以外区域的探索。同时，古文献对于东周王城修建的记载往往与考古发掘不相符合，也使许多研究者陷入困惑。随着东周王城考古发掘和研究的深入，使得我们有可能东周王城的认识进行较为全面的反思。

总之，瞿家屯东周大型夯土建筑基址的发现，是东周考古的一个重大突破，必将进一步深化东周王城乃至东周考古的研究。

洛阳瞿家屯东周大型夯土基址的初步研究

徐昭峰　　朱磊

洛阳瞿家屯东周大型夯土建筑基址发现于瞿家屯村东南部、东周王城南城墙以南，坐落于涧河（亦即谷水）东岸、洛河之北的台地上。发掘面积约 1 万平方米，发现有大型的成组夯土建筑基址、墙基、散水、排水给水设施、池苑、暗渠、水井、陶窑等遗迹及大量的瓦当、瓦钉、板瓦、筒瓦、陶水管道、卵石、石块及空心砖等建筑材料，另有少量的陶豆、陶盆、陶罐、陶鬲等器物残片。

主要的遗迹现象均出于一个特大型院落内，遗迹间有叠压打破关系，根据遗迹之间的叠压、打破关系、建筑特点和包含物等，可以将院落内的这些夯土建筑基址分为二期。此院落由一条南北残长达 200 米的西墙及东西残长约 30 米的南墙围成，其东、北两侧均出发掘区。

下面从考古发现入手，结合相关的文献及考古发掘资料，对该基址的布局、功能等进行初步的复原研究，在此基础上对其性质进行初步的推定。

一　特大型院落内夯土建筑基址的分期及布局

第一期是该遗址的始建期，也是其繁荣期。从其整体布局来看，从南向北由两道东西向夯土墙将其分割为三个相对独立的单元。南面第一个庭院，南北长约 100 米，在其北端发现了具有中轴性质的池苑遗存。池苑西侧发现与其同期的四合院性质的夯土宫殿基址，其东有与池苑东西平行的散水，基址中部有一天井，内有卵石铺就的封闭型近方形散水。在此宫殿基址南侧发现一暗渠，应与池苑有关，向西穿过院落西墙北行。

池苑向北的第二个庭院，南北长约 50 米。庭院西部为一大型厢房建筑，南北长约 50 米，宽 5 米余。厢房建筑的东边有一排柱础石，再东面有一用卵石铺成的散水。在厢房建筑的东面发现同样具有中轴性质的四阿重屋的主体殿堂。此夯土基址位于一个三面封闭的用卵石铺成的散水内，东出发掘区。

主体殿堂向北的第三个庭院，南北残长约 50 米，东、北两面均出发掘区。同样具有中轴性质的主体夯土基址位于中部，体量较大，从其西边的发掘情况来看，有隔墙形成的"旁"，即"房"，小室也。主体夯土基址南有一较大型天井，内有长方形卵石铺就的散水。散水东面应是与主体夯土基址相连的厢或庑。主体夯土基址北部偏西有附属于它的小型夯土建筑基址，在主体夯土基址和附属于它的小型夯土建筑基址之间有一小型天井，内有用卵石铺成的封闭型近方形散水。

第二期从发现情况来看，是位于第三个庭院打破并叠压于第一期主体夯土基址之上的一处夯土基址，其东西两面均残存有夯土墙。同期遗存还有几处砖砌（或石砌）窖藏坑。

此处我们仅探讨该组夯土建筑基址的第一期遗存。从地层及遗迹内的包含物结合遗迹之间的叠压打破关系来看，这处大型的夯土建筑基址群上限早不过战国中期，而其下限则在战国晚期或略后。

二　特大型院落内夯土建筑基址的定名、功能及复原研究

为研究之便利，我们自南向北将特大型院落内发现的夯土基址进行编号（图1）。剔除D4建筑基址上层建筑（属特大型院落内时代最晚的夯土基址），依据对称原则，我们绘制了这组夯土建筑基址的复原示意图（图2）。在此基础上，考虑到D1及池苑以南与特大型院落南墙之间的广大区域，在其西部未发现规则的夯土建筑基址，而这一广大区域又不可能是空地，故推测这一区域应有文献所谓之大型宫殿外朝。同时，在D5以北至东周王城大城南墙之间尚有约100米的距离，参照贺业钜《宫城规划设想图》①及相关资料，推测D5以北应还有宫殿建筑，我们笼统称其为后寝。据此，我们绘制了这组夯土建筑基址的复原推想示意图（图3）。

下面依据考古发掘结果，参照遗迹之间的相互关系，对这组夯土建筑基址的建造及定名、功能等作一厘定。

从发掘情况看，该组夯土建筑基址的建造是有严格的规划的。首先建造了建筑群外的墙垣，即发掘的特大型院落的西墙和南墙。因为从叠压

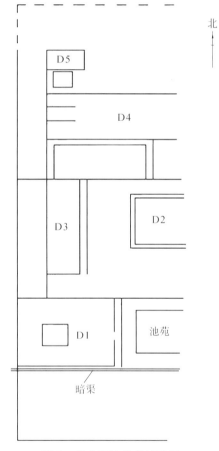

图1　夯土基址分布示意图

①　参见戴吾三：《考工记图说》第125页，所引贺业钜《宫城规划设想图》，山东画报出版社，2003年。

打破关系来讲，D1 叠压在特大
型院落的西墙和暗渠之上，而暗
渠的修建其西部是在特大型院落
的西墙下面掏挖而成。同时，
D1 北侧的东西向夯土墙也叠压
在特大型院落的西墙之上，而与
D3 同期的 D3 西墙叠压在东西
向夯土墙上。D2、D4 及 D4 的
附属建筑 D5 应与 D1、D3 同期。
故特大型院落的墙垣是最早的。

　　从遗迹之间的相互关系来
看，池苑是这组建筑群南部具有
轴线意义的遗存。池苑位于宫城
南部的规划与早于它的商代池苑
位于宫城的北部大不相同①，极
具有开创意义。池苑东侧应有与
D1 对称的 D6。同时，在池苑以
南的轴线上修建了外朝 D9。之
所以言池苑以南有外朝，一是考
察了建造年代上略早于此建筑群
的陕西凤翔马家庄 3 号遗址夯土
基址的布局②和晚于它的西汉长

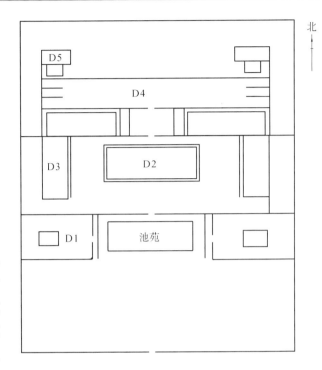

图 2　夯土基址复原示意图

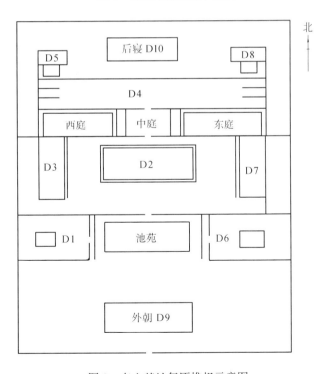

图 3　夯土基址复原推想示意图

①　a. 杜金鹏、张良仁：《偃师商城发现
　　　商代早期帝王池苑》，《中国文物
　　　报》1999 年 6 月 9 日第 1 版。
　　b. 河南省文物研究所：《1992 年度郑
　　　州商城宫殿区发掘收获》，《郑州商
　　　城考古新发现与研究》，中州古籍
　　　出版社，1993 年。
②　a. 陕西省雍城考古队：《秦都雍城钻
　　　探试掘简报》，《考古与文物》1985
　　　年第 2 期。
　　b. 杨鸿勋：《宫殿考古通论》第 127
　　　页，对秦都雍城马家庄 3 号建筑基
　　　址进行了复原，紫禁城出版社，
　　　2001 年。

安城未央宫三大殿的布局情况①。杨伯峻《春秋左传》"闵公二年"注云："天子、诸侯皆有三朝：曰'外朝'、曰'治朝'、曰'燕朝'。"之所以没有在池苑以南发现所谓外朝夯土基址，除上述原因外，还因为对应池苑及治朝 D2 的中轴线在池苑以南已出发掘区域且已被现代所挖的水渠破坏殆尽。既然在略早于它的秦都雍城和晚于它的西汉长安城的考古发掘中均有发现，那么在始建于战国中晚期的东周王城宫城中发现三大殿也不足为奇。殿前均有宏大的庭，《说文》："庭，宫中也。"《玉海》："堂下至门谓之庭。"外朝 D9 及其庭当为举行大朝、婚丧、即位等大典乃至诉讼之用②。

池苑以北的治朝 D2，从发掘情况结合《考工记》云"殷人重屋"，故其应为四阿重屋的主体殿堂。其前也有宏大的庭。该建筑气势宏伟，体量较大，显示其非同一般的重要性。治朝也即正朝、正殿。《周礼·天官冢宰》曰："王视治朝，则赞听治。视四方之听朝，亦如之。"明言治朝乃王日常朝会之所。D2 两侧的 D7、D3 应是附属并服务于 D2 的东西厢房。

治朝 D2 以北为 D4 及其庭，依据发掘情况及中轴线对应情况，我们将 D4 前的庭院复原为东、中、西三重庭院可能比较符合客观事实。D4 从发现情况看，其西部有两道东西向的墙，将 D4 西侧部分分为三间小室。依对称原则，其东侧部分也应有三间小室。《释名·释宫》："房，旁也，室之两旁也。"D4 两侧的小室也应是附属并服务于其主室的。

依据古文献，治朝以里为燕朝，也就是"路寝"、"王寝"、"燕寝"，是王与宗族、近臣不拘礼仪议事和燕（宴）乐的地方③。从发掘结合复原情况来看，D4 正寝体量最大。不仅如此，在 D4 西北部用石子铺就的天井的北面有它的附属建筑 D5，为东西长、南北宽的横长方形。从柱础分布情况来看，应为分间的厢房式建筑。《周礼·东官·考工记》："应门……内有九室，九嫔居之。"依对称原则，在 D5 以东有对应的 D8，它们均附属于 D4，可能即为九嫔所居之处。同时，在 D4 与 D5 之间的天井的东面，发现有同时期的井一口及红烧土、炭灰堆积，这一带也应是附属并服务于 D4 的遗存。

从复原推想示意图来看，该组建筑基址与西汉长安城未央宫遗址前殿复原设想图极其一致④。

D5 以北至东周王城南墙之间尚有约 100 米的范围。笔者之所以认定该组建筑的最北端与王城南墙相接，原因有两个：其一是东周王城的城墙其始建及增筑年代早于此组

---

① 中国社会科学院考古研究所：《汉长安城未央宫》，中国大百科全书出版社，1996 年。
② a. 刘庆柱、李毓芳：《汉长安城》第 66 页，文物出版社，2003 年。
　　b.《周礼·秋官司寇》云："小司寇之职，掌外朝之政，以致万民而询焉。"
③ 杨鸿勋：《宫殿考古通论》，紫禁城出版社，2001 年。
④ 杨鸿勋：《宫殿考古通论》，紫禁城出版社，2001 年。

建筑或与此组建筑略同，即始建于战国中期，增筑于战国中晚期①。其二笔者认为该组建筑是东周王城的一部分，属宫室建筑基址，它的建造极有规划性。如是，则这么大的范围不可能是空地，依据贺业钜所绘之《宫城规划设想图》②，在路寝及九嫔九室之北还有大批的建筑。《礼记·月令》："是月也，玄鸟至。……天子亲往，后妃帅九嫔御。"此后妃当为王妃，王妃之居在天子之寝后③。佐证这一记载的是西汉长安城未央宫的考古发现，在三大殿布局的前殿之后为皇后正殿——椒房殿④。故综合研究后，笔者认为D5以北应还有建筑，我们姑且笼统称之为后寝。

　　除上述夯土宫殿基址外，在治朝 D2 南北各发现一条东西向夯土墙。结合该建筑群最南侧的外围夯土墙，则该组建筑群至少可形成三个相对独立的单元，并且自南向北至少有三个大门。杨伯峻《春秋左传》"闵公二年"注云："诸侯之宫有三门，曰'库门'，即外门；曰'雉门'，即中门；曰'路门'，即寝门。"《礼记正义》："大庙，天子明堂。库门，天子皋门；雉门，天子应门。"注云："天子五门，皋、库、雉、应、路。"而陕西凤翔马家庄 3 号基址有 5 重门⑤，当合于礼制，而洛阳瞿家屯东周大型夯土建筑基址则不甚合乎礼制。

三　特大型院落性质的推定

　　东周王城春秋时期的宫殿区位于该遗址之北直至行署路、西起涧河东至王城大道（含仓窖区）这一区域内。从考古发现情况来看，在东周王城内西南部具有王权象征意义的南北两组建筑打破东周早期文化层，局部夯土建筑上面还叠压有战国文化层，故发掘者分析其时代应属东周早期⑥，即春秋时期。而近年来在上述东周王城宫殿区内也发现了大规模的战国时期的夯土基址，从其延续情况结合文献记载，说明该区域应是东周王城的宫殿区，这也为学界所公认。更有学者从《国语·周语》所载"灵王二十二年，谷洛斗，将毁王宫。"这一事件结合东周王城所处的地理环境，认为"谷洛斗"处即在今瞿家屯村一带。故此，东周王城的王宫所在地位于今瞿家屯村一带，也即东周王城的西南部这一带⑦。

① a. 洛阳市文物工作队：《洛阳市东周王城东城墙遗址发掘简报》，《考古与文物·先秦考古》2002 年增刊。
　　b. 周永珍：《关于洛阳周城》，《洛阳考古四十年》第 227～229 页，科学出版社，1996 年。文中认为该城为西周桓公所居之河南，笔者同意其分析之城墙建于战国时期。
② 参见戴吾三：《考工记图说》第 125 页所引贺业钜《宫城规划设想图》，山东画报出版社，2003 年。
③ 柳诒徵：《中国文化史》第 155 页，东方出版社 1996 年。
④ 刘庆柱、李毓芳：《汉长安城》，文物出版社，2003 年。
⑤ 陕西省雍城考古队：《秦都雍城钻探试掘简报》，《考古与文物》1985 年第 2 期。
⑥ 中国社会科学院考古研究所：《洛阳发掘报告》第 139～140 页，北京燕山出版社，1989 年。
⑦ 李学勤：《考古发现与东周王都》，《欧华学报》1983 年第 1 期。

我们前面在厘定及复原特大型院落内的夯土宫殿基址时，直接称其为王宫，是因为该组建筑完全具备王宫的内涵、规模、规格和功用。

首先，在该组夯土建筑内发现了大量的板瓦、筒瓦、瓦钉及空心砖、石块等建筑材料，而日常生活用具如陶质等器皿发现极少，这种现象说明该处遗址非日常生活居所。

其次，该组夯土建筑除同期的夯土基址、夯土墙、池苑、给、排水设施外，只有很少的与日常生活相关的遗迹的发现，这与偃师二里头和偃师商城宫殿区的情况颇为相似[①]。

第三，它规模大，规格高。从发现情况看，宫城城墙南北长约 200 米，复原长度约300 米；东西长约 30 米，复原长度约 100 米。其内的池苑、主体殿堂 D2、D4 及 D1、西厢 D3 等规模都很大。用石板修砌的暗渠，与偃师商城宫城北部的池苑遗存相近[②]，显示其规格之高。同时，复杂的给、排水系统，石子铺就的规整的散水，排列有序的柱础石，特别是 1 米见方的大型柱础石的使用及体量极大的宫殿建筑群等，均显示出其规格极高，非周王室之外，不可能属其他个人或社会组织营建和居住使用。

第四，其规划之严整，布局之讲究，显示其应属周王室的宫殿区。首先是其营建，是严格按照规划进行的。先建外围宫城城墙，宫城城墙的宽度西墙在 1～2 米之间，南墙为正墙较宽，约 3 米左右，与偃师二里头宫城城墙[③]及偃师商城宫城城墙[④]宽度略同。其后，营建分隔宫城的两道东西向夯土墙和池苑及暗渠，接着营建各宫殿基址。其布局基本按照周代的礼制要求予以营建，宫城布局前合于秦都雍城马家庄 3 号宫殿建筑群，后应于西汉长安城未央宫前殿建筑群。

关于其性质，从考古发掘来看，遗址内鲜有生活器物出现，而出土大量的建筑构件如板瓦、筒瓦、卷云纹圆瓦当、半瓦当、瓦钉及大型空心砖、方砖等。从建筑的规模及特点来看，其规模大，单体建筑的体量大，石子铺就的散水，石块修砌的墙基，四通八达的排、给水系统，大型的石质柱础及四阿重屋的建筑均显示其规格非常之高，特别是具有轴线性质的建筑如池苑、主体殿堂、寝殿等更显示该处夯土建筑基址并非一般民居。同时，在遗址区内几乎没有同时期的其他与日常生活相关的遗迹的发现，这一现象与二里头遗址宫城内的宫殿基址和偃师商城宫城内的宫殿基址的发现情况基本相同[⑤]。同时，瞿家屯东周大型夯土建筑基址内没有发现祭祀遗存或与祭祀有关的遗存（包括遗

① 许宏等：《二里头遗址聚落形态的初步考察》，《考古》2004 年第 11 期。
② 杜金鹏、张良仁：《偃师商城发现商代早期帝王池苑》，《中国文物报》1999 年 6 月 9 日第 1 版。
③ 中国社会科学院考古研究所二里头工作队：《河南偃师市二里头遗址宫城及宫殿区外围道路的勘察与发掘》，《考古》2004 年第 11 期。
④ 中国社会科学院考古研究所洛阳汉魏故城工作队：《偃师商城的初步勘探与发掘》，《考古》1984 年第 6 期。
⑤ 许宏等：《二里头遗址聚落形态的初步考察》，《考古》2004 年第 11 期。

物），可以排除其为宗庙建筑或与东周王城有关的大型祭祀建筑基址。结合前面所述之此建筑基址的内涵、规模、规格和功用，则它只能是日常朝会之所。同时，考虑到该建筑基址的始建和使用年代及其所处之位置，我们初步认为很有可能是战国时期周赧王所居住的宫室建筑基址。

周赧王，关于其即位及卒年，文献均有记载。《史记·周本纪》：慎靓王立六年，崩，子赧王延立。《史记·秦本纪》秦惠王十一年，"公子通封于蜀。"《集解》引徐广曰："是岁王赧元年。"［索隐］曰：《华阳国志》曰："赧王元年，秦惠王封子通国为蜀侯，以陈庄为相。'徐广所云，亦据《国志》而言之。'"《古本竹书纪年辑证·魏纪》注云，周赧王元年，也即燕王哙七年，齐宣王六年。《资治通鉴·卷第三》云，赧王元年，即公元前三一四年。关于其卒年，《史记·周本纪》载周赧王五十九年，周君、王赧卒。《史记·世家第一三》，赵孝成王十年，"太子死。"《集解》引徐广曰："是年周赧王卒，或者'太子'云'天子'乎？"是为公元前256年。周赧王的一生可以说是屈辱的一生。［索隐］曰：皇甫谧云名诞。赧非谥，《谥法》无赧。正以微弱，窃缺逃债，赧然惭愧，故号曰"赧"耳。又按：《尚书中候》以"赧"为"然"，郑玄云"然读曰赧"。王劭按：古音人扇反，今音奴板反。《尔雅》：面惭曰赧。［正义］曰：刘伯庄云："赧是惭耻之甚，轻微危弱，寄住东西，足为惭赧，故号之曰赧。"《帝王世纪》云："名诞。虽居天子之位号，为诸侯之所役逼，与家人无异。名负责于民，无以得归，乃上台避之，故周人名其台曰逃责台。"

《史记·周本纪·正义》引《括地志》云："故王城，一名河南城，本郏鄏，……自平王以下十二王皆都此城，至敬王乃迁都成周，至赧王又居王城也。"敬王至赧王本居东周成周（今汉魏洛阳故城内），因东西周分治，东周君本居巩，后居东周成周，周赧王无居处，故又迁居王城。但此时的王城为西周君所居，故很有可能洛阳瞿家屯东周大型夯土建筑群是西周君为居周赧王所筑，偏居一隅，当合于历史实际。从《史记·周本纪》的记载来看，自此后所载与周有关的大事均仅见于西周君，或称为周君，而鲜见与赧王有关的记载。若是，则甚有可能西周君在战国中晚期居于原王城内，而东周王城南墙外的瞿家屯东周大型夯土建筑群则为周赧王所居。理由如下：

第一，考古发现显示瞿家屯东周大型夯土建筑基址叠压有战国早期的灰坑和墓葬，故其建筑及使用时间不早于战国早期。夯土建筑基址的包含物最晚属战国中期的，则其建筑及使用时间不早于战国中期。而打破该组夯土建筑基址的灰坑最早的属战国晚期，也有汉代的。综合上述的地层堆积，则瞿家屯东周大型夯土建筑基址始建年代最早在战国中期晚段与战国晚期早段之间或略后，而其废弃年代在战国晚期。其建筑及使用年代正与周赧王所处时代相符。

第二，考古发现显示瞿家屯东周大型夯土建筑基址为一处规划有序的大型礼制性的宫室建筑。其规格与规模与周赧王天子身份相符。

　　第三，考古发现显示瞿家屯东周大型夯土建筑基址虽然规格高，规模大，但其偏居一隅，特别是居于东周王城南城墙以南的区域，与周赧王虽有天子之名而无天子之实的寄居身份相符。

　　第四，瞿家屯东周大型夯土建筑群所在区域有自成一体的防御体系，可以视为一座独立的小城。其北与东周王城南墙相接，西为涧河，南为洛河，东为古河道[①]，这便构成了一个完整的防御系统。结合东周王城其他区域的城壕（沟渠）内有墙垣的现象[②]，我们不排除在瞿家屯东周大型夯土建筑群外围发现夯土城垣的可能。这一态势也与周赧王虽寄居于王城，但又独立于西周君的王城这一局面相符。

　　据此，我们认为洛阳瞿家屯东周大型夯土建筑基址为战国中晚期的宫室建筑基址，属东周王城的一部分。关于其性质，我们倾向于战国中晚期的周赧王寄居于王城的处所。

　　总之，通过研究我们认为，瞿家屯东周大型夯土建筑群应为东周王城战国中晚期王宫所在地。有关东周王城的始建、布局、城郭之制等诸问题需重新予以审视及研究。

　　　　　　　　　（本文曾发表于《文物》2007 年第 9 期，此次略作修改）。

---

① 洛阳博物馆：《洛阳战国粮仓试掘纪略》，《文物》1981 年第 11 期。
② a. 中国社会科学院考古研究所：《洛阳发掘报告》第 139～140 页，北京燕山出版社，1989 年。
　　b. 王炬：《洛阳东周王城内发现大型夯土建筑》，《中国文物报》1999 年 8 月 29 日第 1 版。

"谷、洛斗，将毁王宫"事件的考古学观察

徐昭峰

《国语·周语下》载："灵王二十二年，谷、洛斗，将毁王宫。王欲壅之，太子晋谏曰：'不可。'……王卒壅之。"三国时期吴国人韦昭注曰："谷洛，二水名也。洛在王城之南，谷在王城之北，东入于瀍。斗者，两水激，有似于斗也。至灵王时，谷水盛，出于王城之西，而南流合于洛水，毁王城西南，将及王宫。……王欲壅之，太子晋谏曰：'不可。'"关于这一事件，学界多信从之，并指出，东周时代作为国都的王城及其宫殿区域应靠近谷水（涧）入洛水之处[1]。更有学者指出："谷水，即现在的涧河，王宫应在涧河入洛水处，正相当瞿家屯附近。"[2] 今试以考古勘探、发掘资料为基础，对这一问题作一探讨。

《史记·周本纪》："平王立，东迁于雒邑。"《正义》注云："（雒邑）即王城也。平王以前号东都，至敬王以后及战国为西周也。"考察与王城有关的文献记载，王城自平王东迁至周亡更不改变，其地即今涧河两岸的东周城址。但从考古发现来看，在该遗址区内发现最多、遗存最为丰富的多是战国时期的。特别是近年来公布的东周王城东墙的考古资料，证明其始筑年代在战国时期，在战国晚期又进行了增筑[3]。考古勘探结合发掘情况来看，东周王城的四面城墙应是一体的，则它们的始筑年代应该是一致的。发掘者将东周王城的城墙的始筑年代定为春秋时期，其考古学上的主要证据有：夯土中包含的陶片从晚殷到春秋的都有，但没有晚于春秋的；从地层上讲，57LST130 中压在夯土"二层台"上的第④层出土有属春秋晚期的盆、罐口沿及一片瓦当，并且 57LST130 中开口于第④层的活土坑 A1 打破"二层台"，而 A1 内出土物均属春秋晚期[4]。我们对以

① 考古研究所洛阳发掘队：《洛阳涧滨东周城址发掘报告》，《考古学报》1959 年第 2 期。

② 李学勤：《考古发现与东周王都》，《欧华学报》1983 年第 1 期。

③ a. 安亚伟：《洛阳市 014 中心东周及唐代夯土》，《中国考古学年鉴·2001》第 208～209 页，文物出版社，2003 年。

　b. 洛阳市文物工作队：《洛阳市东周王城东城墙遗址发掘简报》，《考古与文物》2002 年增刊。

　c. 徐昭峰：《洛阳发掘东周王城东墙遗址》，《中国文物报》2004 年 6 月 18 日 1 版。

④ 考古研究所洛阳发掘队：《洛阳涧滨东周城址发掘报告》，《考古学报》1959 年第 2 期。

上证据进行分析。其一，夯土内的包含物无晚于春秋者，则可定夯土时代不早于春秋时期；其二，叠压夯土"二层台"的 57LST130 第④层，出土物未公布。但其瓦当，在《洛阳发掘报告》中被定为战国时期[1]；其三，打破夯土二层台的 A1，从出土物来看，A1 标本 1 鬲，同《洛阳发掘报告》中的Ⅲ式战国陶鬲 T467M1：2 则几近一致；A1 标本 2 盆，同于《洛阳中州路》[2]　Ⅱ式 M1806：3 盆，而此式陶盆在春秋战国时期均见；A1 标本 3 罐，则与《洛阳发掘报告》中的战国陶罐Ⅲ式 H440（4）相近；A1 标本 4 豆，完全同于《洛阳发掘报告》中的战国陶豆Ⅲ式 H451。从 57LST130 第④层及 A1 出土物可知，二者均为战国时期遗存。则始筑夯土城墙年代当不晚于第④层及 A1 即战国时期。综合起来说，东周王城城墙的始筑年代不早于春秋时期，也不晚于战国时期。结合我们前面论述的新的考古发现证明东周王城东墙始筑于战国时期，而与东墙一体的其余三面城墙的始筑年代也应与此同，则东周王城的城墙始筑年代当在战国时期。

我们之所以讨论王城城墙的建造年代，是与"谷、洛斗，将毁王宫"这一事件有关联的。现今规模宏大的东周王城城墙始建于战国时期，其城内遗存也大多为战国时期，且规划有序。如其宫殿区位于王城的西南部（包括其仓窖区）；平民居住址及作坊遗址主要分布于王城的北部；王陵区在王城内有两个分布区：一个位于汉河南县城东北部，另一个位于王城东南部今周王城天子驾六博物馆至体育场路一线区域。相反，东周王城春秋时期的布局则不清楚。前面我们已论述王城城墙始建于战国时期，春秋时期的王城没有战国时期那样规模宏大的郭城，能确定属春秋时期的重要遗存有两个：其一是宫殿区，也即王宫所在地。当与战国时期的宫殿区位置同，对此一认识的最有力的支持即 1960 年发现的位于瞿家屯附近的下层建筑南、北两组[3]；其二是王陵区，位于今体育场路一线区域王城东墙内外[4]。则春秋时期的王宫的所在地仅局限于王城西南部这一区域。探讨"谷、洛斗，将毁王宫"这一事件只用考察此一区域内的相关地理环境即可。

东周王城春秋时期的王宫其所在区域可参考战国时期宫殿区的分布范围。东周王城战国时期宫殿区的分布范围大致北起今行署路南一线[5]，南至瞿家屯村东周王城南城墙一带[6]，东起王城大道以西、东周王城仓窖区东侧的河道[7]，西至涧河[8]。东周王城春秋时期的王宫所在区域与此略同，考虑到春秋时期无郭城，并且在东周王城南墙以南涧河

①　中国社会科学院考古研究所：《洛阳发掘报告》第 150 页及图版七，北京燕山出版社，1989 年。
②　中国社会科学院考古研究所：《洛阳中州路（西工段）》，科学出版社，1959 年。
③　中国社会科学院考古研究所：《洛阳发掘报告》第 139～140 页，北京燕山出版社，1989 年。
④　刘富良、安亚伟：《洛阳　从车马坑找到东周王陵》，《文物天地》2002 年第 2 期。
⑤　王炬：《洛阳东周王城内发现大型夯土基址》，《中国文物报》1999 年 8 月 29 日第 1 版。
⑥　中国社会科学院考古研究所：《洛阳发掘报告》，北京燕山出版社，1989 年。
⑦　洛阳博物馆：《洛阳战国粮仓试掘纪略》，《文物》1981 年第 11 期。
⑧　中国社会科学院考古研究所：《洛阳发掘报告》，北京燕山出版社，1989 年。

入洛水处的三角台地发现有春秋时期
的地层堆积及作坊遗址①，则春秋时期
的王宫区域南可至洛水（图1）。

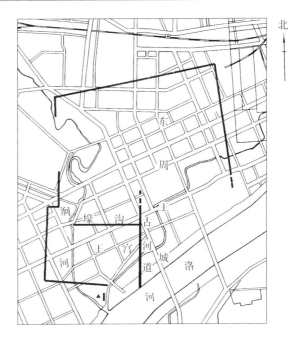

图1　东周王城王宫区域示意图

　　有研究者认为现今从王城西侧南
流入洛的涧河（谷水）即形成于灵王
二十二年"谷、洛斗，将毁王宫"这
一事件之后。我们认为这一看法不妥。
如果"谷、洛斗，将毁王宫"事件发
生之前，王城西侧没有河道的话，为
什么在灵王二十二年谷水盛时单单从
王城西侧南流？《水经注》云："洛水
东迳九曲南，……南流，历九曲东而
南流入于洛。洛水之侧有石墨山。洛
水又东，枝渎左出焉。……枝渎又东，
迳周山。又东北迳柏亭南。又东北迳
三王陵东北出。枝渎东北历制乡，迳
河南县王城西，历郏鄏陌，枝渎又北
入谷。"郦道元明确指出洛水枝渎经王
城西侧而北入于谷水。也即王城西侧
在灵王二十二年"谷、洛斗，将毁王
宫"这一事件发生之前已经存在一条
南北向河道。这条河道自南向北从东
周王城春秋时期的王宫西侧北注入谷
水，当是与其时的王宫用水有关。这
条故道在1960年的考古勘探中已经被
发现②。河道宽约30米，淤土厚约12
米。河道北起七里河村老石桥的东面，

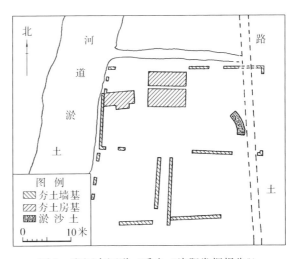

图2　涧河古河道（采自《洛阳发掘报告》）

东行一段以后南转，一直南下入洛河。但从图中河道宽度结合比例尺来看，河道宽度应
在100米以上。这应该就是古涧河河道的一段（图2）。

　　除去王宫西侧的这条河道外，王宫周围的地貌与环境又是怎样的呢？相关的考古发

①　徐昭峰、薛方：《阳瞿家屯东周大型夯土基址的发现及其意义》，《中国文物报》2006年3月3日第7版。
②　中国社会科学院考古研究所：《洛阳发掘报告》第139～140页，北京燕山出版社，1989年。

现也为我们复原其原貌提供了可能。其一是仓窖区东侧的古河道①。河道的宽度据参与战国粮仓发掘工作的同志说有近 100 米，深度 10 余米。该河道南入洛水，向东北延伸在洛阳市第二人们医院北侧的康乐食品厂有发现。从现今的地貌看，在今王城路与九都路交叉口口仍是一个大的陷落地带，该河道之规模仍依稀可见。其二是今行署路一线南侧发现的沟渠遗迹②。沟渠深达 7 米以上，发掘者推测可能是城壕。这条沟渠从相关的考古发掘来看，它向西注入涧河，向东在三门峡驻洛办事处院内仍有发现③。我们推测它应是向东延伸与仓窖区东侧的南北向古河道相通。再结合南侧的洛水，这就构成了一个四面沟渠与河道相连的防御体系。不仅如此，沟渠与河道内侧可能还有墙垣一类防御设施。如在行署路一线南侧发现的沟渠遗迹内侧就发现有一道宽 3.5 米、东西长达数百米的墙垣。另外 1960 年在瞿家屯附近发现的东周早期的下层建筑南、北两组，其外也都有夯土围墙。则东周王城的宫殿区实际就是一个具有一定防御功能的自成一体的小城。

从上述的分析我们可以看出"谷、洛斗，将毁王宫"这一事件发生的环境背景。因为谷水与洛水有洛水枝渎相通，所以在灵王二十二年由于洪涝灾害，谷水与洛水暴涨，谷水由于所在地势较高而倒流入洛水枝渎，谷水与洛水二水相激，王城西南由于是二水相激之处，最先受到毁坏。同时由于王宫四面环水，所以进一步危及到了王宫的安全。

考古发现也证明了该事件的发生。其一是在位于七里河村以南的王城西垣一带，土层复杂，东西有大量淤土存在。其二是在东周王城南墙以南涧河入洛水处的三角台地，也即《国语·周语下》韦昭对"谷、洛斗，将毁王宫"作注"毁王城西南"的这一区域，发现了大面积的破坏春秋时期堆积而早于战国时期堆积的冲积沟④。在发现这些冲积沟的初期，我们对这一现象有些迷茫。因为在发掘区域内发现冲积沟是比较正常的事，但我们迷茫的是，在瞿家屯东周大型夯土建筑基址外围还有许多填土杂脏、包含大量的战国板筒瓦及少量生活器皿残片、夯层较厚、夯打质量不是太好的夯土遗存。对这些遗存的性质我们给予了应有的重视，并进行了深入的探讨。这些夯土遗存多从当时的地面以下约 5 米深处起建，据现今地面深在 6 米以上，发现之初我们认为可能是墙垣一类遗存，因为这类夯土遗存多呈宽带状分布，我们发现的部分可能是墙垣的基槽部分。但随着发掘的深入和揭露面积的扩大，我们的认识慢慢发生了改变。这些夯土遗存在夯打至当时的地面以上之后，向四周铺开，没有什么形状，这就排除了其作为墙垣的可能。同时，在这些夯土遗存之上也没有发现什么与建筑有关的遗迹、遗物和堆积，所以也排除了其作为建筑遗存的可能。再结合发掘区域内发现的大量的冲积沟及古文献中

① 洛阳博物馆：《洛阳战国粮仓试掘纪略》，《文物》1981 年第 11 期。

② 王炬：《洛阳东周王城内发现大型夯土基址》，《中国文物报》1999 年 8 月 29 日第 1 版。

③ 洛阳市文物工作队资料。

④ 徐昭峰、薛方：《阳瞿家屯东周大型夯土基址的发现及其意义》，《中国文物报》2006 年 3 月 3 日第 7 版。

"谷、洛斗，将毁王宫"的记载，我们才明白这些所谓的宽带状的夯土遗存其实是战国时期为了在此修建大型建筑而将"灵王二十二年，谷、洛斗，将毁王宫。"这一事件后形成的大量的冲积沟进行回填夯打所留下的遗存。瞿家屯东周大型夯土建筑区域内的冲积沟回填夯打不仅土色纯净而且异常坚实，夯土建筑区域外的冲积沟回填夯打不仅土色杂赃而且比较疏松。而这些冲积沟无疑就是"谷、洛斗，将毁王宫"这一事件在考古学上的反映。

（本文曾发表于《中原文物》2007 年第 4 期，此次略作修改）。

后　记

在国家文物局、河南省文物局、洛阳市文物局的关心、支持下，《洛阳瞿家屯发掘报告》终于付梓出版了。洛阳瞿家屯遗址是近年来洛阳东周考古的重大收获，发掘之初就引起了有关领导和专家的高度重视。曾在发掘中期开了一个小型的现场研讨会，对其性质进行了初步的讨论。在夯土建筑基址全部暴露出来后，在河南省文物局的主持下，举行了有河南省文物研究所、洛阳市文物局、洛阳市文物工作队等单位参加的小型现场汇报及保护会议，对该遗址的性质及发掘后的保护工作提出了初步意见。《中国文物报》、《澳门日报》、《大河报》、《洛阳日报》、《洛阳晚报》、新华社河南分社、中新社、CCTV国家地理频道、洛阳电视台等媒体先后报道了该遗址的发掘情况，各主要网站如人民网等也都进行了转载，在社会上引起了较大反响。该遗址的考古发现曾入选2005年度全国十大考古新发现提名。鉴于该遗址的重要性，洛阳市文物部门已对该遗址进行了回填保护，同时该遗址在2006年被河南省人民政府公布为第四批河南省文物保护单位。

洛阳瞿家屯遗址虽然极为重要，是洛阳乃至全国东周考古的重要发现，但遗憾的是，由于历史原因，该遗址的东半部分已基本不复存在，对探讨该遗址的性质、原貌复原该遗址等留下了不小的遗憾。此次发掘也对我们的文物保护、考古发掘工作具有一定的反思作用。根据以往的考古勘探与发掘结果，认为现今的这一区域位于东周王城的遗址区以外，从而忽视了对东周王城城墙以外区域的探索。同时，古文献对于东周王城修建的记载往往与考古发掘不相符合，也使许多研究陷入困惑。随着东周王城考古发掘和研究的深入，使得我们有可能对东周王城的认识进行较为全面的反思。

本报告整理、执笔由徐昭峰、薛方同志完成，最后由徐昭峰同志通稿审定。执笔分工如下：

第一章　徐昭峰

第二章　第一节　徐昭峰；第二节　薛方；第三节　徐昭峰、薛方；第四节　徐昭峰、薛方

第三章　第一节　徐昭峰、薛方；第二节　徐昭峰、薛方；第三节　薛方；第四节　徐昭峰

第四章　薛方、徐昭峰

第五章　徐昭峰

先后参与本报告整理工作的有朱葡萄、马秋霞、许爱民、杨爱荣、马秋如、常春玲、常素玲、马红利等。本报告绘图胡小宝、胡瑞、高向楠。工地摄影高虎、徐昭峰、薛方；器物摄影高虎。拓片马秋如、杨爱荣。钱币、戳印文字的识别要感谢程永建先生。本报告的编写离不开朱亮研究员、周立队长、程永建副队长、俞凉亘副队长的关心、支持和帮助。特别是朱亮研究员、周立队长、程永建副队长更是极为关心，在本报告的立项、编写体例、编写过程中以及联系出版等方面，时时关心，及时协调，才使得本报告最终得以顺利完成。感谢本报告的责任编辑张静、杨毅、李媛媛及王霞为本报告的出版付出了很多心血！本报告的编写同时还得到了有关专家和文物队诸位同事们的热情支持与帮助，在此要对他们表示衷心的感谢！

该遗址发掘后，我们也尝试对该遗址所涉及的一些问题进行了初步的探讨。有的认识可能并不成熟，恳请方家予以指正。同时，由于时间仓促，再加上编者的水平及经验所限，报告中的错误与不足在所难免，诚望各位领导、专家、同行和读者提出批评和建议。

本报告是我们经过整理后较为正式的认识，以往所发报道、简报及其他与本遗址发掘相关的资料，皆以本报告为准。

洛阳市文物工作队

Abstract

The site at Qujiatun lies in the southeast of Qujiatun village, Luoyang. It faces the River Jian and is with the back towards the River Luo. It lands on the triangle zone besides of the south wall of Eastern Zhou's king city, where the River Jian (River Gu) in floods the River Luo. This zone is lodgeable, because it has geographical advantages, good environment, fertile soil, convenient water supply, and has the natural barriers like River Jian and River Luo.

Luoyang commenced capital construction on a large scale in the 1950s and 1960s. In order to survey the site of Eastern Zhou's king city and work in the capital construction, the Institute of Archaeology, Chinese Academy of Social Sciences, Beijing University, and the State Administration of Cultural Heritage of the Ministry of Culture drilled and excavated the banks of the River Jian, Zhongzhou Road in Luoyang and the site of Eastern Zhou's king city on a large scale. They gained rich results. They found sites and tombs of the Yangshao, Longshan, Erlitou, Erligang, Western Zhou, Eastern Zhou and Han periods. The one of the most important harvest is the Henan county seat of the Han dynasty, and the king's city of the Eastern Zhou dynasty. At the same time, they drilled two rammed earth building foundations of the Eastern Zhou dynasty in the northeast of the Qujiatun village.

There has not had important excavation and study on the Eastern Zhou's king city for about 40 years. We only knew that there was one of the royal mausoleum regions in the northeast of the Henan county seat, and there were some layers filled with rammed earth at the No. 13 Middle School of Luoyang and the neighboring areas which extends to Wangcheng Street to the east, and Jian River to the west, Xingshu Street to the north and Qujiatun village to the south, and only some chariot pits, tombs, kiln sites, house foundations and ash pits, etc. were unearthed.

In the 21st century, the excavations of the Eastern Zhou's king city made great progress. We found the pottery kiln site at north of the king city. We found the chariot pits and big tombs of the Spring and Autumn period at the belt of the Museum of Zhou King's carriage with six horses north to the playing field. The most important find is the Eastern Zhou king's tomb of the early Spring and Autumn period. The tomb is a- bout 30 meters to the east wall of the Eastern Zhou's king city which is at the north- east to the cross of the Jiudong Street and the Field Street. So we thought that the belt was the royal mausoleum region of the early Eastern Zhou period. Besides these, we found chariot pits of the Warring States period at this belt, especially the find of the chariot pit of the king's carriage with six horses and the find of the big tombs with en- trance passages at the neighboring areas. All of these made us affirm that the belt is the Eastern Zhou royal mausoleum region of the Warring States period. Furthermore the archaeological information on the east wall of the Eastern Zhou's king city proved that the wall was built in the Warring States period, and was repaired in the late Warring States period.

According to archaeological findings and documents, the scholars all thought that the Qujiatun site is the palace of the Eastern Zhou. The site is located at the east bank of the Jian River and at that point the Jian River inflow the Luo River. While the rammed earth building foundations are scattered at this belt, and the archaeological ma- terials are not published. All of this blocked the study of the East Zhou's king city badly.

We excavated more than 10000 square meters at the belt that the Jian River inflows the Luo River, southeast of the Qujiatun village which is in the south of the south wall of the Eastern Zhou's king city. The site was found with different cultural accumula- tions. There are the layers of Yangshao period, the late Spring and Autumn period to the early Warring States period, Han period, Tang period. The sites of Yangshao pe- riod were unearthed in the Xigangou and Tonglezhai besides the Jian River and the Zhongzhou Street near the Jian River. So the banks of the Jian River were inhabited since the prehistoric period.

The Western Zhou's tombs are all small to middle sizes and most are with waist pits. The burial objects are li-tripods, dou-stemmed plates, guan-jars and jade and stone ornaments. Some tombs only have seashells. A very interesting phenomenon is that some tombs are arranged in pair with the same size, the same burial system, the same direction, just being like the burial tradition in the Han period. Many sacrificial remains, ash pits and tombs of the Western Zhou were unearthed near the banks of the

Jian River. According to the "Luo Gao" in Shang Shu, "I made divination at the east of Jian River and the west of the Chan River. The only settlement is Luo", we know that this area is an important dwelling area of the Western Zhou period.

The 4th layer belonged to the late Spring and Autumn period to the early Warring States period. According to the "Zhou Yu" in Guo Yu, "the Luo River overran its bank and endangered the palace in the 22nd year after the Ling Wang became a king." The Qujiatun site should be the locus of palace of the Eastern Zhou's king city. As we found a large numbers of the alluviums earlier than the middle Warring States, which show the Luo River overrunning its bank, verified the authenticity of the affair from other point of view.

The tombs of Eastern Zhou found in this area are small earthen shafts popular in Luoyang. The tomb furniture is one coffin or one coffin and one outer coffin. The tomb occupants are often in supine position with contracted arms, a few tombs have niches. The burial objects are mainly potteries, jades, stones, shells and a few bronze objects such as sword. The assemblage and evolutionary rules of the articles match with the general rules of the Eastern Zhou tombs summarized in the Excavation Report on the Zhongzhoulu Site in Luoyang. For example the assemblage of li, guan, dou to ding, guan, dou in the Spring and Autumn period, the assemblage of ding, guan, dou to ding, dou, hu, then to ding, dui, hu in the Warring States period.

The most important find is the large scale building foundations with rammed earth of the Eastern Zhou period and a part of oversized enclosed courtyard site, in which there are groups of large building foundations with rammed earth, aprolls, water supply and drainage systems, the garden with pools, wells, ditches, pottery kiln, etc. This building complex should be the palace remains of the Eastern Zhou, and one part of the Eastern Zhou's king city judged by its scale and standard. Moreover some building foundations and walls with rammed earth, kiln, water supply and drainage system, arranged wells are unearthed at the periphery. This find is important for the study of Eastern Zhou's king city undoubtedly. Without large-scaled excavation, we cannot know the overall layout and the method of the construction clearly.

It is difficult to get one large-scale building complex with rammed earth of the Eastern Zhou period like this to study the overall layout and characteristic of the ceremonial buildings. It also provides valuable material information for further research into the process of constructing the Eastern Zhou's king city and reconstruct the building complex of this period. The site might have been the palace of Zhou King Nanwang after he moved to the king city from the Chengzhou city of the Eastern Zhou, and abandoned in the late Warring States period. We made this conclusion by the site's scale, standard, function, date, layout, environment, etc.

There are some small house foundations with rammed earth and cellars of the Han period. They might have been dwellings.

1. 遗址全景（北－南）

2. 池苑 CH1（南－北）

3. 夯土台基 D2（西－东）

4. 夯土台基 D4 北小天井（东南－西北）

5. 水渠 SHQ 的暗渠（东－西）　　　6. 夯土墙 Q1 北部西侧排水管道（南－北）

7. 窖藏坑 J1（西－东）

8. 水井 SHJ1

9. 烧窑 Y2（东－西）

10. Ⅲ型圆瓦当（Ⅰ T0103③：1）

11. Ⅹ型圆瓦当（Ⅰ T0305③：1）

12. Ⅷ型半瓦当（Ⅰ T0307③：3）

13. Ⅻ型半瓦当（Ⅰ T0407③：9）

14. Ⅰ型大瓦钉（Ⅱ T0203③：2）

15. Ⅱ型大瓦钉（Ⅰ T0407③：10）

16. 青铜环首刀（PG2H19：22）

17. Ⅰ式铜马镳（C1M8633：28a）

18. Ⅱ式铜马镳（C1M8633：28b）

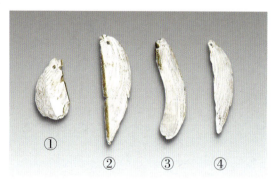

① ② ③ ④

19. 蚌鱼（①C1M8633：26e、②C1M8633：
26b、③C1M8633：26c、④C1M8633：26a）

20. 铜銮铃（C1M8633：2）

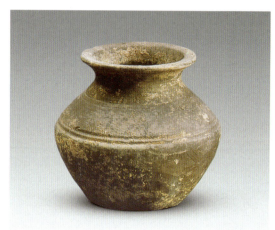

21. 陶罐（C1M8943：1）

22. 玉玦（C1M9118：3）

23. 西周墓 C1M8946 墓室（北－南）

24. 铜鼎（C1M8946：15）

25. 陶鬲（C1M8946：14）

26. 玉石器（①C1M8613：6b、
②C1M8613：6a、③C1M8613：7、
④C1M8613：6e、⑤C1M8613：6d）

27. 铜剑（C1M8616：1）

28. 东周墓 C1M8898 墓室（南－北）

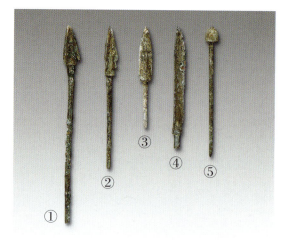

30. 铜镞（①C1M8620：2e、
②C1M8620：2c、③C1M8620：2a、
④C1M8620：2d、⑤C1M8620：2b）

31. 水晶环（C1M8615：1）

29. 陶鼎（C1M9123：1）

32. 陶鼎（C1M8892：1）

1. 夯土墙 Q2（西－东）

2. 夯土台基 D1（西－东）

图版

3. 夯土台基 D1 中间散水（东－西）

4. 夯土台基 D1 东侧散水（南－北）

5. 夯土台基 D1 与排水管道（东－西）

6. 夯土台基 D3 及散水（南－北）

7. 夯土台基 D4（北－南）

8. 夯土台基 D5（东北－西南）

9. 水渠 SHQ 的明渠（南－北）

10. 小水池（南－北）

11. 水渠 SHQ 与小水池（西－东）

12. 夯土台基 D4 旁排水管道（东－西）

13. 夯土台基 D5 东排水管道（西－东）

14. 夯土台基 D6（北－南）

15. 晚期排水管道（东－西）

16. 窖藏坑 J2（北－南）

17. 烧窑 Y1（南－北）

18. 窖藏坑 J3（西－东）

19. 窖穴 H43（东－西）

20. 阴井 SHJ2（北－南）

21. Ⅰ型圆瓦当（ⅠT0304③：1）

22. ⅡA型圆瓦当（ⅠT0407③：1）

23. Ⅳ型圆瓦当（ⅠT0104③：1）

24. Ⅴ型圆瓦当（ⅠT0407③：2）

25. Ⅱ型半瓦当（ⅠT0206③：2）

26. Ⅳ型半瓦当（ⅠT0104③：2）

图版

27. V型半瓦当（ⅠT0102③：1）

28. Ⅵ型半瓦当（ⅠT0307③：1）

29. Ⅸ型半瓦当（ⅠT0407③：6）

30. Ⅹ型半瓦当（ⅠT0407③：7）

31. ⅪA型半瓦当（ⅠT0407③：8）

32. 半瓦当（采集）

33. Ⅲ型大瓦钉（ⅠT0408③：1）

34. 鸟形瓦钉（采集）

35. Ⅱ型水管

36. Ⅲ型水管

37. Ⅰ型陶罐（ⅠT0107③：2）

38. 陶碗（ⅠT0207③：4）

39. 陶纺轮（Ⅰ T0411③：3）

40. 半瓦当（H43：13）

41. 圆瓦当（Ⅳ T1②：1）

42. 陶罐（Ⅳ T2②：7）

43. 瓷四系罐（Ⅳ T2②：8）

44. 瓷盏（采集）

45. 圆瓦当（SHJ1：3）

46. 铜戈（C1M8633：3）

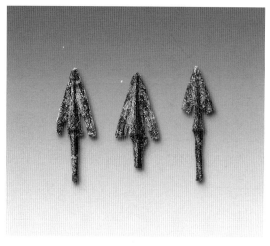

47. 铜镞（C1M8633：31）

48. 陶簋（C1M8633：15）

49. 陶豆（C1M8633：30）

50. 陶罐（C1M8633：22）

51. 陶罐（C1M8633：8）

52. 陶罐（C1M8633：17）

53. 陶罐（C1M8633：12）

54. 陶豆（C1M8943：15）

55. 陶鬲（C1M8943：13）

56. 玉坠（C1M8943：18）

图版

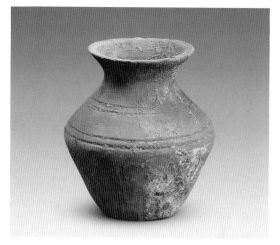

57. 陶罐（C1M8946：1）

58. 陶豆（C1M8946：11）

59. 陶鬲（C1M9116：1）

60. 陶鬲（C1M9116：6）

61. 陶豆（C1M9116：2）

62. 陶豆（C1M9116：5）

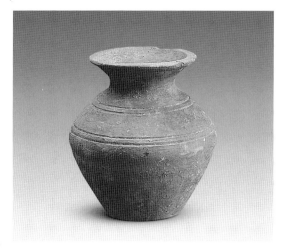

63. 陶罐（C1M9116：7）

64. 铜戈（C1M8952：1）

65. 陶罐（C1M9118：1）

66. 陶鬲（C1M9118：2）

67. 玉串珠（①C1M9118：4c、②C1M9118：4a、
③C1M9118：4b、④C1M9118：4e、
⑤C1M9118：4h、⑥C1M9118：4i、
⑦C1M9118：4j、⑧C1M9118：4k、
⑨C1M9118：4d、⑩C1M9118：4l）

68. 陶鼎（C1M8613：1）

69. 陶豆（C1M8613：2）

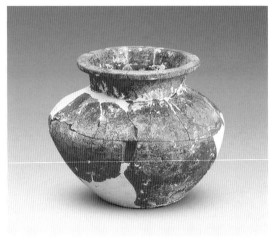

70. 陶罐（C1M8613：4）

71. 陶盘（C1M8613：5）

72. 陶鼎（C1M8627：2）

73. 陶盆（C1M8627：1）

74. 陶盆（C1M8627：4）

75. 东周墓 C1M8927 墓室（南－北）

76. 陶盘（C1M8927：6）

77. 玉石璧（C1M8927：4）

78. 陶鼎（C1M8927：2）

79. 陶豆（C1M8927：3）

80. 陶壶（C1M8927：1）

81. 陶鼎（C1M8961：1）

82. 陶豆（C1M8961：2）

83. 陶罐（C1M8961：3）

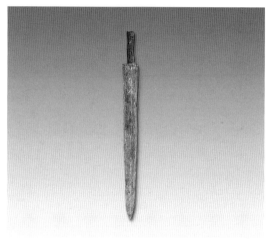

84. 铜剑（C1M9096：6）

85. 陶鼎（C1M9096：5）

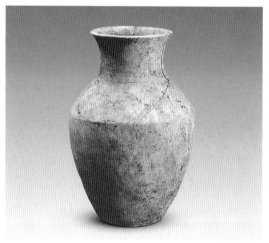

86. 陶壶（C1M9096：3）

87. 东周墓 C1M9110
墓室（南－北）

88. 陶鬲（C1M9110∶1）

89. 陶罐（C1M9110∶2）

90. 陶盘（C1M9123：2）

93. 陶豆（C1M9123：4）

91. 陶壶（C1M9123：3）

94. 陶匜（C1M9123：6）

92. 铜带钩（C1M8620：3）

95. 铜剑（C1M8620：1）

96. 陶盆（C1M8627：4）

97. 陶盆（C1M8620：5）

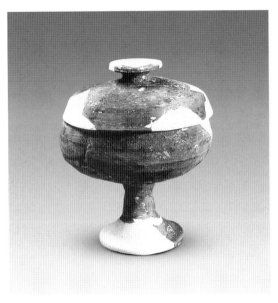

98. 陶豆（C1M8892：2）

99. 陶壶（C1M8892：3）

100. 东周墓 C1M8931 墓室（西－东）

101. 铜铃（C1M9119：1）

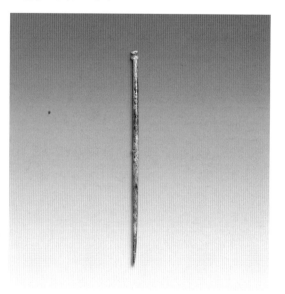

103. 骨簪（C1M8615：8）

102. 玉石片（①C1M8615：4a、
　　②C1M8615：4d、
　　③C1M8615：4e）